역사책이 가르쳐주지 않는
제왕들의 사생활

The Decline and Fall of
Practically Everybody

역사책이 가르쳐주지 않는

제왕들의 사생활

월 커피 지음 | 남기철 옮김

The Decline and Fall of Practically Everybody is first published in 1950 by Henry Holt and Company
Copyright © 1950 by Fred Feldkamp. All right reserved.

|편집자의 말|

'인간'에 주목한 제왕들의 이야기

한국전쟁이 한창이었던 1951년. 한 무리의 미국 VIP 부인들이 벨기에의 수도 브뤼셀에 있는 북대서양조약기구(NATO) 본부를 방문했다. 그들이 후일 제34대 미국 대통령이 된 드와이트 아이젠하워(Dwight Eisenhower) 총사령관의 집무실에 들어갔을 때 책상 위에는 책 한 권이 놓여 있었다. 세계 평화를 위해 불철주야 노력하는 총사령관은 집무실에서 대체 어떤 책을 읽고 있을까? 그들은 호기심을 감추지 못하고 책의 제목을 들여다보았다. 그리고 놀라지 않을 수 없었다. "만인의 쇠퇴와 멸망(Decline and Fall of Practically Everybody)"이라니!

그러나 비록 승리와 성공을 위해 싸우는 아이젠하워일지라도 그가 이런 제목의 책을 읽고 있는 것이 그리 놀라운 일은 아니었다. 왜냐면 이 책은 1950년 출간되자마자 『뉴욕 타임스(New York Times)』 선정 베스트셀러 목록에 올랐고, 그해 최고의 베스트셀러 가운데 하나였으며, 수많은 외국어로 번역·출간되었기에 당시의 웬만한 교양인은 대부분 읽었기 때문이다. CBS 방송국의 뉴스 진행자 에드워드 머로 (Edward R. Murrow)는 이 책의 구절들을 소개하는 데 방송 시간의 3분의 2를 할애하기도 했다. 머로는 이 책을 '올해의 역사책'으로 규정하면서 역사학자들은 이 책에 소개된 역사적 사실의 정확성을 높이 평가했고, 비평가와 일반인들은 "그 정확한 역사적 사실을 능란하게 다루는 저자의 유머와 위트에 매료되었다"고 전했다.

이처럼 전에 없던 역사책을 쓴 저자 윌리엄 제이콥 커피(William Jacob Cuppy), 줄여서 '윌 커피(Will Cuppy)'라고 부르는 사람은 과연 어떤 인물일까?

그는 1884년 8월 23일, 미국 인디애나 주 오번에서 태어났다. 아버지 토머스 제퍼슨 커피는 곡물, 농기구, 목재 등을 거래하는 상인이었으나 방랑벽이 있었던 그는 어느 날 집을 떠나 다시는 돌아오지 않았다. 그의 어머니는 작은 모자 가게를 운영하고 여자들에게 수예를 가르치며 윌과 여동생을 어렵사리 양육했다고 전해진다.

어린 시절 그는 인디애나 남부 휘틀리 근처에 있는 할머니 집에서 여름을 보내곤 했는데 이때 자연을 자주 관찰하여 지식을 쌓았고, 이 경험은 평생토록 그가 동물 세계에 관심을 두게 된 계기가 되었으며 후일 그가 쓴 풍자적인 글의 소재가 되었다.

오번에서 고등학교를 졸업하고 시카고 대학에 들어간 그는 문학을 공부하면서 대학 극단에서 연기도 하고, 대학신문 기자로도 활동했던 것으로 전해진다. 대학원에서도 문학을 전공하여 1910년에는 시카고 대학의 전설적인 일화들을 모은 책 『유배자 이야기(Maroon Tales)』를 출간하기도 했다.

이후 그는 주거지를 뉴욕으로 옮겨 광고 카피를 쓰며 생활했고, 몇 편의 희곡을 썼으나 크게 성공하지는 못했다. 1926년부터 『뉴욕 트리뷴(New York Tribune)』에 칼럼 「가벼운 책읽기(Light Reading)」를 연재하기 시작했으며 이어서 『뉴욕 헤럴드 트리뷴(New York Herald Tribune)』에 칼럼 「미스터리와 어드벤처(Mystery and Adventure)」를 연재하면서 뉴욕 문단에도 이름을 알렸다. 그는 죽을 때까지 23년간 무려 4천 편에 달하는 범죄소설, 탐정소설에 관한 평을 썼다.

1933년 NBC 라디오에서 당시 유명 여배우이자 요리사였던 잔 오웬(Jenne Owen)과 코믹한 토크쇼를 진행하기도 했지만, 천성적으로 숫기가 없었던 그는 대중 앞에 나서기보다는 다양한 주제의 책과 학술지에서 흥미로운 사실을 발견하고 꼼꼼히 기록하며 진정한 행복을 느꼈다고 한다. 평생 결혼도 하지 않았고, 그다지 사교적이지도 않았던 그는 얼핏 괴팍하고 무뚝뚝해 보였지만, 실제로는 심성이 다정다감해서 심지어 매년 7월 4일이면 친구들에게 크리스마스카드를 보내기 시작했다고 한다. 그는 '사람을 싫어하는' 것처럼 보였지만, 단지 사람들과 섞이기를 불편해했으며 혹시 남들이 자신을 싫어할까 봐 두려워하는 소심한 구석도 있었던 듯싶다.

그는 도시의 소음과 번잡을 끔찍하게 싫어했기에 1921년부터 1929년까지 존스 아일랜드에 작은 움막을 짓고 은둔자처럼 살았으며 이 경험을 바탕으로 『은둔자로 살아가는 법(How to be a Hermit)』(1929)라는 책을 출간했고, 이 책은 단숨에 베스트셀러가 되었다. 존스 비치에 새로 공원이 생기면서 사람들이 모여들어 북적거리자, 어쩔 수 없이 뉴욕의 그리니치빌리지에 있는 작은 아파트로 돌아왔지만, 그가 가장 좋아한 곳은 존스 아일랜드의 움막집과 브롱크스 동물원이었고, 그곳에 있을 때에만 진정으로 마음의 평화를 얻었다고 한다.

소음을 견디지 못했던 그는 오후 늦게 일을 시작하여 아홉 시쯤 잠들었다가 자정 무렵 깨어나 간단히 저녁을 만들어 먹고는 모두가 잠든 조용한 시간에 집중적으로 아침 여섯 시, 때로 여덟 시까지 글을 썼다고 한다. 그의 친구이자 편집자인 프레드 펠드캠프(Fred Feldcamp)의 말에 따르면 그는 어느 주제에 관해서건 글을 쓰기 전에 그 주제와 관련된 거의 모든 책과 기사를 읽었다. 그렇게 자료를 빠짐없이 읽어 완전히 이해해야만 글을 쓸 수 있다고 믿었기에 서점이나 도서관에서 찾기 어려운 자료까지도 어떻게든 찾아내 읽었다. 이처럼 방대한 양의 자료를 확보한 다음, 3 x 5인치 크기의 카드에 제목을 달고 주제에 따라 내용을 정리하여 수백 수천 장의 카드를 모아놓았다. 그래서 때로 100자짜리 짧은 기사 한 편을 쓰는 데 무려 25권의 두꺼운 책을 읽고 수백 장의 카드를 참조했다고 한다. 그의 아파트는 책으로 넘쳐나서 네 벽은 천장까지 책으로 가득 들어찼고 침실, 부엌, 현관, 화장실마저도 책이 점령하여 발 디딜 틈이 없었다. 이처럼, 유머러스하면서도 정확한 사실에 바탕을 둔 그의 글은 진정한 재능의 결과물이었다.

후일 그는 『뉴요커(New Yorker)』와 여러 잡지에 게재했던 글을 모아 『친구와 원숭이 구별하는 법(How to Tell Your Friends from the Apes)』(1931), 『멸종되는 법(How to Become Extinct)』(1941)을 출간했으며 『웜뱃 유인하는 법(How to Attract the Wombat)』은 1949년 그가 죽은 지 두 달 뒤에 펠드캠프가 편집하여 출간되었다.

1950년 출간된 『만인의 쇠퇴와 멸망(The Decline and Fall of Practically Everybody)』은 그의 대표작으로 정확한 역사적 사실에 바탕을 두고 있지만, 풍자와 유머로 읽는 이의 웃음을 자아낸다. 그는 16년 동안 이 원고에 매달렸지만, 결국 끝내지 못한 채 사망하여 사후 출간 당시에도 미완성이었던 이 책은 세계사에서 대표적인 제왕들과 탐험가 등 역사적인 인물 스물다섯 명과 궁정 풍습을 소개하고 있다.

우리는 이 책을 우리말로 옮기면서 제왕들의 일화만을 골라 '제왕들의 사생활'이라는 제목으로 출간하기로 했다. 다시 말해 이 책에서 다룬 스물한 명 제왕의 이야기와는 다소 거리가 있는 네 명의 탐험가 콜럼버스, 존 스미스, 마일즈 스탠디쉬, 레이프 에릭손의 일화와 레이디 고다이바의 일화를 제외했다.

CBS 방송에서 이 책을 소개하던 에드워드 머로와 돈 홀렌벡(Don Hollenbeck)이 웃음보가 터져 방송 사고를 냈다는 일화가 남았을 정도로 저자의 유머와 풍자가 돋보이는 이 책은 펠드캠프가 1만 5천 장이 넘는 저자의 카드를 정리하여 편집했다고 한다. 펠드캠프는 이후에도 같은 방식으로 그의 또 다른 작품인 『1월부터 12월까지 보내는 법 (*How to Get from January to December*)』(1951)을 편집하여 출간한 바 있다.

그러나 유머와 재치, 풍자와 희극성으로 많은 이에게 웃음을 선사했던 저자 자신의 삶은 그리 유머러스하지도, 희극적이지도 못했던 것으로 보인다. 말년에 그는 신체적으로 몹시 쇠약해졌으며 심한 우울증을 앓았다. 경제적으로도 곤궁하여 살고 있던 아파트에서 쫓겨날 지경에 이른 그는 1949년 9월 19일 수면제 과다 복용으로 쓸쓸히 세상을 떠났다.

그가 사망했을 때 그가 25년 넘게 일했던 『뉴욕 헤럴드 트리뷴』에서는 그의 부고를 게재하면서 전혀 엉뚱한 사람의 사진을 게재하는 실수를 저질렀고, 화장한 그의 잔해는 구멍 난 구두 상자에 담겨 우편으로 고향에 보내졌으나 그의 친척들은 영구차를 대절하여 기차역에서 기다리고 있었다고 한다. 사람들에게 평생 웃음을 선물했던 그의 죽음이야말로 그가 남긴 가장 큰 풍자와 유머일지도 모른다.

이 책의 후기를 쓴 토머스 매더(Thomas Maeder)는 독자들에게 이런 메시지를 남겼다.

"나는 이 책이 학생들의 역사 수업에 사용되기를 간절히 바란다. 학창 시절 나는 여기 등장하는 역사적 인물들에 관해 공부할 때 이 책 저자가 보여준 것과는 전혀 다른 관점에서 배웠다. 내가 당시에 억지로 읽어야 했던 역사책을 저술한 역사가들은 그들이 주목해야 할 대상이 '인간'이라는 사실을 잊고 있는 듯했다. 그러나 이 책의 저자는 단 한 순간도 그 사실을 간과하지 않았다."

_편집자

편집자의 말 '인간'에 주목한 제왕들의 이야기   5

PART I   이집트의 파라오   15

쿠푸 | 하트셉수트 | 클레오파트라

PART II   그리스·로마의 통치자   59

페리클레스 | 네로

PART III   세기의 정복자와 피정복자   87

한니발 | 알렉산드로스 대왕 | 아틸라 | 샤를마뉴 대제 | 몬테수마 2세

PART IV   영국의 국왕   149

정복왕 윌리엄 | 헨리 8세 | 엘리자베스 여왕 | 조지 3세

PART V 라틴의 왕족 197

루크레치아 보르자 | 펠리페 2세

PART VI 프랑스의 군주 223

루이 14세 | 루이 15세

PART VII 러시아·프로이센의 황제 265

표트르 대제 | 예카테리나 여제 | 프리드리히 대왕

PART VIII 왕실의 풍속 299

왕실의 오락 | 왕실의 식도락

PART I
이집트의 파라오

쿠푸
Khufu

하트셉수트
Hatshepsut

클레오파트라
Cleopatra VII Philopator

Khufu 쿠푸 BC 2589-BC 2566

이집트 고왕국 제4왕조의 2대 파라오로 그리스 이름은 케옵스이다. 1대 파라오 스네프루와 헤테페레스 1세 사이에서 태어났다. 메리트요테스를 비롯한 세 명의 부인이 있었으며 아홉 명의 아들과 열다섯 명의 딸이 있었다. 아들 중 제드프라가 파라오의 자리를 계승했으며 딸 중 한 명이 후일 헤테페레스 2세 여왕이 되었다. 그는 자신의 무덤으로 이집트 전 지역에 현존하는 700여 개의 피라미드 가운데 가장 규모가 큰 대 피라미드를 남겼다. 엄청난 규모와 복잡한 내부로 세계 최대의 건축물이자 세계 7대 불가사의 가운데 하나로 꼽힌다.

쿠푸

이집트는 나일 강의 선물이라고들 한다. 해마다 홍수로 강물이 범람하면서 강 양쪽 땅에 기름진 진흙을 쌓아 놓으면 메말랐던 땅은 옥토가 된다. 그리고 강물이 빠지면 이집트 전 지역이 이집트학자(egyptologist)들로 붐빈다.

아주 먼 옛날부터 이집트는 두 지역, 즉 상(上) 이집트와 하(下) 이집트로 나뉘어 있었다. 지도를 보면 하 이집트가 위쪽이다. 다시 말해 남쪽으로 가면 상 이집트에 도달한다. 나일 강이 남쪽에서 발원하기에 강을 거슬러 올라가려면 남쪽으로 가야 하고, 그러면 상 이집트에 다다르는 것이다. 이것은 까마득한 옛날부터 이집트 사람들에게 지극히 당연한 일로 여겨졌다.[1]

---

1) 고대 이집트 말로 남쪽은 '상류로 거슬러 올라가다.'라는 의미였다. 다른 민족과는 공유할 수 없는 고대 이집트인들만의 사고방식에서 비롯된 표현이었다.

이집트는 정치적으로도 분할되어 있었다. 기원전 3400년경 상 이집트의 메네스[info1] 왕이 하 이집트를 정복하여 상·하 이집트를 통합한 제1왕조를 세웠다.[2] 메네스 왕이 하마에게 잡아먹혔다는 설이 있지만, 믿기 어렵다. 하마는 초식동물이고 사람을 잡아먹었다는 사례가 보고된 적은 없다. 그래서 근대 학자들은 메네스 왕을 신화적인 인물로 간주했지만, 최근 들어 하마의 식사 습관이 메네스 왕의 존재를 부정하는 충분한 증거가 될 수 없다는 사실이 지적되었고, 이집트학자들도 이를 인정하기 시작했다.

제1왕조는 이미 모든 면에서 문명이 발달한 나라였다. 당시 이집트에는 상형문자도 있었고, 적들을 퇴치하기 위한 금속 무기도 있었으며, 관료 제도, 형사 제도, 조세 제도 등이 수립되어 있었다.[3] 게다가 아주 똑똑한 이집트인들이 모기장을 만들었고, 점성술로 점을 쳤으며, 새해가 7월 4일에 시작하는 달력도 만들었다. 그들은 태양이 배를 타고 온종일 이집트 주위를 돈다고 믿었으며, 돼지가 2주일에 한 번씩 달을 파먹는다고 생각했다.[4] 자연스러운 일이겠지만, 그들은 자신의 생각을 글로 옮겼고, 그 글을 읽은 사람들도 그들과 똑같은 생각을 품게 되었다. 이집트의 상형문자, 즉 그림문자는 올빼미 모양, 카나리아 모양, 줄무늬 뱀 모양 그리고 시계 부속품과 비슷하게 생긴 모양 등으로 이루어졌다.

---

2) 기원전 3500년경이라는 견해도 있고, 혹은 기원전 3000년경으로 보는 학자들도 있다.
3) 왕조 이전 시대 이집트 남자들은 야자나무로 만든 길쭉하고 단단한 막대기로 아내를 때렸다. 한편, 제1왕조 남편들은 단번에 팔을 자를 수 있을 만큼 날카로운 도끼를 사용했다.
4) 이것은 고대인들의 지혜라고 볼 수 있겠다.

문명이란, 엄밀하게 말해 '오늘날 우리가 사는 세계'를 말한다. 그러나 5천 년 전 아프리카 대륙에 있던 '아주 작은 나라' 이집트 역시 문명이 고도로 발달한 사회였다는 사실을 알아야 한다.[5] 이집트 문명은 이처럼 훌륭하게 시작되었지만, 제3왕조에 이르기 전까지는 의미 있는 역사적 사건은 없었다. 제3왕조 죠세르[info2] 왕 시절, 재상이자 건축가인 임호텝[info3]은 피라미드를 세웠다. 피라미드는 돌로 만든 새로운 형태의 거대한 왕실 무덤으로 언제 있을지 모를 혼란으로부터 파라오 죠세르의 시신과 그의 엄청난 재산을 지키기 위해 만들었다. 즉, 임호텝은 피라미드 안에 왕의 시신이나 왕의 보물을 숨겨놓는다는 아이디어를 처음으로 생각해낸 인물이었다. 그러나 역설적으로 피라미드는 너무 눈에 잘 띄는 건축물이기에 도굴범들이나 시체 약탈자들에게 오히려 좋은 표적이 되었다.[6] 아닌 게 아니라, 피라미드에 숨겨두었던 시신이나 부장품 등을 모조리 도굴당하는 사건이 빈번히 일어났지만, 파라오들은 그 후에도 계속해서 피라미드를 세웠고, 거기에 시신과 보물을 숨기는 방법에 문제가 있다는 사실에 주목하기까지는 수세기가 걸렸다.

임호텝이 만든 파라오 죠세르의 피라미드[info4]는 뛰어난 작품은 아니었다. 계단도 여섯 개에 불과하고, 높이는 61미터도 안 되었다. 그러다가 제4왕조를 세운 스네프루[info5] 왕 시대에 훨씬 근사한 피라미드가

---

5) 이집트에서 인간이 거주할 수 있는 지역이 불과 3만 3,000제곱킬로미터에 불과하다는 사실을 아는 사람은 거의 없다.
6) 이집트인들은 영원한 생명을 얻으려면 육신이 영구히 보존되어야 한다고 믿었다.

만들어졌다. 이 피라미드는 옆면이 매끄럽고, 벽돌을 채워 넣어 계단도 만들었지만, 불행하게도 얼마 못 가서 무너지고 말았다.[7] 스네프루 왕은 쿠푸 왕의 아버지로 알려졌다. 그리스인들이 '케옵스(Cheops)'라고 불렀던 쿠푸 왕은 기자 지역[8]에 대(大) 피라미드를 건축했는데, 원래 높이가 146.5미터였고 꼭대기 부분이 파손된 지금도 137미터나 된다. 비록 이 건축물이 무덤으로서는 실패작이었지만, 오늘날에도 세계의 7대 불가사의 중 하나로 손꼽힌다. 이 피라미드를 '불가사의하다.'라고 말하는 이유는 사용 목적에도 맞지 않고, 잘못 만들기로는 세계 최대의 건축물이기 때문일 것이다.

케옵스가 기자 지역에 대 피라미드를 만든 것은 기원전 3050년경으로 그는 매우 만족스러워했다고 전해진다. 대 피라미드는 5만 2,609제곱미터의 광대한 지역에 230만 개의 석회암을 210단을 쌓아 올려 세워졌다. 석회암 하나의 평균 무게는 2.5톤이고, 피라미드의 전체 무게는 575만 톤, 전체 부피는 233만 7,000세제곱미터나 된다. 이것은 왕의 시신 안치실, 환기구, 도굴범들을 속이려고 북쪽에 설치한 가짜 통행로 등의 공간은 제외한 수치이다. 이 석회암 덩어리들을 28.3킬로그램의 정육면체 크기로 잘라서 한 줄로 늘어놓으면 적도를 기준으로 지구 둘레의 3분의 2, 다시 말해 2만 6,822킬로미터에 이른다. 이 모두가 당시 상황에 비추어 엄청난 수치이다. 그런데도 우리는

---

7) 그 후에도 파라오들은 같은 목적으로 돌을 이용해 피라미드를 만들었지만, 이 역시 무너졌다.
8) Giza: 이집트 카이로 근교 나일 강 서쪽 지역으로 그곳에 크고 작은 피라미드 아홉 개가 있다. 그중 쿠푸 왕의 피라미드와 가프래 왕, 멘키우리 왕의 피라미드가 이집트 3대 피라미드로 손꼽힌다.

쿠푸 왕(케옵스)이 진정으로 위대한 왕은 아니었다는 이야기를 종종 듣는다. 깊이 존경하고 감탄할 만한 인물은 아니라는 것이다. 이 세상에는 어떤 일에도 감동하지 않는 사람들이 있다.

쿠푸 왕은 대 피라미드를 만들어 놓음으로써 죽은 뒤에 미라가 되어 피라미드 안, 즉 영생의 공간에 들어갈 수 있었다.[9] 그는 죽어서라도 조금이나마 명성을 얻고 싶었고, 후세 사람들의 반응도 예측하고 있었나 보다. 이제까지 본 적이 없는 가장 큰 피라미드를 만들어 놓는다면 수천 년 동안 전 세계인이 피라미드를 보러 몰려와 무덤의 계단을 오르내리며 피라미드에 대한 글을 쓰리라는 것을 알고 있었는지도 모른다.

물론, 피라미드를 건설할 때 쿠푸 왕이 직접 돌을 나르지는 않았다. 그는 머리가 좋았기에 고단하고 어려운 일은 모두 다른 사람들에게 시켰다. 그는 자기가 누군가에게 일을 시키면 열에 아홉은 시키는 대로 한다는 것을 잘 알고 있었다.[10]

10만 명의 농부를 동원해서 20년간 자기 무덤을 만들게 했다고 해서 쿠푸 왕을 잔인한 폭군으로 여기는 것은 시대에 뒤떨어진 생각이다. 그를 연구한 학자들은 쿠푸 왕이 홍수로 나일 강이 범람하는 3개월 동안만 일을 시켰다고 한다. 이 시기에는 농부들이 농사를 지을 수도 없거니와 나태해져서 제멋대로 행동하곤 했다. 당시 이집트의 하

---

9) 이집트인은 누구나 죽어서 자기 시신이 미라로 만들어져 보존되기를 바랐지만, 그것은 부자들에게나 가능한 일이었다. 훗날에야 일반인의 시신도 미라 상태로 보존될 수 있었다.
10) 그는 누군가 자신의 미라를 관에서 꺼내 팽개치리라고는 상상조차 하지 못했을 것이다. 이런 사실을 알게 된다면 그에게는 여간 애석한 일이 아닐 수 없다.

층 계급에서는 '도덕성'이라는 것을 찾아볼 수 없었다. 그들은 걸핏하면 술을 마시며 놀기를 좋아하는 사람들이었다. 그래서 쿠푸 왕은 그들의 정신을 한곳에 집중할 만한 일을 벌였으며 피라미드 건설 현장은 수많은 사람이 소풍을 나온 듯 즐거운 분위기였다. 동시에 피라미드를 건설하는 작업은 그들의 인격을 연마해 주고 노동의 신성함을 가르쳐 주었다. 우리가 알고 있는 것과는 달리, 피라미드 건설에 동원된 노동자 대부분은 노예가 아니었다. 그들은 오늘날 헌법에 규정된 것과 같은 인권과 권리가 있는 자유인이었다.

쿠푸 왕은 피라미드 근처에 바람이 들어오지 못하게 튼튼한 진흙 막사를 지어 일꾼들이 먹고 잘 수 있도록 해주었다. 또한, 무, 양파, 마늘 등 건강에 좋은 채소를 먹여 주고, 피부 관리에 좋은 피마자기름도 넉넉하게 지급해 주었다.[11] 19세기 영국의 고고학자 플린더스 피트리 경은 동원된 노동자들이 혹독한 노역에 시달렸다는 오래된 주장은 터무니없는 낭설이라고 말한다. 돌 하나의 무게가 평균 2.5톤이라고 계산한 플린더스 경은 노동자들이 따갑게 내리쬐는 햇볕을 받으면서도 무거운 돌을 즐거운 마음으로 옮겼다고 믿는다. 그러나 쿠푸 왕이 자신을 실컷 부려 먹기만 한다고 생각하는 사람도 있었을 것이다. 그들은 쿠푸 왕이 얼른 미라가 되어 영생의 땅으로 가기를 바랐을 것이다.[12] 지금 피라미드 속에 그의 관은 텅 비어 있는데, 9세기에 아바스

---

11) 그들은 몸에 기름을 바르는 것을 목욕이라고 생각했다. 상류층 사람들은 올리브기름을 사용했다. 그래서 고대 이집트인들은 모두 피부가 반질반질했다.
12) 그들은 피라미드를 보면서 쿠푸 왕이 바보 같은 짓을 하고 있다고 입을 모았다.

왕조의 칼리프 알 마문이 피라미드를 약탈하고 쿠푸의 미라를 사막에 버렸다는 말이 있다. 당시 쿠푸 왕의 피라미드 건설에 불만이 많았던 노동자들이 이 소식을 듣는다면 어떤 표정을 지을까?

대 피라미드가 어떻게 건설되었는지, 그 방법을 알아내기 위한 연구가 지금도 활발히 진행되고 있다. 이집트학자들은 자기가 태어나기도 전에 그런 대규모의 구조물이 건설되었다는 사실에 무척 놀랐을 것이다. 엔지니어들은 피라미드가 스테인리스 강철 기계 하나 없이 낡은 구리 연장 몇 개만 가지고는 건축할 수 없는 구조물이라고 확신한다. 나도 고대 이집트인들이 오늘날의 전문가들보다 지식이 더 풍부했다고는 믿지 않는다. 그렇지만 그들은 피라미드 건설 공사를 시작했고, 완성했다. 이 문제에 관해서는 여러분 스스로 결론을 내리실 수밖에 없을 것이다.

피라미드 건설은 돌을 들어 올리는 일만 제외하면 그다지 어려운 작업은 아니었다. 흙더미에 경사면을 만든 다음 돌을 쌓고, 다시 그 위에 흙을 덮고 돌을 쌓는 과정을 여러 차례 반복하면 단기간에 피라미드를 세울 수 있다. 다른 방도는 없다.[13] 그렇게 한번 쌓아 올린 피라미드는 무너지거나 부서지지 않는다. 왜 그럴까? 무너지지 않는 것이 피라미드의 원리이기 때문이다. 그래서 대 피라미드는 수천 년이 지난 지금도 그 자리에 그대로 있는 것이다.[14]

---

13) 여러분도 돈만 있으면 단단한 돌로 실물 크기의 대 피라미드를 만들어 달라고 건축 회사에 주문하실 수 있다. 물론, 직접 만드시면 더 싸게 할 수 있다.
14) 시간이 남아돌아서 피라미드를 무너뜨릴 생각을 하는 사람이 있더라도 개인의 힘으로는 절대 무너뜨리지 못할 것이다.

쿠푸 왕은 대 피라미드 동쪽에 세 명의 아내를 위해 작은 피라미드 세 개를 더 만들었다. 쿠푸 왕의 아내가 한 명뿐이었다고 착각하는 사람에게는 이 파라오의 다른 면을 보여주는 증거물들이다. 이집트 연구가들은 쿠푸 왕이 피라미드를 건설하지 않을 때에는 무엇을 했는지 별로 아는 바가 없음을 고백한다. 쿠푸 왕은 자신의 일과를 기록한 비문을 전혀 남기지 않았기 때문이다. 연구가들도 궁금한 점이 무척 많겠지만, 왕이 여섯 명의 아내 이외에 첩을 여럿 두었다는 사실 정도가 알려졌을 뿐이다. 학자들이 이 여인들과 관련해서 언급한 적은 없지만, 독자 여러분과 나는 부담 없이 상상할 수 있는 장면이 있다. 즉, 상형문자를 통해 확인한 사항은 아니지만, 쿠푸 왕은 이따금 여인들을 데리고 피라미드 건설 현장에 들러 공사가 순조롭게 진행되고 있는지 확인하고 나서 그날 오후 돌을 몇 개나 쌓아 올렸는지 자랑삼아 이야기했을 것이다.

내 개인적인 생각으로 왕실의 하렘은 쿠푸 왕의 주요 관심사 가운데 하나였을 터이므로 우리도 관심을 보일 만하다. 비록 근거 자료는 부족하지만, 쿠푸 왕의 하렘은 고대 세계에서 가장 규모가 컸을 것이다. 아프리카 각지에서 데려온 여인들이 하렘을 가득 채웠고, 모두 춤과 노래와 칠현금 연주에 뛰어난 절색의 미인들이었을 것이다. 어마어마한 규모의 피라미드를 세운 것만 봐도 알 수 있듯이, 쿠푸 왕은 평범한 것에 만족하지 못하는 인물이었다. 제1왕조의 제르 왕(Djer, 재위 기간: BC 3095~BC 3040)이 데리고 있던 70여 명 정도의 여인으로는 성에 차지 않았을 것이다. 어쩌면 신기록을 세우려고 수백 명이나 되는 여자를 거느렸을지도 모른다. 그러나 왕이 업무 외 시간에 무엇을 했는지는 알려진 바가 거의 없다. 여러분은 하렘의 관리가 피라미드 건설과는 비교할 수 없이 사소한 일이라고 생각하실지 모르지만, 그건 잘못된 생각이다. 23년의 재위 기간에 쿠푸 왕은 하렘을 오래도록 유지하는 일을 아주 중요하게 생각했고, 실제로 그는 그 일에 뛰어난 재능을 보였다.

쿠푸 왕의 여섯 아내는 즐거운 기분으로 재미있게 살지는 못했던 것으로 보인다. 쿠푸 왕은 당시의 관습에 따라 양어머니는 물론이고 친누이나 이복 누이와 결혼하는 등 가족 구성원이 되어야 할 여자들과 근친결혼을 해야 했다. 왕권이 안정되자 그는 자주 기자로 가서 왕가의 무덤이 될 피라미드 건설을 독려했다. 이집트 연구가들은 이름은 알 수 없지만, 왕의 첫 번째 왕비이자 친누이이며 아들인 카프레[info6]의 어머니였던 여자가[15] 첫 번째 작은 피라미드인 GI-a에 매장된 것으로 추정한다. 이복 누이인 헤누트센(Henutsen) 왕비는 GI-c에 누워 있으며, 가운데 작은 피라미드인 GI-b의 주인은 출신이 불확실한 금발 여인으로 우연한 기회에 왕가에 들어와 행운을 잡은 외지인이었다. 이 왕비는 분명히 쿠푸 왕에게 상당한 위안이 되었을 것이다. 적어도 그녀는 친족이 아니었기 때문이다.

이 금발 여인에 대해서는 알려진 사실이 별로 없다. 다만, 쿠푸 왕의 딸 중 하나인 헤테페레스 2세가 금발이었는데, 아마 공식 기록

---

15) 쿠푸 왕의 양어머니이자 왕비인 메리트요테스는 쿠푸 왕이 죽자 그의 아들인 카프레와 결혼했다. 정말 이상한 결혼이었다.

에 나타난 최초의 금발 여인일 것이다. 그녀의 딸인 메레산크 3세(Meresankh III)의 무덤 벽화에 그려져 있는 헤테페레스 2세 모습을 보면 붉은색 가로줄 무늬가 있는 밝은 황금빛 머리카락이 인상적이다. 그래서 일부 학자들은 헤테페레스 2세의 어머니가 그녀와 머리 색이 같은 외국인이었다는 결론을 내리고 있다. 이집트 여자들의 머리카락은 모두 검은색이었기 때문이다. 지금까지 알려진 사실은 이것밖에 없다.

물론, 이 벽화만 보고 판단해서 헤테페레스 2세가 금발이었고, GI-b 소 피라미드에 묻혀 있는 그녀의 어머니도 금발이었다고 단정을 지을 수는 없을지도 모른다. 메레산크 3세의 무덤 벽화를 그린 사람에게 붉은색과 노란색 물감밖에 없어서 그렇게 그렸을 수도 있다.

헤로도토스(Herodotus, BC 484~BC 425: 그리스의 역사가)는 중간의 소 피라미드에 관해 전혀 다른 의견을 제시한다. 갑자기 파산한 쿠푸 왕이 자신의 딸 중 한 명에게 필요한 자금을 모으게 해서 대 피라미드를 완성하게 했다는 것이다. 그녀는 찾아온 남자들을 유혹해서 엄청난 금액의 화대를 받은 것은 물론이고 아버지의 대 피리미드를 건축하는 데 필요한 돌덩이를 하나씩 요구하여 자금을 충당했으며 나중에 자기가 들어갈 소 피라미드에 필요한 돌덩이도 확보했다는 것이다. 피라미드는 그녀의 지극한 정성으로 지어진 건축물이라는 감동적인 이야기다. 그러나 이집트학자들은 이런 주장을 전혀 인정하지 않는다. 대 피라미드를 여러 차례에 걸쳐 꼼꼼하게 측량해본 학자들의 계산으로 밑변의 길이가 230미터에 달하는 피라미드를 만드는 데 필요한 돌을 성매매의 대가로 고객들에게서 받았다는 헤로도토스의 주장은 설득력이 없다는 것이다. 내 짐작에도 학자들의 생각이 옳은 듯싶다.

어쨌건 쿠푸 왕의 아들 카프레 왕은 아버지의 대 피라미드와는 비교가 안 되지만, 거대한 두 번째 피라미드를 기자에 세우고 거대한 스핑크스 또한 만들었다. 사자의 몸통과 왕 자신의 얼굴을 한 스핑크스는 파라오의 권력을 상징적으로 보여준다. 이 스핑크스는 이집트 최고의 신인 호루스[info7]의 상징이기도 했다. 그런데 스핑크스를 여성의 얼굴을 조각해 놓은 것으로 잘못 알고 '그녀'라고 부르는 사람도 있다.

하지만 쿠푸 왕의 후손들은 신통치 못했다. 기자의 세 번째 피라미드는 카프레의 아들인 멘카우레[info8]가 세웠는데 높이가 아버지가 세운 피라미드의 절반도 되지 않는다. 그리고 그는 고작 20여 명의 여인을 거느렸다. 그는 정직하고 선한 왕이었고, 노동자들의 든든한 벗이었다. 그러다 보니 왕국은 허약해졌고, 그는 왕국의 위엄을 다시 회복하지 못했다. 백성이 요구하는 것을 왕이 일일이 다 들어주자, 백성은 왕을 존경하지 않게 되었고, 자신에게 호의를 베푸는 왕을 바보로 취급하고 복종하기를 거부했다.[16] 그의 아들인 셉세스카프[info9]는 총애하는 귀족 프타셉세스에게 땅바닥이 아닌 자신의 발에 입을 맞추게 허락함으로써 왕의 권위를 더욱 실추시켰다. 이러한 일들이 벌어지면서 파라오들은 이제 피라미드를 건설하지 못하게 되었다. 셉세스카프는

---

16) 1837년 영국의 비제 장군은 기자의 세 번째 피라미드에 있는 부장품들을 대영박물관으로 옮기려고 했으나 도중에 멘카우레 왕의 정교하게 만든 현무암 석관은 지중해 바닥에 가라앉고 말았다.

피라미드를 남기지 못한 왕이 되었고, 제4왕조는 조용히 쇠락해 갔다. 집안에 똑똑한 사람은 하나뿐이라는 말이 맞는 모양이다.

제5왕조의 파라오들은 매사에 흐리멍덩했고 별 볼 일 없는 인간들이었다. 그중 하나는 '카카우', 혹은 '쿠쿠'라는 이름의 왕이었고, 다른 하나는 말재주나 부리는 하찮은 인간이었다. 제6왕조의 페피 1세는 훌륭한 왕이었지만, 재정상의 문제가 있었던 듯싶다. 페피 2세는 또 다른 피라미드를 세워 과거의 영광을 회복하려고 했지만, 피라미드 건설은 말썽만 일으키고 아무런 도움이 되지 못했다. 결국, 사람들이 모두 피라미드에 실증을 느끼게 되면서 관심도 사라졌다.

MORE INFO.

1. Menes 메네스 BC 31~BC 30

상(上) 이집트 티니스 출신으로, BC 3100년경 하(下) 이집트를 정복하여, 통일 왕국의 수도로서 두 이집트의 경계에 가까운 나일강 서안에 새로운 도읍을 정했다. 이것이 훗날의 멤피스이다. 역사가 헤로도토스는 메네스가 이 지방을 간척하여 도읍을 축성하고 남쪽에 제방을 쌓아 홍수를 막고 푸타하 신전을 건립했다고 기록했다. '아비도스 왕명표(王名表)'에는 '메니(Meni/Mny)'라고 기재되어 있으나, 이것이 곧 메네스일 것으로 추정된다. 그는 학자에 따라 '아하(Aha)' 또는 '오헤(Ohe)' 등의 이름으로 불리는 왕과 동일인으로 추정되기도 하고, 업적으로 보아 나르메르 왕과 동일시하는 학자도 있다. 파라오는 고대 이집트의 정치적·종교적 최고 통치자로서 '두 땅의 주인'이라는 칭호와 '모든 사원의 수장'이라는 칭호를 겸하고 있었다. '두 땅의 주인'이란 상 이집트와 하 이집트 전체의 통치자라는 의미로, 파라오는 두 지역에 관한 모든 권리를 보유하고 있다는 의미였다. 또한 '모든 신전의 수장'이란 파라오가 지상에서 신을 대신한다는 의미였기에 그는 제사를 주관하고 신전을 건설해야 했다. 파라오의 어원은 '페르-오'로 '성스러운 권좌'를 뜻했으나 시간이 지나면서 '페르-오'자체가 통치자를 의미하게 되었다. 파라오 왕조는 메네스 왕이 상·하 이집트를 통일하며 세운 왕조(BC 3500~3150)에서 시작하여 초기 왕조(초대~2대 왕조), 고왕조, 상왕조, 중왕조, 하왕조, 프톨레미 왕조(BC 332~30)로 기원전 30년에 로마의 통치를 받게 되기까지 약 3,500년에 걸쳐 이어졌다.

2. Djoser 죠세르 reign: BC 2668~BC 2649

고대 이집트 제3왕조의 파라오이다. 그는 조서, 조세르, 제세르 등 여러 이름으로 불렸는데 '호루스 네체리케트(Horus-Netjierichet)'라는 이름은 그의 모든 기념물에 새겨져 있다. '네체리케트'는 '신의 몸'을 뜻한다. 계단식 피라미드인 그의 무덤은 임호텝이 건설했으며 이후 이집트 고왕국 시대의 표준 무덤 형식이 되었고, 그것을 둘러싼 무덤 단지는 세계 최초의 석조 건물로 알려졌다. 1924~1925년 발굴되어 카이로 이집트 박물관에 있는 죠세르의 회암 석상은 가장 오래된 실물 크기 이집트 석상으로 알려졌다. 그는 남쪽으로 후일 이집트의 남쪽 경계가 되는 제1폭포 아스완까지 통치 범위를 확대했다. 그가 시나이 반도에 군대를 보내 현지인을 몰아내고 터키석이나 구리 같은 값진 광물을 채취했다는 기록이 남아 있다. 그는 기원전 2649년 세켐케트에게 자리를 넘겨주었다.

3. Imhotep 임호텝 BC 2650-BC 2600

이집트 고왕국 시대인 제3왕조의 2대 죠세르 왕 때 재상을 지냈다. 고대 이집트 문화의 전성기에 활약한 인물로 건축·의학·천문학·철학에 뛰어났고, 태양신의 대제사장으로서 모든 행사를 주관했다. 특히, 피라미드를 처음 설계한 인물로 기원전 2660년 무렵 한 변이 63미터에 달하는 직사각형의 석조 마스타바(mastaba, 진흙 벽돌로 지은 납작 지붕의 직육면체 구조물)를 이용해 계단식 피라미드를 건설했다. 이 피라미드는 죠세르를 위해 건설된 것으로 중앙에 깊이 28미터의 구멍을 파고 그 밑에 매장실을 만들었다. 이후에 확장 공사를 통해 완성된 이 피라미드의 밑변은 109 x 126미터이고, 높이는 62미터이다. 건축뿐 아니라 의술에도 뛰어나 복강·직장·방광·눈·피부·머리·손·혀 등 사람의 18개 부위와 관련된 200가지의 질병을 진단하고 치료했다고 한다. 후세에 신격화되어 학문과 의술의 신으로 추앙되었고 나중에는 멤피스의 최고 3신(神) 가운데 하나로 농사의 신, 치유의 신으로 불리는 네페르툼(Nefertum)과 동일시되었다. 그리스·로마 신화에서 의술의 신이자 아폴론의 아들로 등장하는 아스클레피오스(Asklēpios) 역시 임호텝의 변형에 지나지 않는다.

4. Step Pyramid of Djoser 죠세르의 피라미드 BC 2611

죠세르의 계단식 피라미드

기원전 2611년경 제작된 임호텝의 작품이다. 카이로 남쪽 약 30킬로미터 지점에 있는 사카라에 세워졌으며 이는 고대 이집트의 공동묘지로 면적이 가로 7킬로미터 세로 1.5킬로미터에 이르는 방대한 지역이다. 사카라는 멤피스가 이집트의 수도였던 시절에 가자 이전까지 이집트 왕실의 묘역이었다. 17개의 피라미드뿐만 아니라 다양한 형태의 마스타바도 묘실로 사용했다. 죠세르 왕의 계단식 피라미드는 그중 가장 유명한 피라미드로 잘라낸 석재로 만들어 지금까지도 완전한 형태를 보전하고 있는 가장 오래된 건축물이다. 임호텝은 기본적인 마스타바 구조를 확대하여 정사각형으로 만들었다. 그리고 나서 마스타바 모양의 정육면체 블록들을 위로 올라갈수록 좁게 쌓아 올리는 방식으로 최종적인 계단 구조를 완성했다. 외부의 블록들은 그 위층을 고정할 수 있는 각도로 배치했다. 죠세르 왕의 계단 피라미드는 높이가 약 61미터에 달하며 여섯 개의 테라스가 달려 있다. 대부분 외피와 벽돌 구조 일부는 세월이 흐르면서 사라졌지만, 동쪽 부분은 거의 원형 그대로 남아 있다. 본래 표면은 매끄러운 백색 석회석이나 연마한 하얀 대리석으로 마감해서 햇빛을 받으면 빛을 반사해 극적인 효과를 자아냈을 것으로 추정된다. 또한, 이집트 신들과 죠세르 자신, 그리고 가족들의 조각상이 있었으며, 그중 하나는 그가 왕좌에 앉아 있는 실물 크기의 조각상이었다. 그리고 지하 28미터에는 중앙부에 왕의 묘실이 있고,

약 400개의 방과 회랑이 있는, 전례 없는 규모와 복잡함을 갖춘 건축물이 있었다. 3톤 가량의 화강암으로 봉인한 입구에서부터 묘실까지는 수직갱으로 이어져 있다. 이 피라미드는 여러 채로 이루어진 건물 복합체 가운데에 있는데, 이러한 건물 중 일부는 아마 왕의 영혼이 사후에 잠시 머물도록 하거나 혹은 왕의 희년(이집트의 파라오들이 왕위에 오른 지 30년이 되었을 때, 그 이후로는 3년이나 4년에 한 번씩) 기념식과 관련이 있는 것으로 실제 목적이 있는 것이 아니라 겉보기로만 지어진 건물들이 분명하다. 왕실의 다른 일원의 무덤도 있다. 이곳의 건물 복합체를 둘러싸고 있는 벽은 길이가 1.6킬로미터에 달하며 원래 높이는 11미터였다. 이 유적지 전체는 '죽은 자들의 거대한 도시'라 묘사되었다.

5. Snefru 스네프루 reign: BC 2613~BC 2589

그리스어로는 '소리스(Soris)'라고 부른다. 이집트 제4왕조의 첫 파라오이다. 그는 선왕 후니(Huni)의 딸 헤테프헤레스 1세와 결혼했는데 그녀는 대 피라미드 건설자로 유명한 쿠푸의 어머니이다. 그가 통치한 기간에 관해 24년, 30년, 48년 등 이견이 분분하다. 마네토(BC 250년경 이집트 헬리오폴리스의 신관으로『이집트 역사』를 썼다)는 제4왕조의 첫 번째 왕이 29년간 다스린 소리스라고 기록했다. 그는 후니가 후궁 메레산크에게서 낳은 아들로 알려졌는데 자신의 생모보다 지위가 높았던 왕비의 딸이며 왕의 혈통을 이은 헤테프헤레스 1세와 결혼함으로써 자신의 왕위를 공고하게 다졌다. 결국, 그는 헤테프헤레스 1세와 배다른 남매였다. 그는 기자 피라미드 이전 시기에 세 개의 피라미드를 건설하면서 마이둠에 선왕 후니의 피라미드를 완성했는데 계단형 피라미드를 정식 피라미드 형태로 변형시켰다. 그는 다슈르에 있는 두 피라미드 가운데 북쪽에 있는 것에 매장된 것으로 추측한다.

6. Khafre 카프레 reign: BC 2558~BC 2532

멤피스에 수도를 둔 이집트 제4왕조의 파라오. 일부 학자는 그가 쿠푸 왕의 동생으로 후계자가 되었다고 하지만, 쿠푸의 후계자는 제데프레이고 제데프레의 뒤를 카프레가 왕위를 이어받았다는 설도 있다. 그의 이름의 뜻은 "레(Re)처럼 나타난다."라는 뜻이다. 그의 치세 중에 이집트는 번영을 이루었고, 기자에 두 번째로 큰 제2 피라미드와 대 스핑크스, 신전을 지었다. 제2 피라미드에는 부속 피라미드가 하나 있는데 거기에 누가 묻혔는지 밝혀지지 않고 있으며 무덤 주인인 왕의 큰아들이라는 것과 카프레라는 호루스 이름이 적힌 봉인이 발견되었다. 제2 피라미드는 꼭대기 주위에 투라산 석회암 외장이 약간 남아 있고 피라미드 안의 유적들은 대부분 도굴되었다.

7. Horus 호루스

죽음과 부활의 신 오시리스와 그의 아내이자 최고의 여성신인 이시스의 아들이며 사랑의 여신 하토르의 남편이다. 이시스가 오시리스를 부활시켜 주문의 힘으로 잉태해 태어났다. 원래는 매우 허약했으나 이시스의 마법으로 위험과 병을 물리칠 수 있었고, 성장해서는 오시리스로부터 병법을 전수받아 결국 아버지의 동생이자 원수인 세트를 죽이고 통일 이집트의 왕이 되었다. 이후 곳곳에 신전을 세우고, 통일 이집트를 평화적으로 다스리면서 이집트 왕들의 화신으로서 영원히 이집트에 머물렀다. 이 때문에 이집트의 모든 국왕은 누구나 '살아 있는 호루스'로 불렸다.

8. Menkaure 멘카우레 reign: BC 2532~BC 2503

고대 이집트 제4왕조의 파라오. 그는 기자에 세 번째이며 가장 작은 피라미드를 건설했다. 그의 이름은 "레(Re)의 영혼처럼 영원하다."라는 뜻이다. 그는 카프레의 아들이고 쿠푸의 손자이다. 어머니는 카메레르네브티 1세였고, 그는 최소한 두 명의 부인을 둔 것으로 보인다. 기자에 있는 그의 피라미드에는 세 개의 보조 피라미드가 있는데 이들은 카프레의 여왕들 피라미드로 보인다. 1837년 그의 피라미드에서 현무암 석관이 발굴되어 대영박물관으로 보내려고 석관을 실었던 상선 베아트리체 호가 몰타 항을 떠난 후 1838년 10월 13일 실종되었다. 현무암 석관이 발견된 곳 바로 인근에서 '멘카우레'라는 이름이 적힌 목재 관의 파편과 헝겊에 싸인 해골 일부가 발견되었는데 이것들은 다른 배에 실려 현재 대영박물관에 전시되어 있다.

9. Shepseskaf 셉세스카프 reign: BC 2503~BC 2498

멘카우레의 뒤를 이은 고대 이집트 제4왕조의 마지막 파라오. 셉세스카프는 "그의 영혼은 고결하다."라는 뜻이다. 파라오가 피라미드를 만드는 제4왕조의 전통을 깬 인물이다. 그가 피라미드를 건축하지 않은 이유에 대해 여러 가지 설이 있는데, 초기에 번영했던 제4왕조가 후기에 와서 쇠락한 만큼, 아버지의 피라미드를 건설하면서 동시에 자신의 피라미드를 짓기에 벅찼기 때문이라는 해석도 있다. 또한, 태양신 레(Re)를 섬기는 사제들의 세력을 제압하고자 기자에 피라미드를 짓기보다는 사카라에 마스타바를 만들기로 했다는 설도 있다. 이런 주장은 카프레나 멘카우레처럼 선대왕의 이름에 태양신 레의 이름이 포함되었던 것과는 달리 그의 이름에 '레'가 빠졌다는 점에서도 설득력이 있다.

하트셉수트

　제18왕조 때 이집트는 하트셉수트 여왕과 투트모세 3세가 함께 다스렸지만, 하트셉수트 여왕은 어린 투트모세 3세를 언제든 손쉽게 조종했다. 그러나 하트셉수트 여왕을 비난할 수만은 없다. 그녀는 함몰된 이마, 튀어나온 눈, 뻐드렁니가 신체적 특징인 못생기고 작달막한 투트모세 왕가 사람들에 평생 둘러싸여 있었기 때문이다. 그래서 하트셉수트는 날이 갈수록 신경이 예민해졌다. 급기야 투트모세 집안 사람들이 눈에 보이기만 하면 심한 고통에 시달리는 지경에 이르렀는데, 현실에서건 꿈에서건 그들을 보기만 하면 손에 잡히는 대로 아무 물건이나 집어던지는 버릇마저 생겼다.

　하트셉수트는 투트모세 1세[info1]의 딸로서 소녀 시절부터 아버지의 이집트 통치를 도왔다. 투트모세 1세는 너무도 게으르고 무능해서 혼자서는 국가를 다스릴 수 없었다. 그녀는 이복동생인 투트모세 2세[info2]

Hatshepsut 하트셉수트 BC 1508-BC 1458

투트모세 1세의 장녀로 이복형제인 투트모세 2세의 왕비이다. 후사가 없었기 때문에 서출의 조카 투트모세 3세가 왕위를 계승했다. 조카의 나이가 어렸기에 22년간 공동으로 통치하여 제18왕조 다섯 번째 파라오가 되었다. 이집트의 여왕 중 재위 기간이 가장 길다. '하트셉수트'라는 이름은 '가장 고귀한 숙녀'라는 의미이다. 내정에 전념하여 시나이 광산 채굴과 교역을 위해 푼트 원정을 감행했다. 그녀의 총애를 받은 신하이며 건축가인 센무트가 설계한 다이르 알바흐리의 장제전과 키르니크의 아몬 대신전에 오벨리스크가 있다.

와 결혼했다. 하트셉수트는 부모가 모두 왕족 혈통이었지만, 투트모세 2세는 투트모세 1세의 아들이면서도 어머니가 국외자였기에 왕족이 될 수 없었다. 하트셉수트는 그런 사실을 이복동생에게 조심스럽지만 분명하게 상기시켰다.[1] 투트모세 2세는 나약하고 여성적인 성격에 외모도 변변치 못한, 투트모세 집안에서 가장 못난 젊은이였다. 하지만 하트셉수트는 남편을 잘 다스렸고 두 딸, 네페루레와 메리트레를 낳았다.

투트모세 2세는 기원전 1501년, 둘째 부인 이세트(Iset)가 낳은 아홉 살짜리 투트모세 3세[info3]를 하트셉수트에게 남기고 세상을 떠났다. 학자들은 투트모세 2세의 어깨, 엉덩이, 골반, 가슴뼈가 부서졌다는 사실을 밝혀냈다. 또한, 그의 코뼈는 누군가 인두로 짓이겼는지 변형되어 있었다고 한다. 게다가 쥐 독에 감염된 증상도 있었다고 한다. 하지만 학자들은 누가 그런 짓을 했는지 밝혀내지 못했다.[2]

하트셉수트는 결국 또 한 사람의 투트모세와 함께 지내게 되었다. 투트모세 3세는 집안에서 가장 못생긴 남자였다. 이마가 아주 좁았고 걸핏하면 말대꾸나 하는 돼먹지 못한 버릇이 있었다.[3] 게다가 뒤통수는 절벽처럼 납작했다.[4] 하트셉수트는 투트모세 1세의 첫 번째 왕비

---

1) 그녀는 누가 자신을 사랑하든 말든, 최고의 자리에 오르고만 싶어 했다. 요즘도 주변에서 이런 사람들을 흔히 볼 수 있다.
2) 사후 거의 3,500년이 지난 후 투트모세 2세의 미라를 조사한 학자들 말에 따르면, 그는 건강이 몹시 나빠서 아주 끔찍한 모습이었다고 한다.
3) 그의 두개골은 오각형 형태였다. 얼굴은 작고 좁은 타원형으로 끔찍스럽게 흉한 모습이었다.
4) 그의 시신은 현재 카이로 박물관에 있다.

인 아흐모세의 살아 있는 유일한 혈육이었기에[5] 어린 조카이자 양아들인 투트모세 3세를 대신하여 섭정하면서 국사를 도맡았다. 그 결과 두 사람 모두 불편한 상태가 되었다. 하트셉수트는 가정의 안위를 위해 자신의 딸인 네페루레를 투트모세 3세와 결혼시켰다. 그리하여 하트셉수트는 투트모세 3세의 양어머니이자 고모, 그리고 장모가 되었다. 그런데 어찌 된 연유인지 집안에 평화가 깃들지 않았다.

하트셉수트는 6~7년간 섭정하고 나서 무언가 조처를 하기로 작심했다. 어쨌든 자신은 왕가의 유일한 적출인데, 파라오의 명예는 얻지도 못하고 첩의 자식들 뒤치다꺼리나 하는 처지에 신물이 났던 것이다. 그녀는 투트모세 3세가 성년이 되면 섭정을 그만둘 것이 아니라 직접 파라오가 되기로 마음먹었다.

하지만 당시 이집트에서는 전통적으로 오직 남자만 파라오가 될 수 있었기에 그녀는 파라오가 될 수 없었다. 하지만 그녀는 이런 제약을 극복함으로써 역사상 최초의 위대한 여성 지도자라는 영예를 차지했다. 그녀는 스스로 이집트의 왕위에 올랐고, 그것으로 남성만이 파라오가 될 수 있다는 전통은 깨졌다. 그녀는 이집트는 '남자가 지배하는 나라'라고 오래전부터 굳게 믿어 왔던 이집트인들을 깜짝 놀라게 했다. 하지만 언제나 그렇듯이 '예외 없는 법칙은 없다.'

그녀는 백성에게 자신이 파라오가 될 자격이 충분히 있음을 보여주고자 자신의 조각상과 인물상을 여럿 만들게 했는데 자신을 턱수염

---

[5] 하트셉수트의 친오빠인 와즈모세스와 아멘코세스는 어린 나이에 죽었고, 친자매인 네페루비티도 마찬가지였다.

을 기른 남자 파라오의 모습으로 표현하게 했다.[6] 그녀를 남자라고 믿는 바보는 없었지만, 그녀의 말은 곧 법이었기에 합법적인 왕으로 군림했다.

하트셉수트는 투트모세 3세에게 '파라오'라는 호칭을 계속 사용할 수 있게 해주었고, 자신의 다음 서열 공동 지배자의 자격을 인정해주었다. 그렇게 함으로써 자신의 영광스러운 자리를 더욱 돋보이게 한 것이다. 투트모세 3세는 그녀의 애완용 암소에게 먹이를 주고 잔심부름도 해야 했다. 기념비에는 그녀의 이름 밑에 투트모세 3세의 이름이 아주 작은 상형문자로 새겨졌다. 투트모세 3세는 아흐모세 1세[7]나 투트모세 1세처럼 자신도 군인이 되어 아시아로 가서 메소포타미아인들과 싸우고 싶어 했다. 하지만 그런 생각을 말할 때마다 하트셉수트의 꾸지람을 들어야 했다. 외교 문제에서 그녀는 확고한 평화주의자였다.[8] 하트셉수트가 이집트를 통치하는 동안 군사력이 약해진 것은 사실이지만, 누비아족은 쥐죽은 듯 조용했고, 메소포타미아인들도 반란을 일으키지 않았다. 아마 그들도 하트셉수트에 관해 전해 들은 바가 있었을 것이다.

하트셉수트에게는 여자다운 부드러운 면도 있었던 것 같다. 출신은 비천하지만, 용모는 준수한 신전 건축가 센무트와 염문을 뿌려 사람들 입방아에 올랐는데, 하트셉수트는 그가 건축 계획안을 조목조목

---

6) 파라오들은 지혜의 상징으로 가짜 턱수염을 붙였다.
7) 마네토는 아흐모세 1세를 제17왕조의 파라오로 분류했지만, 후일 잘못 분류된 것으로 알려졌다.
8) 두 사람이 논쟁할 때마다 누군가 한 사람이 져야 했다. 그런데 하트셉수트는 논쟁에서 한 번도 진 적이 없었다.

설명할 때면 그의 매력에 흠뻑 빠지곤 했다. 하트솁수트가 그를 처음 만난 것은 남편인 투트모세 2세가 살아 있을 때였다. 당시 그녀는 새로운 건축물을 만들고 싶다는 생각을 그에게 전한 바 있었다. 그들이 언제 어디서 만났는지는 분명하지 않지만, 하트솁수트가 남편의 장례식을 치른 지 얼마 지나지 않은 어느 날 밤 두 사람이 함께 있는 모습이 목격되었다. 둘은 신성한 플라타너스 숲 속을 거닐고 있었고, 중요한 건축 계획에 관해 이야기를 나누는 듯했다. 그리고 그 다음 날 아침 센무트는 왕실 건축 책임자로 임명되었다.

　그 후 하트솁수트와 센무트는 거의 매일 만나 회의했다. 하트솁수트가 줄곧 더 많은 건축물을 원했기 때문이다. 매일 아침 센무트는 궁정으로 출근하여 준비해 온 청사진들을 보여주었고, 밤에는 두 사람이 들어간 침실의 문고리에 '방해하지 마시오.'라는 알림판이 내걸렸다. 결국, 센무트는 이집트에서 가장 영향력 있는 인물이 되었다. 자신의 개인적인 재능을 이용해 남아돌 정도로 많은 재산과 지위를 얻었다.[9] 센무트는 거의 20년 동안 하트솁수트에게 충성을 바치고 나서 총애를 잃은 것으로 알려졌다.

　센무트는 타고난 건축가였다. 그는 테베(룩소르)의 서쪽, 강 건너편 다이르 알-바흐리에 하트솁수트와 태양의 신 아몬(Amon)의 신전을 세웠다. 공사가 시작된 지 7년이 지나도록 신전은 완성되지 못했고, 애초에 센무트가 계획했던 것보다 크기가 세 배나 커졌으며, 공사비

---

[9] 하트솁수트의 재상이었던 하푸세네프는 코끝에 혹이 달린 대머리 노인으로 가난하게 살다 죽었다

는 8~9배가 더 들었다. 신전이라는 사실 말고는 처음 계획과는 닮은 구석이 전혀 없었다. 결국, 신전은 미완성으로 끝났다.[10]

신앙심이 투철했던 하트셉수트는 신전 벽에 자기 모습을 새겨 넣게 했으며 자신이 아몬 신의 딸이며 아몬 신이 자신에게 투트모세 3세보다 더 높은 권세를 주면서 직접 왕관을 씌워주었다는 내용을 상형문자로 새겨 넣게 했다. 그녀는 좋은 생각이 떠오를 때마다 신전 벽에 새겨 넣게 했다.

하트셉수트와 투트모세 3세는 테베 지역의 파괴된 신전들을 복구하기도 했지만 주로 오벨리스크를 세우는 작업에 매달렸다. 하트셉수트가 이집트 백성의 모습을 그린 그림과 자신의 공적을 기리는 상형문자가 새겨진 오벨리스크 한 쌍을 세우면, 투트모세 3세는 바로 그

---

10) 그는 또한 카르나크 지역에 분홍색 화강암으로 오벨리스크 한 쌍을 세웠다. 그중 하나는 약간 기울기는 했지만, 쓰러지지는 않았다.

1장 _ 이집트의 파라오

다음 날 자신의 공덕을 기리는 더 높은 오벨리스크 한 쌍을 세우는 식이었다. 이렇게 두 사람은 자화자찬하는 자기과시에 열을 올렸는데, 더는 꾸며댈 이야깃거리가 없을 때까지 이런 경쟁은 계속되었다.

당시 하트셉수트의 외모를 짐작하려면 오벨리스크에 새겨진 다음과 같은 기록에 의존할 수밖에 없다. "그녀는 지상의 무엇보다 아름답다. 그녀의 광채와 자태는 천상의 것이다." 나이 오십이 넘은 여성 파라오가 참으로 뻔뻔하다고 생각하는 사람도 있을 것이다. 하지만 그런 생각은 할 필요가 없다. 이것은 그녀가 투트모세 2세와 결혼하기 35년 전, 그리고 투트모세 3세와 왕좌를 놓고 겨루기 전의 모습을 묘사한 내용일 뿐이다. "그녀는 아름답고 꽃처럼 찬란한 소녀이다." 상형문자는 이렇게 기록하고 있으나 굳이 그 진의를 의심할 필요는 없겠다. 기원전 1514년에 살았던 한 여자의 외모 때문에 우리가 피해를 볼 일은 없을 테니까.

하트셉수트와 그녀의 애인에 대한 기록이 무엇을 암시하든 간에 그들은 견고한 건축물들을 많이 세웠고 나머지 이야기들은 그저 풍문일 뿐이다. 사람들은 남의 말 하기를 좋아한다. 건설 공사 책임자, 왕실 침실 관리자, 비밀 처소 관리자 등은 쉽게 오해를 살 수 있는 자리다. 엄청난 규모의 땅과 금이 선물로 들어오고 한밤중에 밀담이 오갔다는 소문도 마찬가지다. 하지만 어쩌면 이런 소문이 모두 파라오로서 국가를 성공적으로 통치하려는 하트셉수트의 국정 운영 전략이었을 수도 있다. 좋은 건축물을 세운다는 것은 쉬운 일이 아니다.

하트셉수트 재위 기간에 있었던 주요 사건 가운데 하나는 신전 봉사와 아몬 신전의 계단식 정원에 사용할 자재를 구하러 푼트(소말리아 지방) 지역으로 원정을 떠났던 일이다. 기원전 1492년, 다섯 대의 작은 선박이 홍해를 따라 내려가 몰약 생나무 31그루 등 갖가지 향내 나는 관상식물[11]을 비롯해 몰약 수지, 이히무트 향료, 카시아 목재, 크헤스티 목재,[12] 흑단, 상아, 황금, 호박금 그리고 사냥개과 원숭이, 기린 등의 동물 삼천여 마리, 푼트 지방의 희귀한 특산물을 구해 왔다.[13]

푼트 원정 덕분에 이집트의 항해술이 비약적으로 발전했다는 것이 일반적인 견해다. 하지만 항해술의 발전은 이집트 역사의 초기부터 조용히 진행되었던 것이 사실이다. 제5왕조 때부터 홍해를 따라 내려가는 여행은 일상적인 일이었고 푼트 지역은 정기 기착지였다. 제6왕조 때는 '크흐눔호텝'이라는 이름의 관리가 몰약 등 원료를 구하러 열한 차례나 푼트 지역에 다녀왔지만, 야단법석을 떨지는 않았다. 하지만 하트셉수트는 사뭇 달랐다. 그녀는 신전의 모든 벽면을 이 원정에 관해 상세한 묘사한 그림들로 뒤덮게 해서 자기 덕분에 이집트가 위대한 업적을 이루었음을 과시했다.

기원전 1479년, 하트셉수트는 59세의 나이로 세상을 떴다. 그녀는 남편 투트모세 2세가 죽고 나서 21년 9개월을 집권했다. 투트모세 3세가 하트셉수트를 죽였다거나, 최소한 상해를 입혔다는 소문이 있으나 입증된 사실은 없다. 그러나 투트모세 3세는 하트셉수트 때문에 이

---

11) 위대한 여성들이 대부분 그렇듯이 하트셉수트도 정원 가꾸는 일을 무척 좋아했다. 정원에 간다면서 자주 슬리퍼를 가져오라고 했다.
12) 크헤스티 목재는 크헤스티 나무에서 얻은 특수 목재이다.
13) 센무트는 푼트 지방에 가지 않고 하트셉수트와 함께 있었다.

집트의 유일한 지배자로서 나라를 다스릴 수 있었던 20여 년 동안 신전 한구석에 쭈그리고 앉아 손톱이나 물어뜯어야 했다. 뭔가 비상수단을 강구하지 않았다면, 다음 20년도 상황은 달라지지 않았을 것이다. 여러분이 이런 상황에 놓여 있다면 어떻게 행동하겠는가?[14]

하트셉수트의 죽음에 그가 연루되었건 아니건 간에 고모, 장모, 양어머니인 하트셉수트가 죽자 투트모세 3세는 보통 사람과는 다른 반응을 보였다. 우선, 그는 2주일 혹은 3주일 동안 뻐적지근하게 잔치를 벌였다. 그리고 모든 하트셉수트 조각상에서 코를 떼어낸 후 채석장 구덩이에 묻어 버렸다. 그녀의 얼굴과 이름이 새겨진 부분은 전부 도려냈고, 하트셉수트의 오벨리스크들을 벽에 밀어붙이고 밀폐하여 후대 사람들이 그녀가 얼마나 멋진 여자였는지를 알리는 상형문자를 읽지 못하게 했으며 그녀의 존재마저 알 수 없게 했다.

하지만 투트모세 3세의 의도는 수포로 돌아가, 훗날 발굴되어 멋지게 복원된 하트셉수트 조각상 일부가 지금도 메트로폴리탄 예술 박물관에 전시되어 있다.[15] 투트모세 3세의 더러운 성질머리 때문에 오벨리스크에서 떨어져 나갔던 돌조각들은 최상의 상태로 잘 보존되어 수천 년이 지나는 동안 상형문자들이 전혀 훼손되지 않았기에 해독하기도 어렵지 않다. 당연한 결과지만, 두 사람 사이의 싸움에서 결국 하트셉수트가 최후의 승자가 된 셈이다.

---

14) 하트셉수트가 투트모세 4세의 출생 사실을 전해 듣고 왕위를 포기했다는 설도 있다. 흥미로운 가정이지만, 시기상 맞지 않는다.
15) 영국인 벤슨 여사와 굴레이 여사가 무트 신전을 발굴한 끝에 찾아낸 센무트의 조각상은 시카고 박물관에 하나, 카이로 박물관에 하나 소장되었다.

불만이 많았던 이 소인배가 하트셉수트 조각상의 코를 모두 떼어 버리고 나서 저지른 짓을 돌아보자. 그는 군대를 이끌고 아시아를 침략해 자기 마음이 흡족할 때까지 주민을 마구 죽이고 재물을 약탈했고 그 덕분에 이집트는 한동안 번영을 누렸다.[16] 즉, 투트모세 3세는 다른 나라로 쳐들어가 사람들을 도륙하면서, 이집트 사상 최초로 세계적인 제국을 건설했다. 그는 재위 기간에 아시아 지역에서 열일곱 번의 대외 정복 전쟁을 일으켰고 마지막 12년은 마음을 조금 가라앉히고 살았다. 그 기간에는 자신의 공적을 찬양하는 오벨리스크들을 세웠으며 사람 죽이는 솜씨가 무뎌지지 않도록 연습 삼아 누비아인들을 죽였으며, 자신의 손자인 어린 투트모세 4세를 키웠다. 이러한 행적을 보고 많은 학자가 투트모세 3세를 가장 위대한 파라오였다고 말한다. 그래서 역사적 인물을 열거한 명단마다 투트모세 3세의 이름이 빠지지 않는다.

투트모세 3세는 기원전 1447년에 죽었다. 55년간, 즉 하트셉수트 사후 32년간 재위했다. 투트모세 3세가 일으킨 열일곱 번의 전쟁에 관한 터무니없는 거짓말이 기록된 오벨리스크들은 현재 이집트에 남아 있지 않다. 이집트 방문 기념 선물 정도로 취급되어 여러 나라로 반출되었기 때문이다. 그중 두 개는 클레오파트라와 아무 상관 없지만, '클레오파트라의 바늘'이라는 이름이 붙은 채 영국의 런던에 하나, 뉴욕의 센트럴파크에 하나가 있다. 이 거대한 오벨리스크 앞을 지나가

---

16) 그런데 결국 돈이 다 떨어졌고, 그 돈의 행방을 아는 사람은 아무도 없다.

는 사람들은 바쁜 와중에도 걸음을 멈추고 서서 "대체 이게 뭐야?"라고 묻곤 한다. 이 오벨리스크가 '클레오파트라의 바늘'이라고 불리는 이유는 그저 그렇게 연상하는 사람이 꽤 많기 때문이다. 여러분이 내게 그 이유를 묻더라도 내 대답은 똑같을 것이다.[17]

---

[17] 아멘호테프 4세(아크나톤이라고도 불리며 제18왕조의 제10대 왕으로 재위 기간은 BC 1379-BC 1362이다) 시절에 히타이트의 세력이 강해지면서 이집트 제국은 산산이 부서졌다. 히타이트가 그 후 어찌 되었는지는 지금 기억나지 않는다.

MORE INFO.

1. Thutmose I 투트모세 1세 reign: BC 1525~BC 1512

이집트 제18왕조 제3대 왕. 출신은 분명하지 않으나 왕통을 이어받은 여성과 결혼하여 왕위에 올랐다. 치세 2년에 이미 남방의 누비아에 원정하여 제3급단(물살이 빠른 여울)까지 지배했고, 다음에는 아시아에 출병하여 유프라테스 강까지 이르렀다. 강력한 군대에 의한 식민지 지배와 국가의 번영이라는 영광의 시대를 열었으며, 또한 건축에서도 새로운 시대를 구축하여 카르나크의 아멘 신전에 탑문을 축조하고 두 개의 오벨리스크, 아비도스의 오시리스 신전 등을 재건했다. 그리고 왕의 유해를 '왕가의 계곡'에 매장한 최초의 왕이기도 하다.

2. Thutmose II 투트모세 2세 reign: BC 1493~BC 1479

이집트 제18왕조의 네 번째 파라오. 그는 투트모세 1세의 아들인데 생모가 서열이 낮은 아버지의 둘째 부인이었기에 왕권을 공고히 하고자 적통(嫡統)인 배다른 누이 하트셉수트와 결혼했다. 그는 딸 네페루레(Neferure)를 얻었으나 남자 후계자를 얻기 위해 둘째 부인 이세트(Iset)에게서 투트모세 3세를 낳았다. 그의 치세에 관한 기록이 알려진 것이 거의 없는데 그의 부인 하트셉수트로부터 심한 간섭을 받은 것으로 추측된다. 하트셉수트는 아들 투트모세3세가 어린 나이에 왕위에 올랐을 때에도 섭정한 것으로 보인다.

3. Thutmose III 투트모세 3세 reign: BC 1479~BC 1425

이집트 제18왕조의 파라오로 투트모세 2세의 아들이다. 54년에 달하는 긴 재위 기간 중 21년을 계모 하트셉수트가 섭정이자 공동 파라오로서 실권을 쥐고 있었다. 투트모세 3세는 시리아, 누비아를 필두로 대규모의 군사 정복을 통하여 이집트의 영토를 최대로 넓혔다. 그는 모두 17회의 원정을 했고, 그 결과 미타니, 히타이트, 아시리아, 메소포타미아, 가나안, 우가리트, 비블로스, 야흐베, 누비아 등을 지배했다. 이러한 업적으로 20세기 역사가들은 그를 '고대 이집트의 나폴레옹'이라고 부르기도 한다.

Cleopatra VII Philopator 클레오파트라 BC 69-BC 30

이집트 프톨레마이오스 왕조 최후의 왕. 어린 동생 프톨레마이오스 13세와 공동 통치했다. 프톨레마이오스 14세와 결혼했으나 곧 사망했으며 동생과의 권력 다툼으로 한때 쫓겨났다. 이집트에 원정 온 카이사르의 애인이 되어 그를 따라 로마에 왔으나 카이사르가 암살되자 귀국하여 전 남편의 동생과 결혼했다. 이후 안토니우스와 서로 사랑했으나 옥타비아누스의 정벌군과 악티움의 해전에서 패전하여 안토니우스는 자살하고, 그녀는 포로가 되어 로마에 연행되었다가 태양신 라(Ra)의 사자라고 믿어온 독사에 물려 자살했다.

클레오파트라

 이집트 여왕 클레오파트라 7세는 프톨레마이오스 12세[info1]의 딸이었다. 어머니의 이름은 알려지지 않았는데 몰라도 상관없다. 그녀는 눈곱만큼의 분별력도 없는 남편 프톨레마이오스 12세 때문에 골치를 앓고 살았던 평범한 여자였다. 프톨레마이오스는 '피리 부는 프톨레마이오스'라고 불렸는데, 온종일 피리나 불면서 천하태평으로 살았다. 이집트인들은 그를 나라 밖으로 추방했지만, 다시 돌아왔고, 기원전 51년 클레오파트라와 그녀의 열 살짜리 동생인 프톨레마이오스 13세에게 이집트를 맡기고 세상을 떠났다.[1]
 클레오파트라와 프톨레마이오스 13세[info2]는 밤낮 싸우기만 했다. 클레오파트라는 당대의 실세 정치인들로부터 인정받지 못했던 것으

---

1) 프톨레마이오스 왕가는 한때 마케도니아 귀족의 순수 혈통이었다. 그러나 클레오파트라 시대에 이르러 그들의 혈통은 등급을 매기자면 2등급 정도가 되었다.

로 보인다.[2] 그녀는 결국 반쪽짜리 왕위에서 쫓겨나 시리아로 피신해 목숨을 보전했다. 당시 스물한 살이었던 그녀는 몹시 불행했으며 갈 곳조차 없었다.

그런데 마침 로마의 최고 통치자인 율리우스 카이사르[info3]가 폼페이우스를 뒤쫓아 이집트로 진격해 왔다. 그 소식을 들은 클레오파트라는 그의 환심을 사고자 이집트로 돌아왔다.[3] 클레오파트라는 양탄자로 자신의 몸을 둘둘 말아 카이사르 앞에 가져다 놓게 했다. 양탄자가 펼쳐지는 순간 그 안에 숨어 있던 젊고 아름다운 클레오파트라가 모습을 드러냈다. 그날 밤 클레오파트라는 카이사르와 함께 여행 이야기를 속삭이며 밤을 지새웠다. 그녀는 카이사르 덕으로 마침내 또 다른 남동생 프톨레마이오스 14세와 공동으로 다시 왕위에 올랐다. 프톨레마이오스 13세는 카이사르의 로마군과 전투를 벌이다가 패퇴했고, 달아나는 와중에 나일 강에서 익사했다. 프톨레마이오스 14세도 오래 살지 못했다. 클레오파트라가 그를 독살했다고들 하지만, 그런 일로 그녀를 나무랄 필요는 없다. 내가 보기에 되도록 많은 식구를 독살하는 것이 당시 왕가의 예법이었던 듯싶다. 클레오파트라는 여동생 아르시노에를 독살하지 않고, 다른 사람을 시켜 죽였다.[4]

당시 클레오파트라는 스물한 살이었고 카이사르는 쉰네 살이었지만, 그는 여전히 여자들에게 인기가 높았다. 호리호리한 몸매에 키는

2) 당시 이집트 정치의 최고 권력자는 환관인 포티우스였다.
3) 카이사르는 갈리아에서 수백만의 남자와 여자, 아이들을 살육했고, 수백만 명을 노예로 만들었다. 이 기록을 깬 로마인은 없다.
4) 프톨레마이오스 13세와 14세는 다른 프톨레미이오스 왕가 사람들처럼 사악하지 못했고 너무 어렸다.

작았지만 강인한 인물이었다. 그는 그해(기원전 48년) 10월 초부터 이듬해 6월 말까지 이집트에 머물면서 나랏일을 보았다. 그리고 얼마 후 작은 카이사르라고도 불렸던 아들 카이사리온이 태어났다. 그러자 클레오파트라는 카이사르와 사실상 결혼했다고 생각했다. 물론 카이사르도 클레오파트라와 결혼할 수 있었지만, 그에게는 고향에 두고 온 아내가 있었다. 그는 여자 때문에 늘 일이 꼬였다.

자신이 깊이 흠모했던 알렉산드로스 대왕과 마찬가지로 카이사르도 비록 자신이 알렉산드로스 대왕만큼 대단하지는 못해도 신의 아들이라고 믿었다. 클레오파트라를 만날 무렵 그는 머리털이 많이 빠져 대머리가 되었고, 남은 머리칼도 희끗희끗했다.[5] 그는 고질적인 간질도 앓고 있었다. 그가 이룬 업적 가운데 갈리아에서 자행한 대학살을 기록한 책 『갈리아 전기』를 낸 것과 알렉산드리아 도서관을 불태워 초토화한 일을 언급할 수 있겠다. 도서관 화재는 의도적인 것이 아니라, 그가 항구에서 적의 배를 태울 때 날아간 불씨가 옮겨붙어 일어난 돌발 사건이었다. 기원전 44년, 클레오파트라가 로마에 와 있는 동안 카이사르는 가장 절친했던 친구들에 의해 원로원에서 살해되었다. 클레오파트라는 황급히 로마를 떠났다.[6]

3년 후 이른 가을, 스물여덟 살의 클레오파트라는 턱수염을 기른 뚱보 마흔 살의 마르쿠스 안토니우스[info4]를 만났다. 그녀는 카이사

---

5) 머리는 희끗희끗해도 돈만 많으면 누구나 멋있어 보인다.
6) 제임스 안토니 프루드(1818~1894, 영국의 역사학자)는 카이사르와 클레오파트라에 관한 이야기는 모두 후세 사람들이 조작한 것이라고 주장했다. 두 사람이 낳은 아들 카이사리온에 대해서는 어떻게 설명했는지 기억나지 않는다.

르와 함께할 때도 그랬듯이, 안토니우스와도 아시아를, 더 나아가 세계를 지배할 꿈을 꾸었다.[7] 그것은 다분히 전략적인 협정이었다. 클레오파트라는 왕좌를 지키기 위해 안토니우스의 보호가 필요했고, 안토니우스는 클레오파트라의 돈이 필요했다. 여러분도 잘 아시다시피 두 사람이 연인 사이였다는 소문은 지금까지도 전해지고 있다. 수많은 말이 나돌았고, 얼마 후 클레오파트라는 남녀 쌍둥이를 낳았다.[8] 그리고 나중에 사내아이를 하나 더 낳았다. 두 사람은 쌍둥이가 네 살이 되었을 때 비밀리에 결혼식을 올렸다.

안토니우스는 비록 똑똑한 사람은 아니었지만, 클레오파트라가 볼 때 재밌는 반려자라는 인상을 풍겼다. 안토니우스의 행동은 아무도 예측할 수 없었는데, 본인도 자기가 어떤 행동을 할지 알 수 없었다. 두 사람은 즐거움을 추구하는 방식도 비슷해서 서로 도움이 되었다. 그들은 한밤중에 낡은 옷으로 변장하고 밖으로 나가 거리를 뛰어다니면서 아무 집이나 문을 두드리거나 창문을 깨뜨리고는 배꼽을 잡고 웃곤 했다.[9] 서로 죽이 잘 맞는 부부였다.[10]

쌍둥이를 낳고 나서 얼마 지나지 않아 안토니우스는 전쟁터로 나갔고, 3년 동안 클레오파트라와 떨어져 있었다. 이 기간에 안토니우스

---

7) 클레오파트라가 안토니우스에게 재력을 과시하기 위해 식초에 큰 진주를 담가서 녹여 마셨다는 이야기는 도저히 믿을 수 없다. 무엇보다 진주는 식초에 녹지 않기 때문이다.
8) 쌍둥이의 이름은 알렉산드로스 헬리오스와 클레오파트라 셀레네스였다.
9) 한번은 낚시하던 중에 클레오파트라가 안토니우스의 낚싯바늘에 훈제 연어를 매달아 둘이 정신없이 웃었던 적도 있었다. 두 사람은 정말 재밌게 놀았다.
10) 풀비아와 결혼하던 날, 안토니우스는 가구 뒤에 숨어 있다가 "으악!" 하고 소리를 지르면서 뛰쳐나와 풀비아를 놀라게 해주었다고 한다.

의 세 번째 아내 풀비아가 죽었고, 안토니우스는 그와 더불어 삼두정
치를 이끄는 옥타비아누스의 이복 누이인 옥타비아[11]와 결혼했다. 그
리고 얼마 후 다시 클레오파트라에게로 돌아왔다. 또 돈이 떨어졌기
때문이었다. 게다가 그는 옥타비아에게는 알리지도 않고 클레오파트
라와 결혼했고, 그 후 평생토록 그녀와 멀어졌다 가까워지기를 반복
하면서 곁에 머물렀다. 안토니우스는 가끔 아시아를 정복하려 했지
만, 그게 말처럼 쉽지 않았다.[12]

　나이 오십 대에 접어들자 안토니우스는 살이 더 쪘으며 게을러졌
고 술을 더 많이 마셨다. 어쩌면 클레오파트라는 자신이 돌이킬 수 없
는 실수를 저질렀다며 후회했을지도 모른다. 로마인들은 이제 알렉산
드리아에서 들려오는 추문에 싫증이 났다. 그리고 얼마 후, 한때 추방
되었다가 복귀한 율리우스 카이사르의 양아들이자 조카인 옥타비아
누스[infos]가 악티움 해전에서 안토니우스를 끝장냈다. 클레오파트라가
안토니우스를 배신하여 옥타비아누스에게 팔아먹고, 전투에서 그를
고립시키고, 자살을 유도하는 거짓 메시지를 보내 그의 죽음을 앞당
겼다고 주장하는 사람도 있다. 사실이 어떠했든 간에 그녀는 자신이
살아남을 방법만 생각하고 있었을 것이다.[13]

---

11) 옥타비아는 안토니우스와의 사이에서 낳은 자식뿐 아니라 안토니우스와 풀비아의 자식 등 넷과 더불어
전 남편인 마르켈루스 사이에서 낳은 자식 셋까지 키웠다. 그녀는 그 아이들을 모두 정성껏 길렀다. 그중 안토
니우스와의 사이에서 낳은 귀여운 딸 하나가 후일 네로 황제의 조상이 된다. 안토니우스가 벌인 일들은 모두
실수투성이였다.
12) 안토니우스는 자주 오른쪽 무릎 위에 오른쪽 팔꿈치를 올려놓은 채 손으로 턱을 받치고 생각에 잠겼지만,
아무 생각도 떠오르지 않았다.
13) 안토니우스에게 인생의 좌우명은 "사랑을 위해"였다. 그러나 결과는 어땠는가? 안토니우스는 좌우명이
라는 것을 아무렇게나 삼으면 안 된다는 사실을 보여주는 좋은 사례다.

 그 후 클레오파트라는 옥타비아누스와 타협하려 했을 것이다. 하지만 옥타비아누스의 생각은 달랐다. 양털로 만든 긴 토가를 입고 의심이 가득한 시선으로 상대를 응시하는 옥타비아누스는 숭고한 도덕적 규범을 지키는 냉정한 사내였다. 그는 클레오파트라를 포로로 로마에 데려가 시민에게 보여주려고 했다. 그러나 그녀는 마흔도 채 되지 않은 나이에 스스로 생을 마감했다.[14] 그녀는 이집트의 마지막 여왕이었다. 이집트는 옥타비아누스가 오랜 세월 지루하게 추진한 로마 제국 프로젝트의 일부가 되었다.[15]

---

14) 유감스러운 일이지만, 나는 독사에 대한 기록을 많이 찾지 못했다.
15) 옥타비아누스는 개선 행진을 하면서 가짜 뱀을 붙여 놓은 클레오파트라의 미라를 끌고 가도록 했다. 대단한 인물 아닌가!

노래나 이야기에도 나오듯이 클레오파트라가 저지른 죄악은 사람들로 하여금 질투심으로 불타게 했다. 하지만 그녀가 깡마른 늙은이 율리우스 카이사르나 멍청한 늙은이 마르쿠스 안토니우스를 제외하고는 다른 남자와 손 한번 잡아 보지 못한 것으로 알려졌다. 그녀가 평생 호색적인 쾌락에 빠져 있었으리라고 상상한다면, 그것은 여러분의 자유다. 그녀의 외모에 관해서는 다양한 의견이 있다. 심지어 그녀의 머리카락 색깔이나 코의 길이에 대해서도 서로 견해가 다르다. 내 생각에 그녀의 머리 색은 검은 편이었고, 코 모양은 지극히 정상적이었다. 분명히 조금만 신경을 써서 차려입어도 인기 있는 여배우가 부럽지 않을 여자였다.

공식 기록을 보면 안토니우스와 클레오파트라의 세 아이는 남편 안토니우스 때문에 오랜 세월 속을 끓였던 미망인 옥타비아가 길렀다고 한다. 클레오파트라 셀레네스는 누미디아의 왕인 주바와 결혼했고, 알렉산드로스 헬리오스는 신통치 않은 인물이었다. 프톨레마이오스 필라델포스의 행적은 알려지지 않았다. 옥타비아누스는 카이사르의 아들인 카이사리온을 처형했다. 그의 처지에서는 그렇게 해야 했을 것이다.

여러분도 잘 아시다시피, 옥타비아누스는 로마제국의 초대 황제 아우구스투스가 되었는데, 역사상 가장 위대한 인물의 한 사람으로 손꼽힌다. 그는 40여 년간 제국을 통치하면서 당시 의사들을 난처하게 했던 여러 가지 질병을 앓았다.[16] 게다가 봄만 되면 횡격막이 부풀어 올라 몹시 고통스러워했다. 또한, 백선균 감염으로 심각한 '버짐

(Ring Worm)' 증세로 고생하기도 했다.[17] 해가 갈수록 병세가 심해졌지만, 상태가 더 나빠질까 봐 걱정하여 목욕조차 하지 못했다. 그가 클레오파트라와 사랑에 빠지지 않은 것은 천만다행이다. 그녀는 매일 목욕하지 않는 남자는 견디지 못하는 여자였다.

---

16) 그는 간이 나빴는데 가이우스 수에토니우스(69~130, 로마제국 초창기 역사가)는 "뜨거운 찜질을 해도 효과가 없자 주치의였던 안토니우스 무사가 냉찜질을 해주었다."라고 기록했다.
17) 로마의 피부 전문의들이 이 질환을 앓는 환자들에 대해 농담 삼아 하는 말이 있었다. "그들은 죽지도 않고, 병이 낫지도 않는다. 완벽한 환자들이다!"

MORE INFO.

1. Ptolemaios XII 프톨레마이오스 12세 BC 117-BC 51

프톨레마이오스 9세의 사생아로 후손이 없었던 프톨레마이오스 11세의 뒤를 이어 즉위하여 누이 트리파에나와 결혼했다. 기원전 58년 로마에 보내는 공물 때문에 과중한 세금으로 시달리던 이집트 군중이 반란을 일으키자, 그는 자신의 딸 클레오파트라 7세와 함께 로마로 도망가고 그의 딸 베레니케 4세가 그의 뒤를 이었다. 로마 망명 중 권토중래를 모색하던 그는 로마의 정치가 아우루스 가비니우스에게 막대한 금액을 지급하고 이집트로 진군하여 왕위에 올랐다. 그의 재위 기간 중 로마 군대가 알렉산드리아에 주둔했고 그의 딸 클레오파트라 7세와 공동으로 통치했다.

2. Ptolemaios XIII 프톨레마이오스 13세 BC 62-BC 47

기원전 51년부터 이집트를 지배한 파라오로서 누나인 클레오파트라 7세와 권력을 다퉜다. 프톨레마이오스 12세의 아들로 어린 나이에 즉위하여 누나인 클레오파트라 7세와 결혼하고 공동 통치자가 되었다. 섭정 포티우스와 그는 클레오파트라가 단독 여왕의 자리를 노리자 그녀를 하야시키고 이집트에서 추방했다. 당시 동맹국인 로마에서 내전이 일어나 폼페이우스가 카이사르에게 파르살루스 전투에서 패하여 그에게 몸을 의탁하자 폼페이우스를 죽이고 목을 잘라 카이사르에게 바쳤다. 그러나 카이사르는 폼페이우스의 장례를 성대히 치러 주었고, 그 사이 클레오파트라는 이집트로 돌아와 카이사르의 환심을 사는 데 성공했다. 카이사르는 그와 클레오파트라 사이를 중재하여 다시 공동 통치를 하게 했으나 그는 반발하여 카이사르 군을 공격했다. 카이사르는 알렉산드리아에서 공방전을 펼쳤고 나일 강의 델타 지역에서 그의 군대를 무찔렀다. 패주하는 군인 사이에 섞여 있던 그는 나일 강에서 익사했다.

3. Gaius Julius Caesar 가이우스 율리우스 카이사르 reign: BC 100-BC 44

카이사르는 세 번 결혼했는데 첫 번째 아내는 코르넬리아였다. 그는 아버지가 정해 놓은 코수티아와의 약혼을 파혼하고 부유한 가문이자 민중파의 영수였으며 집정관이었던 킨나의 딸 코르넬리아와 결혼했다. 그러나 기원전 83년 로마에서 정변이 일어나 그리스에서 돌아온 술라가 마리우스파를 제거하고 정권을 잡았다. 술라는 독재관으로서 반대파인 민중파에 대한 무자비한 숙청을 단행했다. 술라의 숙청 대상에는 마리우스의 처조카이자 정적 킨나의 사위인 카이사르도 포함되어 있었다. 술라는 십 대 청년이었던 카이사르에게 킨나 집정관의 딸과 이혼하지 않으면 앞날을 보장할 수 없다고 협박했다. 그러나 목숨을 담보로 한 술라의 명령에도 그는 거절의 뜻을 분명히 밝혔다. 결국, 그는 사비네 지역으로 도피하려 했지만, 성공하지 못하고 술라의 순찰대에 생포되었다가 뇌물을 주고 빠져나와 목숨을 건졌다. 그는 우여곡절 끝에 코르넬리아와 결혼 생활을 이어갔고, 코르넬리아는 사망할 때까지 카이사르의 부인으로 남아 있었으며 딸 율리아를 낳았다.

4. Marcus Antonius 마르쿠스 안토니우스 BC 82-BC 30

가비니우스의 부하로 동방 원정에서 공을 세우고, 갈리아 원정 때 카이사르의 부장으로 신뢰를 받았다. 호민관이 되고 나서는 로마에서 활약했고, 카이사르 대 폼페이우스의 내란에서는 카이사르 편에 서서 도왔다. 콘술이 되었을 때 카이사르가 암살당하자 추도 연설에서 민심을 선동하고 암살자들과 타협하면서 그들이 실권을 장악할 길을 봉쇄하는 한편, 로마 시민과 병사 등 카이사르의 세력 기반을 자기편으로 끌어들였다. 그러나 카이사르의 양자 옥타비아누스의 출현으로 그의 기반이 잠식되고, 공화파의 공격을 받아 궁지에 몰렸으며 북이탈리아의 군사력을 장악하는 일마저 실패하여 결국 남프랑스로 피신했다. 기원전 43년 말에 옥타비아누스, 레피두스와 더불어 제2차 삼두정치를 성립하고, 필리피 전투에서 브루투스와 카시우스에게서 승리를 거두어 이름을 떨쳤다. 또한, 이집트 여왕 클레오파트라를 포함하는 5인 왕의 대(大) 패트런(Patron)이 되었고, 로마 지배하의 여러 주를 장악하고 군사·경제적으로 막강한 세력을 쌓아 '디오니소스의 신(神)'으로 숭배되었다. 그러나 레피두스가 실각한 뒤 옥타비아누스와의 관계가 악화했고, 둘 사이의 결속을 강화하고자 옥타비아누스의 누이 옥타비아를 아내로 맞았으나, 클레오파트라에게 빠져 그녀를 아내로 삼으면서 광대한 영토를 나누어 주는 등의 행동으로 옥타비아누스를 비롯한 원로원의 신임을 잃었다. 옥타비아누스는 기원전 31년 악티움 해전에서 옥타비아누스에게 대패하여 이집트로 달아나 다음 해 알렉산드리아에서 자살했다.

5. Gaius Octavianus 가이우스 옥타비아누스 BC 63-AD 14

서민 출신이나 그의 어머니가 카이사르의 질녀였기에 그의 보호를 받았다. 카이사르가 암살된 후에 그의 유언장에 양자이자 후계자로 지명되었음을 알고 나서 '가이우스 율리우스 카이사르 옥타비아누스'로 개명했다. 카이사르의 병사들을 장악하여 안토니우스, 레피두스와 제2회 삼두정치를 시작하면서 반대파를 추방했다. 필리피 전투에서 카이사르의 암살자인 브루투스와 카시우스를 격파하고 로마 세계를 3분하여, 안토니우스는 동방을, 그는 서방을, 레피두스는 아프리카를 각각 장악했다. 그러나 레피두스가 탈락하고 나자 안토니우스와 대립했고 악티움 해전에서 그이 군대를 격파하고 패권을 잡았다. 그는 장군으로서 역량은 빈약했으나 아그리파를 비롯하여 여러 부장의 조력과 로마의 속주로부터 얻어낸 충성의 맹세를 바탕으로 100년에 걸친 공화정 말기의 내란을 평정했다. 질서 회복 후에 비상대권을 원로원과 민중에게 돌려주어 원로원으로부터 '아우구스투스(존엄자)'라는 칭호를 받았다. 그는 시민 가운데의 프린켑스(제1인자)로서, BC 23년 프로콘술(속주의 장관)에 대한 명령권과 호민관의 직권 등의 공화정체의 권한을 수중에 넣고 프린키파투스, 즉 원수정(元首政)을 시작했다. 대외적으로는 숙적인 파르티아를 무찔렀지만, 9년에 토이토부르거 전투에서 게르만 군대에게 패하여 3개 군단을 잃고 나서 수세에 몰렸다. 한편, 신분 질서를 다시 수립하고, 풍기 숙정 등을 단행한 것 외에도 치안과 식량 문제에 마음을 써서 로마 시의 질서를 정비했다. 또한 대규모 건축 사업도 일으켜, 벽돌의 도시 로마를 대리석의 도시로 변경시켰다고도 한다. 특히 내정의 충실을 기함으로써 41년간의 통치 기간에 로마의 평화 시대가 시작되었으며, 라틴문학의 황금기를 열었다.

PART II
그리스·로마의 통치자

페리클레스
Perikles

네로
Nero

Perikles 페리클레스 BC 495-BC 429

고대 그리스의 정치가, 장군. 총명한 예지와 시원시원한 변설로 알려진 명 정치가로서 BC 450년경 아테네 정치의 실권을 쥐자, 페르시아 전쟁시(BC 480) 파괴된 아크로폴리스의 부흥 계획을 세워 건축가 익티노스, 칼리클라테스, 조각가 페이디아스 등을 기용하여 파르테논, 프로필라이아를 건립하는 등, 아테네 미술의 황금시대를 열어놓았다. 페리클레스의 초상조각에는 그 시대의 조각가 크레시라스가 만든 청동 입상을 로마 시대에 무작한 흉상(대영박물관, 바티칸 미술관) 등이 있다.

페리클레스

페리클레스는 고대 그리스에서 가장 위대한 정치가였다. 그는 그리스의 가장 영광스러운 시기였던 기원전 461년부터 429년까지, 30여 년 동안 아테나이를 다스렸다. 아니, 그보다는 시민이 아테나이를 다스렸다고 말하는 편이 옳겠다. 아테나이는 민주주의국가였기 때문이었다. 페리클레스가 아테나이는 민주주의국가라고 말하기는 했지만, 그는 단지 아테나이 시민에게 그들이 해야 할 일을 제시했을 뿐이다.[1]

아테나이 사람들은 페리클레스의 지혜와 유창한 웅변에 매료되어 그를 '올림포스의 신'이라고 불렀다. 그는 '양파 대가리' 혹은 '원뿔 대가리'라는 별명으로 불렸는데 그의 두상이 지중해에서 자라는 원뿔 모양의 식물 바다 양파처럼 생겼기 때문이었다. 기이하게 생긴 페리클

---

[1] 엄밀히 말해서 페리클레스의 시대는 기원전 430년에 끝났다고 하는 게 좋을 듯하다. 페리클레스는 그때 공금을 횡령한 사실이 탄로 나서, 이전과는 상황이 달라졌기 때문이다.

레스의 머리 모양은 그리스 희극배우들의 놀림감이 되었고, 그리스 대중 앞에서 투구를 벗지 않는 유일한 정치가는 페리클레스뿐이었다.[2]

페리클레스의 외가는 부유한 귀족 가문 알크메오니다이로 이미 많은 정치가를 배출했다. 알크메오니다이 가문은 아테나이를 페르시아에 팔아넘겼다는 의혹을 받았는데 실제로 몇몇 사람은 뇌물 수수와 부정부패 혐의로 체포되기도 했다. 하지만 아테나이 시민은 먹고살기에 바쁜 나머지 다른 사람들에게 신경 쓸 여유가 없었기에 알크메오니다이 가문의 오명도 세월이 흐르면서 대부분 잊혔다.

어머니 아가리스테의 삼촌인 개혁가 클레이스테네스는 델포이 신탁의 여사제를 뇌물로 매수한 사건으로 유명해진 인물이었다. 그는 솔론[3]의 법률을 개혁할 생각마저 했으니, 참으로 똑똑한 인물이기는 하다. 솔론은 그리스의 일곱 현자[4] 가운데 한 사람으로 국민적 영웅이었고, 아테나이에서 사창가를 합법화시킨 사람이기도 했다.

페리클레스의 아버지인 크산티포스는 그 시대의 가장 유력한 정치인 세 사람 가운데 하나였다. 나머지 둘은 '정의로운 자' 아리스티데스와 테미스토클레스였다. 두 사람은 횡령[5]과 사기 혐의로 서로 고발하고, 선거 때면 상대방을 비방하기로 유명했다.[6] 결국, 그들은 공

---

2) 요즘도 머리 모양이 원뿔형인 사람들을 볼 수 있다. 하지만 그들을 '양파 대가리'라고 부르지는 않는다. 원뿔 모양의 머리가 나쁜 사람을 '바보'라고 부를 뿐이다.
3) Solon(BC 638-BC 558): 고대 그리스 아테나이의 정치가, 시인. 쇠퇴하는 아테나이를 되살리고자 이른바 '솔론의 개혁'이라 일컫는 여러 가지 개혁을 단행했다. 그의 개혁은 아테나이 민주정의 토대를 세웠다는 평가를 받는다.
4) 그리스의 일곱 현자 명단은 작성한 사람에 따라 다소 차이가 있다. 그중 기원전 1세기 말의 역사가 디오도로스와 2세기의 여행가 파우사니아스 등은 탈레스·비아스·피타코스·클레오브로스·솔론·킬론·페리안드로스를 일곱 현자로 꼽았다.

공질서를 문란하게 했다는 이유로 아테나이에서 추방되었고, 권력은 페리클레스에게 넘어갔다. 그는 지도력에서 전임자들보다 뛰어난 인물이었다.[7]

페리클레스는 시민의 친구였다. 그는 시민을 좋아해서 그들이 민회에서 투표권을 행사하게 했다. 시민도 그를 무척 좋아해서 한두 해를 빼고는 매년 10인의 장군 가운데 한 사람으로 당선시켰다.[8] 페리클레스는 시민이 항상 그에게 표를 던졌기에 부정을 저지를 필요도 없었다. 어떤 면에서 그는 돈과 아주 가까운 자리에 있었지만, 새 옷을 사 입는 일이 드물었다. 물론, 아테나이 시민은 그의 그런 태도를 아주 좋아했다. 왜냐하면 그가 새 옷을 사면 국고가 그만큼 줄어들기 때문이었다.

민주주의란 대중에 의한 정부를 의미하므로 아테나이 시민은 아크로폴리스 서쪽 프늑스 언덕에 모여 국사를 논했다. 페리클레스가 연설하면 아테나이 시민은 환호하면서 그의 주장에 찬성한다고 외쳤고, 그렇게 조약이 체결되거나 전쟁이 선포되었다. 페리클레스는 여기에 약간의 언급을 덧붙여 시민이 합의한 내용에 법적 구속력을 부여했다. 만일 법에 어긋나는 사항이 있으면 법을 뜯어고치기도 했다.

---

5) 나는 테미스토클레스의 주장처럼 정의로운 자 아리스티데스가 공금을 횡령했다고는 보지 않는다. 그는 언제나 당당하고 품위 있어 보였다.
6) 서출 태생인 테미스토클레스는 정치적인 주장을 내세울 때, 몹시 거칠게 말을 해서 사람들로부터 야유를 받았다.
7) 페리클레스는 자신의 강력한 라이벌 키몬을 추방했는데, 키몬은 반인반우의 괴물인 미노타우로스를 물리친 테세우스의 뼈를 스키로스 섬에서 가져와 사람들의 인기를 얻었다. 물론 테세우스는 신화 속 인물이므로 키몬이 뼈를 가져왔다는 것은 말도 되지 않는다. 그럼에도 키몬은 뻔뻔하게 무언가를 가지고 돌아와 테세우스의 뼈라고 주장했다.
8) 장군은 기원전 501년에 신설된 공직이었는데, 각 부족에서 한 명씩 모두 열 명을 민회에서 선출했다. 그 직무는 각 부족의 군대를 지휘하는 것이었지만, 민회나 평의회를 소집할 수 있는 정치적 권한이 있었다.

그는 아레오파고스 회의를 무력화했는데 이 회의는 허약한 노인들의 모임으로 종신직이었으며 그들은 높은 자리에 앉아 모든 정책을 사사건건 간섭하여 수포로 돌아가게 하거나 무효로 만들었다. 페리클레스는 이 노인들에게 아크로폴리스에 심어 놓은 성스러운 올리브 나무나 돌보라고 했다.[9]

또한, 페리클레스는 시민 가운데서 배심원을 선출하여 법정에서 일하게 하고 수당을 지급했다. 아테나이 시민은 대체로 똑똑하지 못했기에 배심원이 많이 필요했다.[10] 배심원 선발은 제비뽑기로 정했다. 커다란 항아리에 들어 있는 검정콩과 흰콩 중에서 흰콩을 뽑으면 배심원이 되었다. 그런데 배심원으로 뽑힌 사람들은 사건에 관해 아무것도 모른다는 사실을 증명하는 것이 원칙이었지만, 그럴 필요도 없었다. 모르는 게 당연하다고 여겼기 때문이다.

아테나이의 하위직 관료도 대부분 추첨으로 선발되었다. 하지만 장군 열 명과 재무 감독관은 선거로 뽑았다. 특히 재무 감독관은 많은 돈을 관리하는 자리이므로 특별한 능력이 있어야 했기에 추첨으로 뽑을 수 없었다.[11] 재무 감독관은 공금을 관리하는 업무를 맡다 보니 공금을 직접 착복할 수 없었기에 신 나는 자리는 아니었지만, 그런 아쉬움은 극복해야 했다.

---

9) 그는 또한 시민들의 사생활에 대한 원로들의 감시권을 폐지했다. 이것은 페리클레스의 심술궂은 조치였는데, 금지된 행동을 하는 시민들을 잡아내는 것이 노인들의 유일한 즐거움이었기 때문이다. 그 후 노인들은 상상력을 동원해야 했다.
10) 우생학의 창시자 프랜시스 골턴 경은 아테나이인들이 현대인 보다 두 배 정도 지능이 높았다고 주장했다. 정말로 웃고 싶으면 그의 혈통 이론을 보기 바란다.
11) 너무 가난한 계층의 시민은 이 업무를 맡기에는 적합하지 않았다. 게다가 그들은 배경도 든든하지 못했다.

페리클레스의 탁월한 능력은 델로스 동맹을 관리하는 과정에서 뚜렷하게 입증되었다. 기원전 477년에 결성된 델로스 동맹은 페르시아의 침입에 대비하고, 소아시아와 에게 해의 그리스 도시들을 보호할 목적으로 결성되었다.[12] 매년 600달란트(75만 달러)의 동맹국 분담금이 신성한 델로스 섬의 아폴론 신전에 보관됐다고 해서 '델로스 동맹'이라고 불렸다. 페리클레스는 무엇이든 훔치려는 도둑놈들이 곳곳에 있다는 사실을 잘 알고 있었다. 그는 기원전 454년, 델로스 동맹의 금고를 아테나이로 가져와서 가까운 곳에 두고 지켰다. 그리고 얼마 후 3,539만 달러가 들어 있던 금고에는 375만 달러만 남았다. 그 돈이 모두 어디로 사라졌는지는 나도 모르겠다.[13]

그래서 페리클레스는 아크로폴리스 언덕에 파르테논 신전과 여러 건축물을 짓고 그곳을 수많은 예술품으로 치장함으로써 아테나이를 아름다운 도시로 만들 수 있었다.[14] 평범한 아테나이 시민은 원하기만 하면 언제든지 역사상 가장 훌륭한 건축물, 그림, 조각들을 볼 수 있었다. 이것이 아테나이 시민에게 끼친 영향은 오늘날 예술품이 우리에게 미치는 영향과 비슷한 것이다.

파르테논 신전을 짓는 데 약 700달란트(87만 5천 달러)의 비용이 들었다. 그리고 신전 안에 있는 아테나 파르테노스 조각상은 페이디아

---

12) 어떤 도시든 이 동맹 내에서 도움받기를 거부할 때면 진상을 규명하기 위한 조사가 이루어졌다. 보호의 범위는 정의로운 사람 아리스티데스가 정했다.
13) 이 일은 공금횡령 재판과 아무런 연관 없었다. 무슨 다른 일이 있었다.
14) 많은 사람이 '파르테논 언덕의 아크로폴리스 신전'으로 잘못 알고 있다. 나는 어떻게 하면 이런 오류를 바로잡을 수 있을지 궁리해보았지만, 뾰족한 방법을 찾아내지 못했다.

스라는 조각가가 만든 것으로 약 125만 달러의 가치가 있는 작품이다. 이것은 12미터 높이에 상아로 조각하고 황금으로 장식되어 있었다. 아테나이 시민은 페이디아스가 그것을 만들면서 부당한 방법으로 금을 떼어먹었다고 고발했다. 페이디아스는 그런 나쁜 짓을 하지 않았다. 하지만 아테나이 사람들은 자기라면 그렇게 했을 터이므로 당연히 페이디아스도 그랬으리라 넘겨짚었다. 이후 아테나 조각상의 주름진 옷에는 금의 양이 눈에 띄게 줄어들었고 얼마 못 가서 조각상 자체가 사라지고 말았다. 가져가지 못하게 고정해 놓지 않았기 때문이었다.

건축이나 조각 외에 다른 형식의 예술로 그리스 극이 있었다. 주로 아가멤논[info1]과 클리템네스트라에 관한 비극이 주류를 이루었다. 작가로는 아이스킬로스, 소포클레스, 에우리피데스가 있었다.[15] 그리스 극은 널리 알려진 이야기들을 바탕으로 만들어졌다. 그래서 요즘 드라마처럼 다음에 나올 줄거리를 미리 알 수 있었다.[16] 디오니소스 석조 극장이 세워지기 전까지 관객들은 언덕 위에 줄지어 있는 나무 벤치에 앉아 극을 보면서 자신도 비극의 주인공처럼 멋지게 죽기를 꿈꿨다.

당시 아테나이에는 소크라테스라는 남자가 있었는데, 그는 맨발로 다니면서 사람들에게 자신이 한 말의 뜻을 정의해 보라며 시비를

---

15) 고결한 기품을 지닌 페리클레스는 저속한 농담을 싫어해서, 아이스킬로스, 소포클레스, 에우리피데스 등 비극 시인들의 작품을 좋아했다.
16) 에우리피데스는 말년을 마케도니아에서 보내다가 죽었는데, 그의 아내가 배우인 케피소폰과 사랑에 빠졌기 때문이었다. 그리스 여자 중에는 정신적으로 미숙한 사람이 많았다.
17) 이렇게 말하는 사람들을 철학자라고 한다.

걸곤 했다. 그는 훌륭한 인생은 선행하는 삶이며, 미덕이 지식이고 지식이 곧 미덕이라고 가르쳤다.[17]

페리클레스는 그리스 문화의 각 분야에 자부심을 느꼈지만, 자신의 사생활을 무엇보다도 중요시했다. 그는 사교성이 부족했고 낯선 곳에 가는 일이 거의 없었다. 집에 있는 편이 훨씬 더 재미있었기 때문이다. 그는 뛰어난 미모와 재치로 소문났던 아스파시아라는 기녀(헤타이라)[18]와 가깝게 지냈지만, 그녀와 결혼하지는 않았다. 아스파시아는 밀레투스 태생으로 아테나이에서 외국인과 결혼하는 것은 법으로 금지되었기 때문이다. 기원전 451년에 그런 법을 만든 사람은 바로 페리클레스 자신이었다. 물론, 그때는 아스파시아와 만나기 전이었다. 그는 아내인 텔레시페와 성격 차이로 이혼했고, 아스파시아가 그의 집으로 들어와 함께 살았다.[19] 언제나 친절한 신사였던 페리클레스는 텔레시페의 세 번째 남편이 될 남자를 직접 소개해 주었다. 이렇게 아스파시아는 페리클레스의 첩이 되었다. 그리스의 기녀 중에는 수사학, 즉 대화술이 매우 뛰어난 여자가 많았다. 일반적으로 말을 가장 빨리하는 기녀가 성공할 가능성이 컸다. '디드라크마스(Didrachmas)'라는 별명으로 잘 알려진 기녀 레르네는 마치 노래 부르는 듯 매혹적으로 그리스어를 발음했다. 그래서 그녀의 뛰어난 화술에 감탄하러 찾아온

---

18) Hetaera: 고대 그리스에서는 기원전 6세기에 축첩(蓄妾)제도를 입법화하고, 아테나이 시내에 있는 '아레오파가스'라는 곳에 첩(hetaera)들이 모여 살게 했다. 역사가들은 이것을 인류 최초의 공창제도로 본다. 이 여인들은 그저 몸을 파는 여자가 아니라 철학, 정치, 예술 등을 토론할 수 있는 교양을 갖춘 여성으로서, 당대의 저명한 정치인, 철학자, 장군 등의 비공식적 파트너였다.
19) 위대한 남자들에겐 예외 없이 남편에게 바른말을 해주는 아내가 있게 마련이다. 그런데 남자들은 그런 여자들의 말을 따르지 않고 꼭 반대로 행동한다.

사람들은 2드라크마, 요즘 돈으로 환산하면 약 36센트를 내야 했다.

아테나이의 여자들은 별로 행복하지 못했다. 그들은 집에 틀어박혀 있어야 했고, 남편에게 말대꾸하는 것조차 허용되지 않았다.[21]

아스파시아는 여성의 권리를 옹호한 인물이었다. 그녀는 여자도 남자만큼 뛰어나다고 생각했다. 물론, 시대를 막론하고 여기저기서 불쑥불쑥 그런 주장을 하는 여자들이 있게 마련이다.[22] 아테나이에서 여성들의 지위는 불안정했고 다른 곳보다 더 나빴을지도 모른다. 결혼한 여자는 손님이 없을 때에만 남편과 함께 식사할 수 있었고, 낯선 사람이 집에 오면 자기 방에서 나올 수 없었다. 식사할 때 아내는 등받이도 없는 불편한 의자에 앉아서 먹었고, 남편은 등받이와 팔걸이가 있는 안락한 의자에 기대어 앉아 먹는 것이 보통이었다. 남편은 친구들과 진리나 아름다움, 정의, 자유, 절제 등 고상한 주제에 관해 논하느라 몹시 피곤하기 때문이었다.[23]

그리스의 아내들은 마음대로 거리를 쏘다닐 수도 없었고, 기껏해야 창밖을 내다보거나 아이나 낳아 길러야 했다. 그리고 예순 살이 넘어야 장례식에 참석할 수 있었다. 그래서 아테나이 아내들은 이 같은 운명이 불만스러웠다.[24] 당시 아테나이에 여성 인구가 얼마였는지 자료가 없어 알 수가 없는데, 여자들은 셀 가치조차 없는 것으로 간주했기 때문이다. 그리스인들은 미래에 세상이 어떻게 변할지 전혀 알지

---

21) 이 시기를 황금시대(the Golden Age)라고 부른다.
22) 사실 우리 시대에도 그와 같은 움직임이 있었다. 그런데 결과가 어떻게 되었더라?
23) 그리스인들은 미치지 않고서야 절대 도를 지나치는 법이 없었다.
24) 여성들도 극장에 가서 비극을 관람할 수 있었지만, 남자들이 다 들어가고 난 다음에 입장해야 했다.

못했다.

아스파시아는 품위 있는 여자는 못 되었기에 자신이 마음먹은 일을 제멋대로 추진할 수 있었다. 그녀는 페리클레스의 집에서 살롱을 운영하여 당대의 유명 지식인들이 모여들었는데 헤로도토스, 소포클레스, 페이디아스, 투키디데스, 에우리피데스, 아낙사고라스, 소크라테스 등 그녀의 옛 친구들과 이웃들이 모습을 나타냈다. 아스파시아는 살롱을 운영하면서도 페리클레스에게 정치 문제에 관해 조언해 주었고, 연설문 준비를 도왔다고 전해진다. 사람들은 두 사람의 관계를 지식인들의 결합이라고 말하곤 했다. 그들 사이에 아들이 태어나자 아버지와 똑같이 '페리클레스'라고 이름을 지었다.[25]

페리클레스의 노후는 그다지 행복하지 못했다. 기원전 431년, 그는 떨어지고 있는 인기를 끌어올리기 위해 스파르타와 그들의 동맹군

---

25) 기원전 451년, 페리클레스가 만든 법률에 따라 민회의 특별 투표에 의해 페리클레스 2세는 적자가 될 수 있었다.

을 상대로 펠로폰네소스 전쟁[26]을 일으켰다. 전쟁은 아테나이와 스파르타 양 진영이 완전히 폐허가 될 때까지 27년간 계속되었다. 페리클레스는 전쟁이 남긴 후유증을 보지 못하고 죽었다. 기원전 430년 아테나이 시민은 그에게 등을 돌렸고, 약간의 돈을 횡령했다는 이유로 50탈렌트(6만 달러)의 벌금을 부과했다. 아스파시아는 신성모독에 부도덕한 짓을 저질렀다는 이유로 고발당한 적이 있었는데, 페리클레스가 법정에 나가 유창한 언변으로 호소하여 설득한 끝에 소송을 취하하게 했다. 전쟁 탓에 발생한 전염병으로 인구의 4분의 1이 죽었고, 페리클레스와 텔레시페 사이에서 태어난 적출인 산티푸스와 파라로스도 죽음을 피하지 못했다. 게다가 펠로폰네소스 전쟁은 페리클레스 2세의 목숨도 앗아갔다. 페리클레스는 기원전 429년, 자신이 일으킨 전쟁이 본격적으로 시작될 무렵 전염병으로 죽었다. 물론 사람들은 그를 기리는 뜻에서 그가 지배하던 시대를 '페리클레스의 시대'라고 부른다.

    페리클레스의 말년에 아테나이 시민은 시대의 천재들을 여러 가지 방법으로 대부분 제거했다. 아무런 나쁜 짓도 하지 않은 늙은 아낙사고라스를 도시에서 내쫓았고, 페이디아스를 투옥하여 얼마 후에 죽게 했다. 그리고 전쟁이 끝나자, 이번에는 소크라테스를 죽였다.[27] 내 생각에 아테나이 사람들도 그저 그런 사람들일 뿐이다.

---

[26] 기원전 431~404년 계속된 전쟁으로 아테나이와 스파르타의 갈등으로 빚어졌다. 당시의 해상 주도 세력과 육상 주도 세력의 충돌이라고 할 수 있다. 그리고 아테나이는 민주정을, 스파르타는 과두정을 각각 대표한 도시국가였다. 전쟁은 스파르타의 승리로 끝났다.
[27] 어떤 기자가 나에게, 소크라테스가 골목길에서 잘생긴 그리스 청년들과 어울리면서 뭘 했느냐고 물은 적이 있다. 나는 그 기자에게 "소크라테스가 가망도 없는 일에 괜히 헛수고하고 있었다."라고 대답했다.

아스파시아는 여성 권리 신장 운동을 더는 진전시키지 못했다. 하지만 세월이 흐르면서 손님이 있어도 여성이 가족과 함께 식사하는 것이 허용되었다. 시간이 더 흐르면서 손님이 와 있어도 요리를 하거나 식사 후 설거지를 할 수 있게 되었다.

아스파시아는 비록 결점 있는 여자였지만, 진정으로 페리클레스를 사랑했다. 그녀는 페리클레스의 원뿔 모양 머리에는 신경 쓰지 않았다. 페리클레스가 죽고 나서 그녀는 양(羊) 매매상인 리시클레스라는 남자의 첩이 되었다. 그녀는 그런 하찮은 직업도 상관하지 않는 듯했다. 실제로 페리클레스 사후 아테나이는 몰락하기 시작했다. 그의 지도력을 계승할 만한 인물도 나타나지 않았고, 종래의 유수 가문 출신 정치가들 대신 상공업자 출신 정치가들이 대거 출현했다. 이들은 양 매매상인 리시클레스를 비롯해, 피혁 업자, 하프 제조업자, 램프 상인, 방패 제조업자, 광산 업자, 고물상인 등이었다.

MORE INFO.

1. Agamemnon 아가멤논

미케네(또는 아르고스) 왕으로 동생인 스파르타의 왕 메넬라오스의 아내 헬레네가 트로이 왕자 파리스에게 유괴되자 트로이에 전쟁을 선포하고 그리스의 원정군 총대장이 되었다. 아울리스에 집결한 그리스 함대가 출항할 때 딸인 이피게니아를 여신 아르테미스에게 희생물로 바쳐서 아내 클리타임네스트라의 원한을 샀다. 그녀는 스파르타의 왕 틴다레오스와 레다의 딸로서 남편 탄탈로스가 아가멤논에게 살해되고 나서 그의 아내가 되었다. 그녀는 남편이 트로이 원정을 떠난 사이에 정부인 아이기스토스와 밀통하다가 10년 후 그가 트로이를 함락하고 트로이 왕녀 카산드라를 데리고 개선하자 정부와 함께 그를 살해했다. 그 후에 그녀는 정부와 함께 아들 오레스테스와 딸 엘렉트라의 손에 죽었다. 아가멤논이 등장하는 문학작품으로는 트로이 전쟁 이야기를 그린 호메로스의 서사시 『일리아스』, 에우리피데스의 『아울리스의 이피게니아』, 그가 살해된 사건과 오레스테스, 엘렉트라의 이야기를 그린 아이스킬로스의 『오레스테이아 3부작』 등이 유명하다.

네로

    네로는 소(小) 아그리피나와 그나이우스 도미티우스 아헤노바르부스의 아들로 부모의 가장 못된 성질만 물려받은 인물이었다. 그의 아버지는 이륜마차를 타고 전속력으로 달리면서 고의로 아이들을 치어 죽였고, 자신을 비난하는 사람들의 눈알을 후벼 파낸 사람이다. 그렇게 못된 짓을 일삼다 보니 그를 둘러싸고 차마 입에 담고 싶지도 않은 소문이 분분했다.[1] 어머니 소(小) 아그리피나는 칼리굴라[info1]의 누이였다. 만약 여러분이 이런 집안에서 태어나 살아가야 한다면 정말 견디기 어려울 것이다.[2] 네로는 서기 37년 12월 5일 안티움에서 태어

---

[1] 아헤노바르부스 집안 남자들은 모두 턱수염이 청동 빛이었는데 전해오는 이야기는 이러하다. 가문의 시조인 루시우스 도미티우스 아헤노바르부스가 어느 날 제우스의 쌍둥이 아들인 카스토르와 폴룩스를 만났다. 자신의 신적인 능력을 자랑하고 싶었던 쌍둥이가 그의 뺨을 어루만지자 그의 검은 턱수염이 청동 빛으로 변했다. 청동 빛 수염은 이후 아헤노바르부스 가문의 고유한 특징이 되었다.
[2] 역사학자 수에토니우스는 아그리피나의 삼촌인 티베리우스가 유배 생활을 하면서 좋은 일이 생길 전조를 기다리고 있을 때의 일을 기록해 놓았다. "그가 갈아입으려던 튜닉(고대 그리스·로마 사람의 소매가 짧고 무릎까지 내려오는 옷)에서 불이 붙은 듯 환한 빛이 났다." 어쩌면 그때 화재가 발생했을 수도 있다.

Nero Claudius Caesar Augustus Germanicus 네로 37~68

가이우스 도미티우스 아헤노바르부스와 아우구스투스의 증손녀인 소(小) 아그리피나의 아들로 태어났다. 아버지가 죽고 나서 소 아그리피나가 숙부인 클라우디우스의 두 번째 아내가 되었다. 클라우디우스가 사망하자 의붓 동생이자 클라우디우스의 친아들인 어린 브리타니쿠스를 제치고 황제로 취임하여 세네카와 근위군 장교 부루스의 보좌를 받으며 치세 초기에는 선정을 베풀었으며 로마의 문화와 건축을 발전시켰다. 그러나 55년 이복동생 브리타니쿠스를 독살하고, 59년에는 친어머니 소 아그리피나를, 62년에는 아내 옥타비아를 살해했으며 65년에는 세네카에게 자살을 명령했다. 64년 로마 대화재가 발생하여 민심이 혼란스러워지자, 기독교에 책임을 씌워 대학살을 자행했다. 그는 예술을 사랑하여 2대 제전을 창시했으나 정치는 문란하여 68년에는 친위대까지 반란을 일으켰다. 68년 타라콘네시스 속주 총독 갈바가 내전을 일으키자 각지의 총독들이 동조하여 마침내 원로원으로부터 국가의 적으로 선고되어, 자살을 시도했으며 하인의 도움을 받아 사망했다.

났다. 그의 원래 이름은 루시우스 도미티우스 아헤노바르부스였지만, 네로 클라우디우스 카이사르 드루수스 게르마니쿠스로 더 잘 알려졌다. 당시 게르마니쿠스[info2]와의 혈연관계는 성공으로 향하는 지름길이었다. 요즘 같으면 어림 반 푼어치도 없는 일이다.[3]

어떤 면에서 네로는 시대를 앞서 간 인물이었다. 그는 불순물을 제거해야 한다며 물을 끓인 다음, 불결한 얼음을 넣어서 식혀 마셨다. 그는 7월과 8월에 자기 이름을 붙인 율리우스나 아우구투스처럼 자신도 4월을 자기 이름을 따서 '네로네우스'라고 부르게 했지만, 널리 쓰이지 않았다. 4월은 네로네우스가 아니라, 모든 것이 새로 시작된다는 의미의 아페리레(aperire)일 뿐이며 황제가 아무리 호소해도 소용없었기 때문이다. 네로 황제 재위 14년간 그나마 외딴 지역은 번영했다고 한다. 황제의 영향에서 멀리 떨어져 있었던 덕분이다.

네로의 성격에 부족함이 많았기에 우린 그의 좋은 점을 잊기 쉽다. 그가 스물한 살이 되어서야 자기 어머니를 죽였다는 사실을 기억해야 한다. 게다가 그는 애인이었던 포파이아 사비나를 즐겁게 해주려고 그런 짓을 저질렀을 뿐이다. 그리고 나중에 사비나와 결혼하고 나서는 임신 중인 그녀를 발로 차서 죽게 했다.[4] 이 사건은 어떤 면에서 보면 그녀가 실수를 저질러 생긴 일이었는데 전차 경주를 보느라 집에 늦게 돌아온 남편에게 잔소리한 것이 화근이 되었다.

네로의 첫 번째 아내인 옥타비아는 클라우디우스 황제[info3]의 딸로

---

3) 그건 그렇고, 게르마니쿠스가 누구였더라?
4) 포파이아 사비나는 포파이우스 사비누스의 딸인 포파이아 사비나의 딸이다.

남편에게 불만이 많았다. 그녀는 네로에게 원한을 품고 있었다. 자신의 남동생인 브리타니쿠스에게 네로가 독약을 먹였기에 그를 몹시 싫어했다. 어차피 그는 조만간 죽을 목숨이었는데도 옥타비아는 그 일로 네로에게 끈질기게 시비를 걸었다. 네로는 옥타비아를 내쫓고, 결국 증기탕에서 질식시켜 죽게 했다. 그러고는 포파이아와 결혼했다. 이처럼 사랑은 스스로 길을 찾아가게 마련이다.

서기 65년 포파이아가 사망하자, 네로는 스타틸리아 메살리나를 아내로 맞았다. 이 여자는 여러분이 잘 아시는 유명한 메살리나가 아니다. 여러분이 아시는 메살리나는 '발레리아 메살리나'라는 여자로 네로의 사촌이자 클라우디우스 황제의 세 번째 아내였다. 그녀는 로마에서 가장 못돼 먹은 여자였는데 스스로 가장 못돼 먹은 여자라는 소리를 듣는 것을 즐기는 여자였다. 세네카도 한때 그녀의 미움을 사서 코르시카로 추방당해 그곳에서 8년을 보내고서야 로마로 돌아올 수 있었다. 그야말로 제대로 혼쭐이 났던 셈이다. 그녀는 아주 심술궂어서 예의 바르게 행동하는 사람들을 증오했다. 그런 사람들이 따분하다는 것이 그 이유였다.[5] 스타틸리아는 발레리아와 달리 영악한 여자가 아니었다. 그녀는 네로와 결혼하고 나서 얼마 후 마음고생이 시작되었다. 네 번이나 결혼했지만, 네로 같은 남자는 처음 보았다며 혀를 내둘렀다.

---

5) 마침내 클라우디우스 황제는 발레리아를 사형에 처했다. 하지만 그녀는 끔찍이도 즐거운 인생을 살다가 갔다. 여러분이 그녀가 저지른 일들에 관해 자세히 모른다면, 그것은 차라리 다행이다. 그녀는 우리가 몰라도 전혀 상관없는 일들만 저질렀기 때문이다.

네로는 지능이 특별히 좋지도 나쁘지도 않았는데, 라틴어는 유창하게 구사했다. 그의 가정교사인 세네카는 금욕주의자, 혹은 거짓말쟁이였다. 세네카는 물질적 행복의 덧없음을 가르쳤지만, 정작 자신은 엄청난 재산을 모았다. 느끼는 바가 있으면 고리대금 행위를 당장 중단하라는 요구가 그에게 제기되자, 그는 좀 더 차원 높은 문제에 신경을 써야 하는 자신에게 그토록 사소한 문제에 시간을 낭비하라는 것이야말로 스토아 철학의 가르침에 어긋나는 일이며 자기처럼 지체 높은 사람의 품위에는 어울리지 않는 일이라고 대꾸했다. 이 사건 덕분에 그는 사상가로서 명성을 떨쳤다.[6]

네로는 결국 세네카의 사상에 싫증이 나자 그를 쫓아버리고는 자결하라고 명령했고, 그는 황제의 명령을 따랐다. 네로는 '클로디우스 파이타스 트라세아'라는 원로원 의원에게도 같은 명령을 내렸는데 철학자처럼 보인다는 것이 그 이유였다. 클로디우스 트라세아 원로원 의원은 철학에는 까막눈이나 다름없는 인간이었지만, 입을 다물고 있을 때 보면 철학자 같은 인상을 풍겼다.

네로의 모친 아그리피나는 권력욕만 없다면 나무랄 데 없는 좋은 어머니였다. 사고방식이 고루했던 그녀는 로마 개혁 세력의 수장으로서 나랏일과 관련된 살인뿐 아니라 개인사와 관련된 살인도 서슴지 않는 여자였다.[7] 그녀는 네로의 아버지인 첫 남편을 살해하지는 않

---

6) 세네카는 간통 혐의로 일시 추방되었을 때 아무런 변명도 하지 못했다. 할 말이 없었던 것이다.
7) 아그리피나는 입안 오른쪽에 송곳니가 두 개 있었다. 당시 로마 사람들은 모이기만 하면 그 송곳니 이야기로 꽃을 피웠다.

왔다. 그저 술을 많이 마시게 했을 뿐이다. 두 번째 남편인 크리스푸스 파시에누스는 그녀에게 매우 유리한 유언장을 남기고 돌연 세상을 떠났다. 그녀가 세 번째 남편인 클라우디우스 황제에게 독버섯을 먹였다는 혐의를 받고 있지만, 그 덕분에 네로가 뒤를 이어 황제 자리에 올랐다. 해야 할 일은 되도록 빨리 끝낼수록 좋은 법이다. 그녀의 혐의를 지나치게 확신할 필요는 없다. 황제의 기초대사가 나빠졌을 수도 있고, 그런 증상이 독버섯을 먹었을 때 나타나는 증상과 혼동될 수도 있다. 아니면 클라우디우스 황제가 정신이 오락가락하는 상태에서 자기 음식에 뭔가를 넣었을 수도 있다.

클라우디우스는 칼리굴라 황제가 죽은 뒤 갑자기 나타나 실수로 황제가 된 노인네였다.[8] 한번은 칼리굴라가 그를 제거하려고 강물에 빠뜨렸는데 누군가 그를 구해 주었다.[9] 그 후 클라우디우스는 신경쇠약에 시달렸다.[10] 사람들은 대부분 그를 심약한 인간이라고 생각했는데, 별로 재미없는 역사적 사건들을 글로 기록하기를 좋아해서 여러 사람과 함께 있을 때 웃음거리가 되곤 했기 때문이다. 그는 오로지 과거의 일에만 관심이 있었다. 친구들은 그에게 왜 현재 일어나는 일들을 기록하지 않느냐고 자주 물었는데, 그런 질문을 받으면 그는 경련을 일으키곤 했다. 결혼을 네 번 했지만 순탄했던 적이 한 번도 없었다. 그는 항상 책만 읽었다.[11] 그래도 클라우디우스는 약간의 건설적

---

8) 그의 유일한 친구는 하얀색 작은 푸들 강아지뿐이었다.
9) 클라우디우스를 구한 사람은 칼리굴라의 아버지인 게르마니쿠스의 동생이었다.
10) 어린 시절 클라우디우스는 제대로 돌봐 주는 사람이 없었다. 그의 어머니인 안토니아는 남편 드루수스가 죽고 나서 재혼하지 않고 죽은 남편을 생각나게 하는 애완용 칠성장어를 키우는 일에만 몰두했다.

인 과업을 이루었다. 그는 클라우디아 가도를 만들었다. 이는 도나우 강 계곡까지 이어지는 훌륭한 도로였는데, 후일 야만족들이 이 길을 이용해 이탈리아를 정복했다. 그는 또한 문자 세 개를 만들었다. 모음 u와 구분되는 자음 u와 i와 u의 중간 소리를 내는 문자, 그리고 bs 혹은 ps 소리를 내는 문자였다. 그런데 그것을 발음할 수 있는 사람이 아무도 없었기에 곧 사라졌다.[12]

아그리피나는 네로에게 오랫동안 골칫거리였다. 그는 어머니가 하는 일에 항상 간섭했고, 누구를 죽여야 하고 누구를 죽이면 안 되는지를 두고 어머니와 늘 말다툼을 벌였다. 네로는 어머니가 클라우디우스 황제를 죽인 덕에 자신이 황제 자리에 오른 빚도 있고 해서 되도록 점잖게 어머니를 죽이기로 마음먹었다. 그는 어머니가 고통스럽게 죽어가는 것을 원하지 않았고, 그런 사태를 막기 위해 전력을 기울였다. 네로는 약효가 빠른 독약으로 세 번이나 독살을 시도했다. 그러나 아그리피나가 늘 해독제를 미리 먹고 있어서 효과를 보지 못했다. 그러자 이번에는 어머니의 침실 천장을 손봐서 그녀가 잠든 사이에 무너지게 해놓았다. 물론 성공하지 못했다. 천장이 무너지지 않았거나, 그날 밤 아그리피나는 소파에서 잤기 때문일 것이다.

그다음에는 배를 이용했다. 배 바닥이 물속으로 가라앉도록 고안된 배를 준비해서 아그리피나를 익사시키려고 했는데 배가 너무 천천

---

11) 플라우티아 우르굴라닐라와의 사이에서 얻은 아들 드루수스는 배를 던져 입으로 받는 놀이를 하다가 질식해서 죽었다.
12) 이탈리아 역사가 페레로는 그의 정신이 어떤 영역에서 매우 발달했다고 주장했다. 그런데 페레로는 그게 어떤 영역이었는지는 말하지 않았다.

히 가라앉는 바람에 그녀는 수달처럼 물 밖으로 헤엄쳐 나왔다. 네로는 미칠 지경이었다. 누군들 그러지 않았겠는가? 네로는 해방 노예인 아니케투스에게 수단과 방법을 가리지 말고 아그리피나를 죽이라고 명령했다. 무식하긴 하지만 눈치 빠른 아니케투스는 몽둥이로 아그리피나를 때려죽였다. 석기시대 원시인들이 썼던 방법이었다.

우리는 네로가 얼마나 많은 사람을 죽였는지 확실히 모른다. 전해 내려오는 이야기는 어쩌면 소문에 불과하기 때문이다. 떠도는 풍문이 어떤 것인지는 여러분이 더 잘 아실 것이다. 그저 몇 사람 죽였을 뿐인데 수천 미터에 걸쳐 시체가 널려 있었다는 둥 과장된 소문으로 오명의 주인공이 된다.

기원전 64년 로마 시내를 대부분 파괴했던 대화재 사건을 예로 들어보자. 사람들은 지금도 네로를 방화범으로 알고 있다. 그것은 그렇다 치고, 로마가 불타는 모습을 지켜보면서 바이올린을 켰다는 소문

은 사실과 다르다. 당시에는 바이올린이 있지도 않았다. 네로는 고대 그리스의 현악기인 리라를 켜면서 '트로이의 몰락'이라는 노래를 불렀다. 그게 뭐 그리 끔찍한 일인가? 물론, 그는 방화 사실을 자백하라며 수많은 기독교인을 고문하지 말았어야 했다. 몇 사람만 잡아다가 고문했어도 충분했을 것이다.[13]

어쨌든 그는 대화재가 발생하고 나서 최신식으로 도시를 복구했다. 가장 돋보이게 재건된 것은 궁전으로 황제 자신이 '도무스 아우레아(황금 궁전)'라고 명명했다. 이 황궁에는 3열의 주랑이 1.6킬로미터 길이로 뻗어 있었으며, 둥근 천장이 밤낮으로 회전하는 연회장, 황금과 보석으로 장식한 벽, 사방으로 향수를 내뿜는 장치, 애완용 원숭이를 위해 만든 2층짜리 우리가 있었고, 높이가 36미터에 달하는 네로의 거대한 입상이 세워져 있었다. 네로는 이 황궁에 들어서면서, 이제야 비로소 사람답게 살게 되었노라고 말했다고 한다. 나는 황제의 그 발언에 대꾸할 적당한 표현이 떠오르지 않는다. 여러분이 한번 생각해 보시기 바란다.

로마 대화재 사건은 그렇다 치고, 네로의 노래 솜씨는 좋은 평판을 얻지 못했다. 그는 사적인 자리건 공적인 자리건 상관없이 리라를 켜면서 끊임없이 노래를 불렀다. 사람을 5천 명이나 불러 모아 자기가 작사 작곡한 노래를 듣게 한 적도 있는데 그들은 인내심을 가지고 황

---

[13] 네로가 기독교인들을 사자 먹이로 삼았다는 소문은 사실이 아니라는 것이 일반적인 견해이다. 마르쿠스 아우렐리우스 안토니누스 황제 시대에 이르러 그런 일들이 있었다. 그의 『명상록』은 여러분도 읽어보셨을 것이다. 정말 대단한 작품이다.

제에게 열렬히 박수를 쳐줘야 했다. 그들 앞에는 칼을 뽑아든 병사들이 지키고 서 있었다. 네로는 호위병들을 데리고 무대 앞으로 나아가, 관객을 둘러보며 물었다. "나보다 노래를 더 잘 부르는 가수를 본 적이 있습니까?" 그러면 청중은 입을 모아 대답했다.[14] "아니요! 없습니다!" 여러분은 네로가 왜 그렇게 노래를 자주 불렀었는지 궁금하실 것이다. 답은 아주 간단하다. 자기가 노래를 아주 잘 부른다고 생각했기 때문이다.[15]

네로는 어머니 아그리피나가 죽고 5년이 지나서 네아폴리스(나폴리)에서 처음으로 무대에 섰다. 황제의 어머니는 최소한 아들의 노래를 듣는 괴로움만은 모면했다. 그는 노래를 부르는 도중 지진이 발생하여 극장이 흔들리는데도 아랑곳하지 않고 노래를 불렀다. 마지막 곡을 부르고 나자 극장 전체가 완전히 무너졌다. 네로는 극장에서 도망쳤다. 네로가 등장하여 노래를 부를 때면 무대 주변으로 자주 번개가 내리쳤는데, 네로를 맞히지는 못했다.

네로는 로마에서 자기 노래를 들려주는 것만으로는 만족하지 못했는지 그리스로 건너가 일 년 반 동안 머무르면서 모든 음악 경연 대회에 빠짐없이 참가하여 노래를 불렀고, 다시 이탈리아로 돌아와 여기저기 무대에 모습을 나타냈다. 로마 시민 마흔한 명이 그를 암살하려고 계획을 세웠지만 성공하지 못했다.[16] 그러자 네로는 리사이틀을

---

14) 네로의 목소리는 가늘고 약했다고 한다. 만일 그의 목소리가 좀 더 컸다면 정말 끔찍했을 것이다.
15) 네로는 열두 살 어린 나이에도 음악, 미술, 조각, 시 등 예술 분야에 지대한 관심을 보인 것으로 전해진다. 그런데 왜 노래를 제외한 다른 분야에서는 아무것도 하지 않았을까?
16) 나 같으면 가수들이 똑같은 노래를 되풀이해서 부르지만 않는다면 별로 신경 쓰지 않을 것이다.

열겠다고 발표했다. 자기가 직접 파이프오르간, 플루트, 백파이프 등을 연주하면서 자기가 작곡한 곡에 맞춰 비극 작품을 독창한다는 계획이었다. 마침내 갈리아 지방에서 반란이 일어났고, 원로원에서는 그를 공공의 적으로 선포했다. 이어 군대가 로마로 진군해 오자 네로는 그들을 만나 노래를 불러서 설득하겠노라고 말했다. 누군가 그에게 사태의 심각성을 알려 줬어야 했다. 서기 68년 6월 9일, 그는 개인비서인 에파프로디투스의 도움을 받아 자신의 목을 칼로 찔렀다. 그가 전에 첫 번째 아내 옥타비아를 살해한 바로 그날이었다. 이처럼 완벽하게 날짜를 맞춘 사람은 세상에 둘도 없을 것이다.

MORE INFO.

1. Gaius Caesar Germanicus 칼리굴라 12-41

티베리우스 황제의 조카이자 양아들인 게르마니쿠스 카이사르와 아우구스투스 황제의 손녀인 대(大) 아그리피나의 아들이다. 어린 시절 게르마니아 방면군의 사령관이었던 아버지의 병사들은 그를 귀여워하여 '꼬마 장화'를 뜻하는 '칼리굴라'라고 불렀다. 티베리우스 황제가 죽자, 후계자로 지명되어 로마 시민의 압도적인 지지와 원로원의 승인을 받아 24세에 황제가 되었다. 재위 초기에는 로마 시민의 요구에 영합하는 정책을 폈으나 즉위한 지 7개월 만에 고열로 쓰러져 병을 앓고 나서 정신에 이상이 생겨 광기에 휩싸였다. 화려한 만찬을 즐기고, 도박을 일삼는 등 국가의 부를 탕진해 재정 파탄을 불러왔으며 스스로 자신을 신격화하는 등 비정상적인 통치를 하여 민심을 잃었다. 41년 1월, 팔라티누스 경기 도중에 근위대장 카시우스 카이레아 등에 의해 아내와 딸과 함께 죽임을 당했다. 그의 통치 기간은 3년이었다.

2. Germanicus Julius Caesar 게르마니쿠스 카이사르 BC 15-AD 19

아우구스투스 황제의 후손이며 티베리우스 황제의 양자가 되었다. 12년과 18년에 콘술(집정관)이 되었으며 라인·카파도키아·시리아 등의 전투에 종군했다. 유능한 군사적 재능과 훌륭한 가문 덕분에 차기 황제가 되리라고 기대되었으나, 안티오키아에서 갑자기 죽었다. 황제가 질투하여 독살시켰다는 말도 있다. 공화주의자였으며, 성격은 정열적인 면과 인자한 면이 겸비되어 있었다. 아내 대(大) 아그리피나와의 사이에 칼리굴라, 네로 황제의 어머니 소(小) 아그리피나 등 9남매를 두었다.

3. Tiberius Claudius Caesar Augustus Germanicus 클라우디우스 BC 10-AD 54

로마제국의 제4대 황제로 마르쿠스 안토니우스의 손자이며, 티베리우스의 조카이기도 하다. 로마의 장군 네로 클라우디우스 드루수스와 소(小) 안토니아 사이에 아들로 태어났다. 아버지나 형과 달리 병약하고, 말을 더듬고 한쪽 발을 질질 끄는 버릇 때문에 로마제국의 황실에서는 제대로 평가받지 못했지만, 역사가 리비우스의 영향으로 에트루리아와 카르타고의 역사를 저술하면서 역사가로서 자질을 갖추게 되었다. 칼리굴라가 암살되자 1월 25일 황제가 되었다. 즉위하기 전에 원로원의 승인을 받았지만, 실질적으로는 근위군단의 군사력으로 즉위했고, 이후 군사력이 로마 황제를 결정하는 군인 황제 시대의 최초의 사례가 되었다. 교양 있는 역사가였던 그는 지혜로운 정책으로 로마에 대한 저항이 극렬했던 유대의 통치 문제 등을 해결했지만, 시민의 사랑을 받지는 못했다. 그는 갈리아인이나 아니우니족 출신의 해방 노예 등을 등용하여 다양한 행정 분야를 감독할 권한을 부여했다. 이것은 비(非)원로원 의원의 정치 참여를 증대하여 황제에게 권력이 집중되고 관료제가 발달하는 계기가 되었다. 45년 이탈리아의 유대인들을 강제 추방하는 반유대주의 정책을 시행하여 약 2만 5천 명의 유대인이 그리스의 코린토스로 이주했다. 독버섯에 중독되어 사망했다고 하지만, 네 번째 아내이자 다음 황제인 네로의 어머니 소(小) 아그리피나에게 암살되었다는 설이 유력시되고 있다.

PART III
세기의 정복자와 피정복자

한니발
Hannibal

알렉산드로스 대왕
Alexandros the Great

아틸라
Attila

샤를마뉴 대제
Charlemagne

몬테수마 2세
Montezuma II

Hannibal 한니발 BC 247~BC 183

하밀카르 바르카스의 아들. 제1차 포에니 전쟁에서 패하고 아버지를 따라 에스파냐로 갔으며 아버지와 매형 하스드루발의 뒤를 이어 26세 젊은 나이로 에스파냐 주둔군의 총지휘관이 되었다. 제2차 포에니 전쟁 때 알프스를 넘어 이탈리아로 침입, 칸네 싸움에서 로마군에 대승하여 남이탈리아를 지배했다. 전쟁이 오래갈수록 소모가 많고, 기대하던 마케도니아·카르타고 본국의 원조가 없어 고립되었고, 그에 굴복한 여러 도시가 이탈하고, 로마의 스키피오 장군이 본국을 공격하자 귀국하여 자마의 전투에서 패배하여 굴욕적인 강화를 맺었다. 이후 정적에게 배반당하여 시리아로 망명했으나 재기하지 못했고, 로마의 강요로 음독 자결했다. 제2차 포에니 전쟁을 '한니발 전쟁'이라고도 한다. 그에게 짓밟힌 로마는 오래도록 경제적·사회적으로 고전했다.

한니발

기원전 300년경, 로마와 카르타고는 세계에서 가장 중요한 도시였다. 로마는 지금 그 자리에 그때도 있었고, 카르타고는 아프리카 북부 해안에 있었다. 이웃한 두 나라는 오랜 기간 싸움다운 싸움 한 번 없이 지내왔기에 전쟁이 일어나는 것은 시간문제였다. 그들은 서로 싸우고 싶어 안달이 날 지경이었는지 세 차례의 포에니 전쟁[1]을 치렀다. 로마는 기원전 753년 '로물루스'라는 사람이 세웠는데, 갓난아기일 때 늑대 젖을 먹고 자랐으며 검정 딱따구리의 보호를 받았다고 한다. 카르타고는 그보다 약 100년쯤 전에 티레의 왕 무토 1세의 딸인 엘리사가 건설했다. 후일 엘리사는 아이네이아스[2]와 사랑에 빠졌던 카르타

---

1) Punic Wars(BC 3c-BC 2c): 로마와 카르타고 사이에 지중해의 패권을 둘러싸고 세 차례에 걸쳐 일어난 전쟁이다. 이 전쟁에서 패배한 카르타고는 로마의 속주국이 되었고, 로마는 일개 도시국가에서 지중해의 패자로 부상하여 세계적인 제국을 건설하는 계기가 되었다.
2) 로마 신화의 영웅으로 트로이 왕족인 안키세스와 여신 아프로디테 사이에서 태어난 아들이다.

고의 여왕 디도와 동일 인물로 간주되었다. 우리가 사는 세상은 정말 요지경이다.

로마인과 카르타고인은 성격과 기질이 많이 달랐다. 카르타고인들에게는 이상(理想)이 없었다. 그들은 오로지 돈만 밝혔고 술을 마시고 법석을 떨면서 인생을 즐겼다. 반면 로마인들은 엄격하고 위엄이 있었다. 그들은 검소하고 근면하게 생활하면서 엄숙, 헌신, 성실 같은 전통적인 미덕에 집착했지만, 한편으로는 간통을 일삼았다.[3]

로마인들은 로마 밖으로 나가기를 꺼렸다. 분발하여 나서 봤자, 다른 나라에 쳐들어가서 사람을 죽이는 일이 고작이었다. 초창기에는 사비니족과 에트루리아족을 해치우더니, 결국 이탈리아 땅 대부분을 정복했다.[4] 로마인들은 더 나은 삶을 원하게 되었으며 특히 금전적인 면에서 그랬다. 비록 로마인들이 품위를 지키느라 말은 하지 않았지만, 그들은 시칠리아의 카르타고 영토까지 소유했으면 좋겠다고 생각했다.

한편, 카르타고인들은 지중해 지역을 누비고 다니며 리넨, 모직물, 염료, 유리 제품, 도자기, 철물, 가재도구, 가구와 기타 진기한 물건들을 사고팔아 점점 부유해졌다. 처음에는 물물교환 형식으로 장사를 시작했지만, 곧 거래에는 화폐보다 좋은 것이 없음을 알게 되었다. 카르타고인들은 조상인 페니키아인들에게서 상술을 배웠는데 그들은 먼 옛날부터 가장 뛰어난 상인들이었다.[5] 페니키아의 선원들은 외국

---

3) 카르타고는 부유한 사람들이 다스렸으며 돈이 정치를 지배했다. 로마 역시 부자들이 다스렸지만, 정치 형태는 공화제였다.
4) 학자들은 에트루리아족에 대해 잘 언급하지 않는다. 왜 그래야 할까?

인들과 최초로 교역한 사람들로 이후 국가 간 교역은 전 세계로 확대되었다. 이것은 이전에 아무도 생각지 못했던 거래 방식이었다.[6]

그리고 곧 기원전 265년부터 기원전 241년까지 24년간 지속한 전쟁이 일어났다. 제1차 포에니 전쟁이라고 하는데, 라틴어 형용사 푸니쿠스(punicus)는 명사 푸니(puni) 혹은 포에니(pœni), 즉 '페니키아인'에서 파생된 말이다. 이 전쟁에서 승리한 로마인들은 시칠리아 섬의 카르타고 영토를 손에 넣었고 엄청난 전쟁배상금을 요구했다. 나중에는 그냥 재미 삼아 사르데냐 섬과 코르시카 섬까지 차지했고, 그 후 22년 동안 평화가 지속했다.

카르타고가 제1차 포에니 전쟁에서 겪은 패배에 가장 큰 책임이 있는 사람은 위대한 장군 하밀카르였다.[Info1] 그는 로마인들이 자신을 시칠리아 섬의 산꼭대기로 여러 해 동안 유배를 보내 바보로 만들었기에 로마인들을 싫어했다. 고향 카르타고로 돌아온 그는 온 가족을 모아 놓고 울분을 토했을 것이고, 식구들은 모두 죽는 날까지 로마인을 증오했을 것이다. 그것은 참으로 바보 같은 짓이었다. 왜냐면 증오심이란 표정에 나타나게 마련이고, 증오의 대상은 지긋지긋할 정도로 마음에서 사라지지 않기 때문이다. 하지만 그들은 너무도 비참한 심정이었기에 조금도 개의치 않았다.

---

5) 페니키아인들은 밤중에 별들을 보면서 항해했는데 특히 북극성에 많이 의지했다. 여러분도 친구들에게 밤하늘에서 북극성을 찾아보라고 해보시라. 머리가 모자란 친구라도 쉽게 찾을 것이다.
6) 페니키아인들은 21개의 자음이 있는 알파벳을 썼다. 하지만 기록을 남기지는 못했다. 모음 없이 글을 쓴다는 것이 불가능했기 때문이다.

하밀카르에게는 한니발, 하스드루발, 마고 등 아들 셋과 딸 둘이
있었다. 딸 하나는 '미남 하스드루발'이라고 불렸던 하스드루발 풀처
와 결혼했는데 물론 친척은 아니었다. 카르타고 역사에는 '하스드루
발'이라는 이름으로 불린 장군이 여덟 명이나 있었다. 따라서 집안에
'하스드루발'이라는 이름으로 불리는 사람이 최소한 한 명쯤은 있어
야 뼈대 있는 가문이라며 으스댈 수 있었다. 카르타고인들은 아들에
게 '하스드루발'이라는 이름을 붙이는 것이 집안의 위신을 세우는 좋
은 방법이라고 생각했던 모양이다.

아들 한니발이 아홉 살이 되자 하밀카르는 그를 바알[7] 신전으로
데려가서 로마인을 영원히 증오할 것을 맹세하게 했다.[8] 그뿐 아니라
자질구레한 집안일 따위에는 관심을 두지 않겠다고 맹세하라고 했다.
소년 한니발의 미간에는 로마인에 대한 증오심으로 두 개의 깊은 주
름이 새겨졌다. 그는 마침내 역사상 가장 유명한 증오의 화신이 되었
고, 얼굴은 온통 주름투성이가 되었다.

또한, 하밀카르는 한니발에게 코끼리 떼를 이용해 적의 마음에 공
포심을 불어넣는 방법을 일러주었다. 그는 코끼리 덕분에 수많은 전
투에서 이겼다고 생각했고, 만일 제1차 포에니 전쟁 당시 상황이 약간

---

7) Baal: 기원전 3000~1000년 시리아에서 가장 활동적인 남신이다. 셈어로 '주인' 또는 '소유자'를 뜻한다. 대
지를 윤택하게 하는 겨울비 또는 폭풍의 신이며, 출토되는 신상은 오른손으로 창을 휘두르고, 왼손에 번개를
쥔 젊은 전사의 모습이다. 또한, 우기에 다시 살아나는 식물 생명의 인격화이며, 신화에서는 건기에는 죽어서
음부의 상징 모토로 내려가 자매이며 배우신인 아나트(Anat)에게 도움을 받는다. 바알과 배우신 아스타르테,
그 외에 여신과의 성적 교섭이 풍요를 약속한다는 믿음은 농민에게 친숙하다. 구약성서에서는 토지 소유자로
간주되는 신들의 총칭으로서 바알의 이름을 인용하고 있는데 거기서는 곡물·과실·가축 등의 결실과 성장을
주관하는 신으로 숭배되었다.

8) 카르타고에는 위기가 닥치면 어린 자식들을 산 채로 태워서 바알 신(몰록 신)에게 바치는 관습이 있었다. 그
들은 자신의 안전을 도모하려고 그런 짓을 저질렀던 것 같다. 분명히 아이들을 위한 관습은 아니었다.

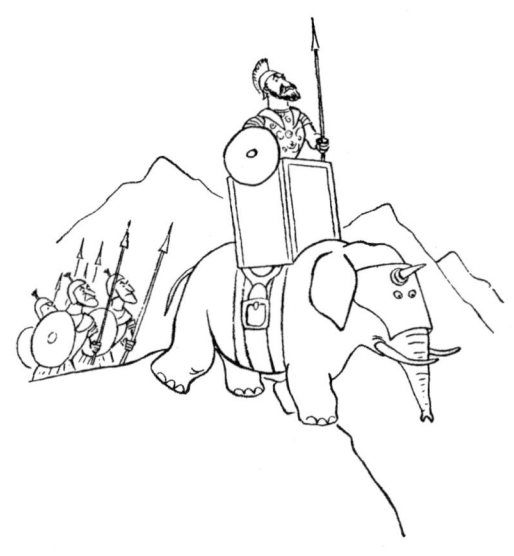

만 유리했어도 카르타고가 승리했으리라며 안타까워했다. 그는 전투가 바다에서 벌어졌기에 졌다고 생각했다. 하지만 육지에서 싸울 때에도 로마군은 그가 기대했던 것만큼 코끼리를 무서워하지 않았다.[9] 로마인들은 기원전 275년 피로스 왕[info2]과 싸울 때 이미 '코끼리'라는 짐승에 관해 잘 알게 되었다. 당시 피로스 왕은 코끼리 때문에 전쟁에서 졌다. 그리고 이전 알렉산드로스 대왕 시절 포로스 왕[10]도 코끼리 때문에 망했다.

따라서 당시의 역사는 전쟁에서 절대 코끼리를 쓰지 말라고 가르

---

9) 로마군은 제1차 포에니 전쟁에서 코끼리를 100마리 넘게 생포했다. 그들은 이 코끼리들을 로마로 보내 로마 사람들에게 오락거리를 제공했다.
10) Porus: BC 326년 알렉산드로스 대왕과 싸웠던 고대 인도의 왕.

쳐 주었다. 하밀카르가 왜 이런 충고를 몰랐거나 받아들이지 않았는 지는 나도 모르겠다. 카르타고의 코끼리들은 앞으로 돌진해서 로마군을 짓밟도록 훈련받았지만, 뒤로 돌아가 적군 대신 아군을 뭉개버리는 일도 적지 않았다. 우리에게 이런 일이 생겼다면 생각이 달라지지 않겠는가? 뭔가 다른 방도를 찾지 않고 가만히 앉아만 있겠는가? 그런데 하밀카르는 에스파냐로 건너가 8년 동안 코끼리를 이용한 전투 계획을 갈고닦았고, 기원전 228년 코끼리 한 무리를 이끌고 강을 건너다가 익사하고 말았다. 그래서 사위인 미남 하스드루발이 하밀카르의 뒤를 이었지만, 그도 몇 년 만에 암살당했고 이제 지휘권은 선친의 행적을 잘 알고 있는 26세의 한니발에게 넘어갔다. 한니발은 기원전 218년 코끼리 37마리가 포함된 카르타고의 대군을 이끌고 에스파냐를 떠나 알프스산맥을 넘어 보름 만에 이탈리아로 쳐들어갔다. 그렇게 그는 코끼리를 몰고 알프스를 넘는 신기록을 세우면서 제2차 포에니 전쟁을 일으켰다. 그러나 코끼리 떼를 몰고 알프스를 넘는 것이 절대로 재밌는 일은 아니었을 것이다. 사람 혼자 알프스에 오르기도 힘이 드는데 동물을 이끌고 그 높은 산을 넘어가야 한다면 코끼리보다는 차라리 알프스산양을 끌고 가는 편이 나았을 것이다. 알프스산양은 산을 타기에 알맞게 태어난 동물이기 때문이다.[11]

    믿거나 말거나, 알프스를 넘는 동안 카르타고 군사 절반이 목숨을

---

11) 아놀드 박사는 한니발이 통과한 길이 프티 생 베르나르 고개라고 강력히 주장했다. 그리고 그는 역사학자 폴리비오스의 의견에 동의할 수 없다고 했다. 한니발이 지나간 경로를 하나하나 점검했다면서 폴리비오스가 자신 있게 설명한 지역은 프티 생 베르나르 고개와는 전혀 다른 곳이라고 했다.

잃었지만, 코끼리는 한 마리도 죽지 않았다. 역사학자들은 한니발이 고된 행군을 하면서도 피곤해하지 않았던 것 같다고 말한다.[12] 또한, 그는 어떤 일이 있어도 절망에 빠지는 법이 없었다고 한다. 카르타고 병사 수천 명이 알프스의 낭떠러지에서 떨어져 죽어도 그는 병사들에게 힘을 내라고 소리쳤을 것이다. 그래서 코끼리들은 모두 무사했다. 그때 만일 누군가 기회를 봐서 그를 낭떠러지 아래로 살짝 밀었다면 고통스러운 역사의 한 장면을 피할 수 있었을지도 모른다. 그래서 언제나 작은 일에 충실한 것이 중요하다.[13]

『히스토리아』를 쓴 그리스의 역사가 폴리비오스는 이탈리아에 도착한 한니발이 자기가 데려온 코끼리들의 수인 '37'이라는 숫자를 청동 판에 직접 새겼다고 한다. 폴리비오스는 그 장면을 직접 목격했다고 증언했다. 그런데 요즘 역사학자들은 코끼리의 숫자가 37이 아니라 40이 맞다고 주장한다. 사람들이 어림잡아 끝이 0으로 끝나는 숫자를 좋아하는 것은 자연적인 현상인가 보다. 그러나 코끼리 숫자를 대충 계산해선 안 된다. 조금 귀찮더라도 한 마리, 두 마리, 세 마리 세어 나가 '서른일곱 마리!'라고 하면 되는 것이다. 그러고 보면 학자들은 참 이상한 고집이 있다.

한니발은 에스파냐에 있는 동생 하스드루발에게 맡기고 온 코끼

---

12) 그는 코끼리 등에 올라타고 갔다.
13) Titus Livius(BC 59-AD 17): 로마의 역사가였던 그는 한니발이 식초를 이용해 알프스의 거대한 바위를 깨서 코끼리가 지나갈 길을 만들었다고 썼다. 식초가 BC 218년에는 고성능 폭약이었는지 모르겠지만, 그 이전이나 이후에도 나는 그런 사례를 본 적이 없다.

리들이 곧 도착하리라고 믿었다. 그런데 로마군들은 보급로를 차단하고 말았다.[14] 이탈리아에서 15년간 전쟁을 치르면서 한니발은 한 번도 필요한 만큼의 코끼리를 확보하지 못했다. 처음에 데려온 코끼리들은 대부분 기후에 적응하지 못해 죽었다. 한니발은 코끼리를 더 보내달라고 카르타고에 간청했지만, 본국에서는 쩨쩨하게 굴었다. 그들은 한니발에게 카르타고에 코끼리가 무한대로 있는 줄 아느냐며 전에 보내준 코끼리를 모두 어떻게 했느냐고 따졌다. 때로는 코끼리가 한 마리도 남아 있지 않았다. 그럴 때면 한니발은 용케도 어디선가 몇 마리를 구해 왔다. 다른 것은 몰라도 그런 일에는 뛰어난 재주가 있었다는 사실이 매우 인상적이다.

　그의 아버지와 마찬가지로 한니발은 코끼리 한 마리 없이 치르는 전투에서도 적을 무찌를 수 있다는 사실을 전혀 깨닫지 못했다. 티치노 전투에서 코끼리를 이용했다는 이야기를 들어본 적이 없다. 트레비아 전투에서도 코끼리는 몇 마리만 동원되었다. 마지막 남은 한 마리가 숨을 거둔 후에 벌어진 트라시메네 호수 전투에서 한니발은 큰 어려움 없이 로마군을 궤멸시켜 한동안 로마군이 카르타고 군대에 맞서 싸우지 못했다. 이탈리아 원정 초기 3년간 그가 대승을 거두었던 칸나이 전투에서도 코끼리는 이미 전멸한 상태였다.[15]

---

14) 이 작전은 푸블리우스 코르넬리우스 스키피오가 맡았다. 그는 나중에 '스키피오 아프리카누스'라는 이름으로 불리게 된 푸블리우스 코르넬리우스 스키피오(아버지와 아들 이름이 똑같았다)의 아들이었다. 시간만큼 있으면 '스키피오'라는 이름으로 불리던 11명의 유명인 이야기를 해보고 싶다.
15) 트라시메네 호수 전투에서 크게 패배한 로마는 퀸투스 파비우스 막시무스를 집정관으로 임명했다. 그는 로마군이 힘을 회복하고 한니발의 카르타고군을 상대로 공세를 펼 시간을 벌기 위해 이리저리 피해 다니는 지연 전술을 썼다. 이 때문에 반대파들은 그를 보고 '굼뱅이'라고 비난했지만, 결국 그의 전략이 옳았다는 것이 입증되었고, 죽기 바로 직전 그에게 로마 최고의 영예인 월계관이 수여되었다.

한니발이 칸나이 전투 이후 기회가 있었지만, 로마를 점령하는 데 실패하고, 전쟁을 지연시키면서 12년 동안 이상할 정도로 전투에 소극적이었던 이유를 내 나름대로 생각해 보았다. 그는 뭔가를 기다리고 있었다. 그의 동생 하스드루발이 기원전 207년 코끼리 열 마리를 끌고 이탈리아에 도착했다. 그런데 코끼리들이 말을 듣지 않아 카르타고 군대에서 죽여 버렸고, 한니발은 그 코끼리들을 보지도 못했다. 카르타고에서 얼마 후 코끼리 40마리를 더 보냈지만, 실수로 배가 사르데냐 섬으로 갔다. 그래서 한니발은 자신이 원하는 것을 구하고자 고향으로 돌아갔다. 기원전 203년, 제2차 포에니 전쟁의 승패를 결정한 자마(카르타고 인근 지역) 전투에서 마침내 한니발은 자기 뜻대로 싸워 보았다. 그는 전투 대열 선두에 80마리의 코끼리를 배치했다. 그런데 코끼리들이 방향을 바꿔 카르타고군을 짓밟았고, 남은 병사들은 스키피오 아프리카누스가 이끄는 로마 병사들이 처리했다.

한니발은 다시 전쟁을 시작하려 했지만, 결국 허사로 돌아갔다. 카르타고 사람들은 오랜 전쟁에 몹시 지쳐 있었다. 한니발은 코끼리를 이용한 전투 계획을 세우고 시리아의 안티오쿠스 대왕에게 접근했으나 로마에서 한니발을 내놓으라고 하자 그는 카르타고에서 도망쳐야 했다. 한니발은 그 후 수년 동안 아시아를 떠돌다 마침내 비티니아의 왕 프루시아스를 찾아가 몸을 의탁했다. 그는 한니발에게 마지막으로 남은 진정한 친구였다. 그런데 어느 날 한니발은 프루시아스 왕이 로마 측에 자신을 데려가라고 통고한 사실을 알게 되었다. 그는 독약을 먹고 자살했다. 그의 나이 64세, 자마 전투가 끝난 지 19년 만의 일이었다.

한니발이 진정으로 위대한 인물이었는지, 아니면 그저 그런 사람이었는지는 각자가 판단할 일이지만, 내 생각에는 그도 평범한 인간에 지나지 않았다. 로마인들은 그를 비겁한 인간이라고 비난했다. 한니발이 줄곧 로마인들을 함정에 빠뜨리는 계략을 써서 죽였기 때문이다. 로마인들은 한니발이 전통적인 전투 규칙, 즉 병사끼리 몸을 부딪치며 싸우는 육탄전으로 전투에 임하기를 바랐지만, 그는 그런 기대는 할 수 없는 사람이었다. 나는 그가 군인으로서 갖춘 덕망에 관해서는 자세히 언급하지 않았다. 그저 내 나름대로 생각하기에 군사 전략가이자 책략가로서 그가 드러낸 취약점만을 강조했다. 그렇게 한 것이 여러분에게 도움이 되리라고는 생각하지 않는다. 그의 이야기에서 아무런 교훈도 얻지 못한 사람도 있을 것이다.

한니발은 여자들에게 좀처럼 인기가 없었다. 에스파냐에 아내가 있었다는 소문이 있지만, 그 여자는 전쟁의 혼란 중에 종적을 감추었고 이후로 그녀의 자리를 자치한 여자는 없었다. 정상적인 여자라면 그와 함께 살지 못했을 것이다. 그의 사생활에 대해 우리가 아는 것은 그것이 전부다. 전쟁 기간 내내 그와 동행하며 함께 먹고 마시면서 벗이 되었던 그리스의 역사가 소실루스는 후대를 위해 한니발에 대한 기록을 남겼다. 하지만 그는 학계에 영향을 미칠 만한 학파에 속하지 못했기에 그의 기록은 남아 있지 않다. 폴리비오스는 소실루스의 기록이 시시한 일화들을 모아 놓았을 뿐이므로 읽을 가치도 없는 사소하고 저속한 내용이라고 비난했다. 어쨌든 한니발이 죽는 날까지 로마인들을 증오했다는 사실만은 우리도 분명히 알 수 있다. 그가 아버지에게 그렇게 하겠다고 맹세했기 때문이다. 어쩌면 한니발은 마지막 순간까지도 자신이 조금만 더 신중했더라면 카르타고가 전쟁에서 이길 수 있었다고 믿었던 것 같다.

    카르타고가 다시 번영하자 로마인들은 기원전 149년부터 기원전 146년까지 카르타고를 포위하고 공격했다. 로마인들은 카르타고로 쳐들어가 주민을 대량 학살하고 도시를 약탈하여 잿더미로 만들었다. 결국, 카르타고는 풀 한 포기 자라지 않는 불모지가 되었다. '카르타고'라는 나라가 어찌 되었는지 여러분도 궁금하셨을 것이다.

MORE INFO.

1. Hamilcar Barcas 하밀카르 바르카스 BC 270 - BC 228

한니발의 아버지. 제1차 포에니 전쟁 말기인 기원전 247년 이후 시칠리아에 근거지를 두고 카르타고군을 지휘하여 이탈리아의 남부와 중부의 해안을 공격하는 등 로마를 괴롭혔다. 아에가테스 제도에서 카르타고군이 패하자, 그는 전권 사절로서 로마와의 화평 교섭을 시도했으며 전후에 카르타고 용병의 반란을 진압함으로써 민의를 얻었다. 카르타고의 국력 회복을 위해 광물이 풍부한 에스파냐에 건너가 개발에 전념했고, 원주민의 왕들을 자기 세력하에 두어 카르타고의 속령으로 삼았을 뿐 아니라, 자기 일족의 사적인 세력의 기반으로 삼았다. 그가 죽은 후 그의 아들 한니발은 이 기반을 거점으로 하여 로마에 도전했다.

2. Pyrrhos 피로스 BC 319-BC 272

헬레니즘 시대 그리스의 장군이다. 아이아코스 가문 출신으로 알렉산드로 대왕의 사촌이였으며 에페이로스의 왕이 되었으나 카산드로스에게 축출되었다. 프톨레마이오스 왕가와 인척 관계를 맺어 복위했다. 에페이로스에서 헬레니즘적인 군주국을 경영하면서 마케도니아로부터 에페이로스를 독립시키기 위해 진력했다. 마케도니아 왕가의 내분을 틈타 서부 그리스에서 영토 확장을 기도하여 마케도니아의 왕 데메트리오스와 전쟁을 벌여 마케도니아와 테살리아의 태반을 빼앗고 아이톨리아·아테네와 동맹을 맺었으나, 리시마코스에게 격퇴당했다. 타렌툼을 구하기 위하여 이탈리아에 원정하여 헤라클레이아 전투에서 코끼리를 이용하여 로마군을 대파했으나 손실이 커서 '피로스의 승리'라는 고사가 생겼다. 병사가 그에게 승전보를 전했을 때 "이런 승리라면 우리가 패망한다."고 말했다. 다음 해에도 아스쿨룸에서 로마군을 격파했으나 역시 실질적인 손실이 컸다. 그는 시칠리아까지 내려가 카르타고군을 추격했고 이탈리아로 돌아와 다음 해 베네벤툼에서 고전 후 에페이로스로 귀환했다. 이후 마케도니아의 새로운 움직임에 대항하여 펠로포네소스에 원정하고, 스파르타 공격에 실패한 뒤 아르고스에서 전사했다.

알렉산드로스 대왕

마케도니아의 알렉산드로스 3세는 기원전 356년 루스의 달[1] 여섯 번째 날에 태어났다. 그가 알렉산드로스 '대왕'으로 알려진 것은 당시에 여러 지역에서 누구보다도 많은 사람을 죽였기 때문이다.[2] 그는 다른 나라에 그리스 문화를 전파해야 한다면서 그런 짓을 저질렀다. 엄밀하게 말하면 그는 그리스인도 아니었고 교양 있는 인간도 아니었지만, 역사에 길이 남은 정복왕이니 내가 어찌 감히 그를 부정할 수 있겠는가?[3]

알렉산드로스의 아버지는 마케도니아의 필리포스 2세[info1]였다. 필

---

1) 플루타르코스에 따르면 마케도니아 사람들은 루스의 달을 황소 100마리가 희생되는 대학살의 달이라고 불렀다고 한다.
2) 역사학자 프레데릭 애덤 라이트 교수는 『알렉산드로스 대왕』이라는 저서에서 그를 '인류 역사상 가장 위대한 인물'이라고 극찬하고 있다.
3) 그는 고대 그리스의 한 지방인 아티카 말을 썼다.

Alexandros the Great 알렉산드로스 대왕 BC 356-BC 323

그리스·페르시아·인도에 이르는 대제국을 건설한 왕으로 어린 시절 아리스토텔레스의 가르침을 받았다. 부왕 필리포스 2세가 암살되자 20세에 왕이 되어 헬라스 연맹의 맹주로 뽑혔다. 킬리키아의 이수스 전투에서 다리우스 3세의 군대를 대파했으며 페르시아 함대의 근거지인 티루스·가자 등을 점령했다. 그리고 시리아·페니키아를 정복한 다음 이집트를 공략하여 나일 강 하구에 자신의 이름을 딴 알렉산드리아 시를 건설했다. 이후 바빌론·수사·페르세폴리스·엑바타나 등 여러 도시를 장악했다. 그는 여기서 동쪽으로 원정하여 이란 고원을 정복한 뒤 인도의 인더스 강에 이르렀다. 그러나 군대에 열병이 퍼지고 장마가 계속되었으므로 페르세폴리스로 돌아왔다. 바빌론에서 아라비아 원정을 준비하던 중 33세로 요절했다. 그는 자기가 정복한 땅에 '알렉산드리아'라고 이름 지은 도시들을 건설하여 그리스 문화를 전파하는 거점이 되게 했다.

리포스는 원대한 꿈이 있는 사람이었고 술고래에다 부인이 여덟 명이나 있었다. 그는 펠로폰네소스 전쟁으로 지쳐 있는 그리스 사람들을 진압하여 스스로 총사령관의 자리에 오름으로써 헬라스[4]의 이념을 구현할 수 있었다. 그리스인들은 필리포스를 제거하려 했지만, 그에게는 그런 적대감 따위는 안중에 없었다. 그는 기원전 336년, 아내인 올림피아스[info2]의 사주를 받은 것으로 보이는 자의 손에 암살되었다.

  알렉산드로스의 어머니인 올림피아스[5]는 약간 이상한 여자였다. 그녀는 에피루스 사람이었는데, 뱀을 숭배해서 침실 안에 여러 마리의 뱀을 풀어놓고 길렀다. 그래서 남편 필리포스는 밖에서 술자리가 끝나도 집에 가기를 두려워했다.[6] 그녀는 아들 알렉산드로스에게 그의 진짜 아버지는 뱀의 형상을 한 그리스-이집트 신인 제우스 아몬이라고 가르쳤다. 알렉산드로스는 그것을 대단하게 여기면서 자랑스러운 마음에 밤잠을 못 이루곤 했다.[7] 한번은 그에게 뱀의 아들이 아니라고 말한 마케도니아인 열세 명을 처형하기도 했다.

  어린 시절 알렉산드로스는 다른 아이들과 별반 다르지 않았다. 발

---

4) Hellas: 그리스 사람들이 자기 나라를 부르는 이름이다. 그리스의 정식 명칭은 'Hellenic Republic'이다. 그들은 자신을 헬렌(Hellen)의 후손이라고 생각했기에 '헬레네스'라고 불렀다. 그리스 신화에서 헬렌은 프로메테우스의 손자이자 데우칼리온의 아들이다. 데우칼리온은 제우스가 인간을 벌하기 위해 일으킨 거대한 홍수에서 살아남은 영웅이다. 아이올로스, 이온, 아카이오스 등이 모두 그의 자손이다. 따라서 고대 그리스의 아이올리스인, 이오니아인, 아카이아인은 모두 헬렌의 자손이다.
5) 필리포스 2세 사후 올림피아스는 필리포스의 아내 하나를 산 채로 삶아 죽였다. 올림피아스가 그녀를 어떻게 생각했는지를 보여주는 대목이다.
6) 집에서 진짜 뱀을 기르는 것은 알코올중독자에게 이롭지 못하다. 그렇게 하면 알코올중독 증세는 더욱 심해질 뿐이다.
7) 그는 실제로 자신을 신의 아들로 믿게 되었다.

그레한 얼굴에 푸른 눈동자, 붉은 곱슬머리에 체구도 작았다. 그는 열두 살 때부터 애마인 부케팔로스를 길들였다. 같은 해, 그는 궁정을 방문해 별에 대해 강의하던 천문학자 넥타네보를 장난삼아 밀어서 깊은 웅덩이에 빠뜨려 노인은 목이 부러졌다. 물론, 알렉산드로스가 그를 밀었다는 증거는 없다. 하지만 두 사람이 웅덩이 옆에 서 있었고, 넥타네보가 갑자기 눈앞에서 사라진 것만은 분명한 사실이다.

  알렉산드로스는 열여섯 살이 될 때까지 3년 동안 철학자 아리스토텔레스에게 교육받았다. 이 철학자가 사고사를 당하지 않은 것을 보면 웅덩이나 처마 밑은 피해 다녔던 모양이다. 어쨌든 그는 모르는 게 없는 사람으로 유명했다. 심지어 사람의 뇌는 단순히 더운 피를 식혀주는 기관일 뿐으로, 사고 활동과는 아무런 연관이 없다고 가르쳤다. 하지만 이런 특별한 뇌를 가진 사람은 극히 소수가 아닐까? 그는 또한 메기가 수면에 너무 가까이 헤엄쳐 다니기에 일사병에 걸리기 쉽다고 주장했다. 나로서는 믿기 어려운 이론이다. 명성은 자자했지만, 아리스토텔레스는 젊은이를 가르치는 선생으로서는 적합하지 못했다. 그는 강의실을 오락가락했을 뿐, 알렉산드로스를 가리키는 일에 정성을 쏟지 않았다. 이런 선생에게서 교육받으면 가치관이 올바르게 형성되지 못할 수도 있다. 그러나 어떻게 보면 아리스토텔레스조차도 어떻게 해볼 수 없는 사람도 있을 것이다.[8] 그의 『니코마코스 윤리학』 강

---

8) 몇 년이 지난 뒤, 아리스토텔레스가 나일 강이 범람하는 이유가 뭐냐고 물었더니 옛 제자인 알렉산드로스는 정확하게 대답했다. 비 때문이라는 것이다. 아리스토텔레스는 그 말을 듣고 무척 기뻐했는데 몇 년 동안 이 젊은이의 장래에 대해 아주 절망적인 심정으로 걱정하다가 거의 포기한 상태였기 때문이었다.

독이 끝나자마자 알렉산드로스는 이곳저곳 다니면서 사람을 죽이기 시작했다. 아버지 필리포스 생전에 그는 열여덟 살의 나이로 카이로네이아 전투[9]에서 테베의 신성 부대를 괴멸시켰고, 트라키아인, 일리리아인 등 주변의 부족들을 상대로 사람 죽이는 훈련을 했다.[10]

왕위에 올라 본격적인 전쟁을 할 수 있게 되자 알렉산드로스는 다양한 민족이 있고 많은 사람이 사는 아시아를 침략하기로 마음먹었다. 그는 왕권을 노릴 위험이 있는 친척 몇을 죽이고 나서[11] 그리스 문화를 전파한다는 명목으로 페르시아에 전쟁을 선포하고 오늘날 '다르다넬스 해협'이라고 불리는 헬레스폰트 해협을 건넜다. 그리스 사람들은 이 소식을 듣고 몹시 당황했지만, 그를 말릴 사람은 아무도 없었다. 그저 웃으면서 모르는 척해줘야 했다.

아시아에는 정말 많은 민족이 살고 있었다. 알렉산드로스는 바로 메디아인, 페르시아인, 피시디아인, 카파도시아인, 파프라고인과 다양한 부류의 메소포타미아인들을 도륙했다.[12] 어느 날 갈라디아인들을 죽이면, 그다음 날은 아르메니아인을 죽이는 식이었다. 그런 다음 박트리아인, 소그디아나인, 아라코시아인, 그리고 소수민족인 우시아인[13]을 죽였다. 우시아인이라면 죽은 사람이건 산 사람이건 무조건

---

9) Battle of Chaeronea: 기원전 338년, 필리포스 2세는 이 전투에서 테바이와 아테나 연합군을 패배시켰는데 아들 알렉산드로스가 큰 공을 세웠다.
10) 테베인들은 보이오티아인들로 바보 취급받기 일쑤였다. 그러나 플루타르코스는 발끈해서 이런 이야기를 극구 부정했다. 플루타르코스는 보이오티아인이었다.
11) 그는 아버지 필립포스의 살해 사건도 눈감아주었다.
12) 라이트 교수는 '그가 대범하게 인간의 형제애를 표방했다.'라고 말했다.
13) 우시아인은 루리인의 조상으로 알려졌다.

3장 _ 세기의 정복자와 피정복자

데려오게 했는데, 마치 희귀한 물건을 수집하듯 했다.

알렉산드로스는 큰 전투를 세 차례나 벌인 끝에 다리우스 왕^{Info3}의 페르시아 제국을 멸망시켰다. 여기서 말하는 다리우스 왕은 저 유명한 다리우스 대왕이 아니라 환관 바고아스[15] 덕분에 왕의 자리에 올랐던 다리우스 코도만노스, 즉 다리우스 3세였다. 환관 바고아스는 아르타크세르크세스 3세와 그의 아들 아르세스를 독살하고 다리우스를 왕좌에 앉게 했지만, 그 대가로 자신도 다리우스가 내린 사약을 마셔야 했다.[16] 다리우스는 일이 잘못되어 탈이 나지 않도록 신중을 기해 뒤처리에 신경을 썼던 것이다. 다리우스는 알렉산드로스에게 맥없이 무너졌는데 알렉산드로스 군대와의 전투에 제대로 대처하지 못했기 때문이었다. 다리우스는 느려 터진 전차를 타고 말들을 채찍질하면서 달아나려고만 했다. 너무 달아나기만 했던 것이 문제였다.

페르시아 군대는 시대에도 뒤처져 있었다. 주로 왕에게 입맞춤이 허용된 친족들이나 창 자루에 황금 사과 장식이 있는 친위대에 의존했다. 다리우스는 이 황금 사과 친위대만 보강하면 페르시아 제국은 절대 무너지지 않으리라 믿었다. 하지만 인생이란 그런 것이 아닌가 보다. 친위대의 숫자가 적당할 때까지는 괜찮았다. 그런데 숫자만 늘리다 보니 수확 체감 법칙이 작용해서 황금 사과 친위대는 기대에 못 미치는 조직이 되어 버렸다.

---

15) Bagoas: '바가다타'의 줄임말로 '신이 내린'이라는 뜻이다. 그 이유는 알 수 없지만, 이 이름은 환관의 이름으로 자주 쓰였다.
16) 크세르 1세도 환관인 아스파미트레스에게 독살당했다. 환관들은 생각할 시간이 많았기에 왕의 조언자로서 적임이었다.

게다가 다리우스는 전차의 양쪽 바퀴에 칼날을 달아서 적에게 치명상을 입히는 묘안을 냈지만, 이 방법이 전혀 먹히지 않았다. 알렉산드로스와 그의 군사들이 달려오는 적군의 전차를 멍하니 바라보고만 있지는 않았기 때문이다. 다리우스는 칼날이 달린 전차를 이용한 방법이 전투력을 상실한 병사들에게나 효과가 있으며 특히 그런 인간들은 아시아의 전쟁터에 나오지 않고 집에서 낮잠이나 자고 있다는 사실을 생각하지 못했던 것이다.

알렉산드로스의 최정예 부대는 '콤파니온(Companion)'이라고 부르는 중무장 기병대와 '팔랑기테스(Phalangites)'라는 개량된 중장비를 갖춘 보병으로 이들은 사각형 모양의 대열로 빽빽이 밀집하여 진을 쳤다. 히파스피스트(Hypaspist)의 역할에 대해서는 약간의 의문점이 있다. 그들은 때로 펠타스트(Peltast) 같은 보병 역할도 하고 전령 일도 맡았다. 알렉산드로스는 절대로 후미를 비워둔 상태로 적을 향해 돌진하지 않았다. 그런데 페르시아인들은 그런 전략은 아예 신경조차 쓰지 않았으니 결과는 뻔했다.

기원전 333년, 페르시아군을 패배시킨 이수스 전투에서 알렉산드로스는 다리우스의 왕비와 두 딸, 360명의 왕실 하렘 여자들,[17] 400명의 환관을 생포했다. 그러나 알렉산드로스는 그의 절친한 친구이자 룸메이트인 헤파이스티온[18]과 마찬가지로 하렘에는 관심조차 없었

---

17) 페르시아 사람들은 60 또는 60배수를 행운을 가져다주는 숫자로 생각했다.
18) Hephaestion(BC 356-BC 324): 알렉산드로스가 어린 시절부터 절친하게 지냈던 친구로, 장기간에 걸친 전쟁 중에도 가장 믿고 의지했던 동료였다. 알렉산드로스와 동성애 관계였던 것으로 알려졌는데 그가 죽자 알렉산드로스는 깊이 슬퍼하며 탄식했다고 한다.

으며 휘하의 병사들만 아름다운 페르시아산 양탄자를 챙기느라 정신이 없었다. 알렉산드로스의 해외 정복 사업은 상당한 수입을 안겨주었다. 그는 수사와 페르세폴리스에서만 16만 페르시아 달란트에 해당하는 보물을 얻었다. 그렇지만 불행하게도 그 보물은 교양 있는 그리스인으로서 제국의 재정관으로 일하던 하르팔로스의 차지가 되고 말았다.

알렉산드로스는 이후 9년 동안 전진과 후퇴를 반복하는 수많은 전투를 치르면서 닥치는 대로 사람을 죽이고 과부가 된 여자들과 고아들을 잡아갔다.[19] 하지만 곧 그리스 문화를 페르시아에 전파하는 일에 싫증이 나자, 이번에는 거꾸로 페르시아 문화를 그리스에 소개하고자 했다. 이 문제를 두고 토론하는 과정에서 친구 클리토스가 반대

---

19) 그는 포로들을 혹독하게 다루었다. 노예로 팔거나 고문해서 죽이고 강제로 그리스어를 배우게 했다.

하자 알렉산드로스는 그를 죽여 버렸는데, 사실 클리토스는 전쟁터에서 그의 목숨을 두 번이나 구해준 고마운 친구였다. 그는 꼬박 이틀 동안 울었다. 알렉산드로스는 술에 취한 상태가 아니고서는 가까운 친구들을 죽이진 않았지만, 언제나 일을 저질러 놓고 나서 나중에 엉엉 소리 내어 울었다.[20] 그는 늘 무언가를 생각하면서 슬퍼했다. 사실, 알렉산드로스는 세계를 정복하지 못했다. 이탈리아, 갈리아, 에스파냐 같은 나라에는 가보지도 못했다. 그러나 그런 일로 눈물을 흘린 것 같지는 않다.

인도에서는 알렉산드로스의 노쇠한 애마 부케팔로스가 과로로 죽었다.[21] 병사들은 하나같이 해외 원정이 의미 없는 일이라며 행군을 거부했다. 병사들 가운데 4분의 3이 게드로시아 사막[22]을 지나 고향으로 돌아오는 길에 굶어 죽었다. 천신만고 끝에 수사에 도착한 병사들은 군사훈련에 참가하지 않았다. 사태가 이 지경에 이르자 알렉산드로스와 헤파이스티온은 시간만 낭비하는 해외 원정을 중단하고 결혼이나 해야 할 때가 되었다고 느꼈다. 둘은 아이들이 태어나면 사촌 간이 되도록 두 자매와 결혼하기로 했다. 정말 낭만적인 발상 아닌가?

그들이 선택한 여인들은 다리우스 왕의 딸인 스타테이라와 드리페티스였다. 자매는 9년 전에 있었던 이수스 전투가 끝난 후 줄곧 빈

---

20) 알렉산드로스는 아리스토텔레스의 조카의 아들이며 역사학자인 칼리스테네스를 교수형에 처한 적이 있었다. 칼리스테네스가 페르시아식으로 바닥에 납작 엎드려 인사 올리기를 거부하자 알렉산드로스는 그의 입맞춤을 거절했고, 이 일로 두 사람의 관계는 걷잡을 수 없이 나빠진 상태였다.
21) 알렉산드로스는 언제나 부케팔로스를 좋아했다. 그는 애마가 죽은 도시의 이름을 '부케팔로스'라고 명명했다. 또 다른 도시는 그의 개 페리타스의 이름을 붙였다. 그리고 정복지 17개 도시에는 자기 이름을 붙였다.
22) Gedrosia: 현재 발로치스탄에 해당하는 영토의 고대 그리스식 이름. 기원전 325년, 알렉산더 대왕은 동방 원정 후에 이 지역을 통과하여 귀환했다.

둥빈둥하면서 놀기만 했다. 두 사람의 결혼 생활에 대해서는 알려진 바가 없다. 알렉산드로스의 전기를 쓴 작가들은 하나같이 그의 성격이 냉혹하지는 않았지만, 온정이 있는 사람은 아니었다고 적고 있다.[23] 그가 종종 불륜을 저지른 것으로 알려졌지만, 습관적으로 그러지는 않았다. 그는 작은 체구의 금발 남자를 좋아하는 사람에게는 매력적으로 보이는 사내였다.[24] 게다가 몸매도 꽤 좋았던 것으로 전해진다.[25] 헤파이스티온의 외모를 묘사한 기록을 본 적은 없지만, 키가 크고 거무스름한 피부에 잘생긴 남자였던 것으로 추측된다.

알렉산드로스는 수사에서 결혼식을 올린 이래 특별히 한 일이 없었다. 헤파이스티온은 몇 개월 후 과음과 고열로 죽었다. 알렉산드로스도 이듬해인 기원전 324년 같은 이유로 바빌론에서 사망했다. 33세도 채 되지 않은 나이였으며, 고향을 떠나온 지 11년 만이었다. 만일 그가 헤파이스티온을 치료하지 못했던 자신의 주치의를 십자가에 못 박지만 않았다면, 더 오래 살았을지도 모른다. 어쨌든, 짧은 인생이었지만 그는 파란만장한 세월을 보냈다.

알렉산드로스의 죽음으로 마케도니아는 혼란에 빠졌다. 박트리아 출신인 알렉산드로스의 아내 록사네는 스타테이라와 헤파이스티온

---

23) 라이트 교수는 다음과 같이 썼다. "위인들은 대부분 몸이 약했다. 하지만 그의 육체는 나약하지는 않았다." 무슨 뜻일까?
24) 아마존의 여왕 탈레스트리스와 알렉산드로스에 관한 이야기가 전해지지만, 믿을 만한 이야기는 아니다. 그리스 전설에 의하면 탈레스트리스는 알렉산드로스에게 아마존 여전사 300명을 보냈다고 한다. 건강하고 총명한 아이들을 얻기 위해서였다. 그리고 탈레스트리스도 알렉산드로스의 딸을 낳고자 13일간 그와 사랑을 나누었다고 한다.
25) 그의 몸에서 제비꽃 향기가 났다고 하지만, 내 생각에는 그렇지 않았을 것이다.

의 미망인을 죽여 우물에 처넣었고, 다리우스 왕의 어머니인 시시감비스는 이 사실을 전해 듣고 스스로 굶어 죽었다. 알렉산드로스의 어머니인 올림피아스는 알렉산드로스의 이복동생인 저능아 아리다이오스를 사형에 처하고, 아리다이오스의 아내도 목매달아 죽였다. 올림피아스는 이후에 왕위에 오른 카산드로스[Info4]에게 처형당하는 등 마케도니아에 피바람이 불면서 모든 것이 엉망진창이 되었다.

    알렉산드로스의 제국은 금세 산산조각이 났다. 대왕이 남긴 업적은 수많은 사람을 죽였다는 사실 외에 별다른 것이 없었다. 그는 건설적인 일은 아무것도 하지 않았다.[26] 알렉산드로스는 고르디우스의 매듭[27]을 풀지 않고 칼로 잘라버렸다. 어리석은 짓이었지만, 고르디우스의 매듭이라는 것 자체가 터무니없었다. 그가 남긴 업적이 있다면 유럽에 가지를 들여온 정도였다.

    이 애처로운 젊은이가 자신이 저지른 짓들을 어떻게 생각했는지는 알 길이 없다. 나는 그에게 뚜렷한 목적의식이 있었는지조차 의심스럽다. 그는 평소에 눈살을 찌푸리는 버릇이 있었다고 한다. 당연히 그래야 했을 것이다.

---

26) 라이트 교수는 알렉산드로스 전기에 "그는 세계 평화의 전도사"라고 적었다.
27) 알렉산드로스가 페르시아의 프리기아라는 나라에 도착했을 때의 일이다. 프리기아의 수도 고르디움에 복잡하고 단단하게 묶인 매듭이 있었는데, 그 매듭을 푸는 자가 아시아의 왕이 된다는 전설이 있었다고 한다. 많은 사람이 도전했지만 풀지 못했는데 그 이야기를 들은 알렉산드로스가 칼로 매듭을 잘랐다고 한다. '대담한 방도를 써야만 풀 수 있는 문제'라는 뜻의 속담으로 쓰이고 있다.

MORE INFO.

1. Philippos II 필리포스 2세 BC 382 - BC 336

알렉산드로스 대왕의 아버지. 마케도니아의 기초를 다졌다. 젊은 시절에 3년간 볼모가 되어 테베에서 지내는 동안 그리스 문화와 접했으며, 명장 에파미논다스의 영향을 받은 것으로 알려졌다. 귀국 뒤에 형 페르디카스 3세가 전몰하자, 조카 아민타스 4세의 섭정으로서 국내 통일과 부국강병에 힘썼다. 제2회 아테네 해상 동맹의 동맹시전쟁이 일어난 틈을 타서 암피폴리스를 빼앗아, 팡가이온 금산(金山)의 경영을 시작했다. 변경 방비를 위해 군사 식민지를 건설하고, 군제 개혁을 단행하여 강력한 군대를 만들었다. 군회(軍會)로부터 왕의 칭호를 받고, 제3차 신성전쟁의 기회를 포착하여 그리스에 개입함으로써 북부 그리스의 패권을 확립했다. 아테네와 '필로크라테스화약'을 맺었으나 카이로네이아에서 아테네와 테베의 연합군을 분쇄하여 그리스의 정치적 독립을 종식시켰다. 이듬해 코린트동맹을 결성시켜 이를 자기의 지휘하에 두었으나 페르시아에 원정하려다가 마케도니아 왕가의 내분에 얽혀 암살되었다.

2. Olympias 올림피아스 BC 375 - BC 316

마케도니아 왕 필리포스 2세의 아내이며 알렉산드로스 대왕의 어머니. 이피로스 왕 네오프톨레모스의 딸인 그녀의 본명은 미르탈레였으나 후에 남편 필리포스가 올림픽 경기에서 승리한 것을 기념해서 '올림피아스'라고 불리게 되었다. 남편과 아들이 죽은 뒤에 벌어진 권력투쟁에서 중요한 역할을 했다. 필리포스가 여러 아내를 거느리는 것이 올림피아스의 지위를 위협하게 된 것은 그가 마케도니아 명문 가문 출신인 클레오파트라와 결혼하면서부터였다. 올림피아스는 이피로스로 물러나 있다가 필리포스가 암살된 뒤 돌아와 클레오파트라와 그녀의 젖먹이 딸을 죽이라고 명령했다. 알렉산드로스 대왕이 아시아로 원정을 간 처음 몇 년 동안 마케도니아 섭정 안티파트로스와 거듭 싸웠고, 마침내 다시 이피로스로 물러났다. 안티파트로스가 죽자, 그를 계승한 폴리페르콘은 올림피아스에게 그녀의 어린 손자 알렉산드로스 4세의 섭정이 되어달라고 청했지만 거절당했다. 그러나 안티파트로스의 아들 카산드로스가 필리포스 2세의 아들인 정신박약자 필리포스 3세(아리다이오스)를 마케도니아의 왕으로 세우자 폴리페르콘의 청을 받아들였다. 마케도니아 병사들은 그녀가 돌아오는 것을 도왔으며, 올림피아스는 카산드로스의 형제 니카토르, 필리포스 3세와 그의 아내도 처형했다. 이에 대한 보복으로 카산드로스는 마케도니아로 진격해 피드나를 봉쇄하고 그녀의 항복을 받아냈다. 그녀는 자기가 처형했던 사람들의 친척들에게 살해당했다.

3. Darius I 다리우스 1세 BC 550 ~ BC 486

페르시아명 다리야바우시. 흔히 다리우스 대왕이라고 한다. 제사(祭司) 가우마타는 선왕인 캄비세스 2세가 동생 바르디아를 죽인 사실을 알고는 바르디아를 사칭하며 반란을 일으켰다. 당시 선왕은 이집트로 원정을 갔다가 귀국하는 길에 죽었으므로 그와 동행했던 다리우스가 돌아와 가우마타를 살해하고 왕위에 올랐다. 그는 인도의 펀자브 지방을 정벌하고, 소아시아의 그리스 식민지도 평정했으며, 북방을 침범한 스키타이인들도 몰아냈다. 또한, 그리스에 원정했다가 패배했다. 행정 조직가로서 후세에 명성을 남긴 그는 광대한 영토를 행정구인 사트라피로 구분하고 총독에는 왕이 임명하는 사트라프를 두어, 지방의 군사와 내정을 관장하게 하여 일정한 공물과 세금을 거둬들였다. 또한, 중앙집권화의 수단으로서 교통로를 건설하여 군의 이동과 통상에 도움이 되게 했다. 그리고 파르수아의 페르세폴리스와 엘람의 수사를 여름과 겨울의 수도로 삼았다.

4. Kassandros 카산드로스 BC 358 ~ BC 297

알렉산드로스 대왕의 원정 중에 마케도니아 왕국의 섭정이었던 안티파트로스의 장남이었고 알렉산드로스 사후 후계를 다투었던 디아도코이(diadochoi)의 한 사람이다. 안티파트로스는 죽음이 가까워지자 섭정의 자리를 폴리페르콘에게 물려주었다. 이에 반감을 품은 그는 프톨레마이오스, 리시마코스, 안티고노스 등과 연맹하여 폴리페르콘에게 선전포고했다. 마케도니아의 왕 필리포스의 아내 에우리디케도 그와 동맹했다. 그러자, 올림피아스는 에우리디케와 필리포스 3세, 그리고 그의 형제 니카노르를 처형했다. 그는 즉시 진군하여 피드나에서 올림피아스의 항복을 받아냈으며 그녀를 처형하게 했다. 그는 또한 알렉산드로스 대왕의 부인 록사나와 대왕의 아들이자 유명무실해진 마케도니아의 왕 알렉산드로스 4세를 독살했으며 알렉산드로스 대왕의 사생아 헤라클레스 역시 폴리페르콘에게 뇌물을 주어 독살하게 했다. 그는 알렉산드로스 대왕의 이복 누이 테살로니카와 결혼하여 왕족이 되었으며 제국을 재통일하려는 안티고노스와 디미트리오스 부자를 입소스 전투에서 물리치고 마케도니아의 왕을 자처했다. 기원전 297년 그가 수종으로 사망하고 나서 왕위를 계승한 그의 장남 필리포스는 병에 걸려 죽었고, 다음 왕자 안티파트로스는 막내 알렉산드로스를 총애하는 어머니 테살로니카를 살해했다. 알렉산드로스는 안티파트로스를 죽여 보복했지만, 안티고노스의 왕자 드미트리오스 1세에게 암살당하여 카산드로스의 가문은 멸족되었다. 어린 시절 아리스토텔레스의 리케이온에서 수학한 카산드로스는 학문을 아는 왕이었지만 폭력적이고 야망에 차 있었다. 그는 평생 증오한 알렉산드로스 대왕에 대한 저항의 뜻으로 대왕이 파괴한 도시 테베를 복구했으며 시민의 마음을 사로잡고자 테르마를 왕비의 이름을 따서 테살로니카로 개명하고, 포티다에아의 폐허 위에 자신의 이름을 딴 신도시 카산트레이아를 건설했다.

Attila 아틸라 395~453

5세기 전반의 민족 대이동기에 지금의 루마니아인 트란실바니아를 본거지로 하여 주변의 게르만 부족과 동고트족을 굴복시켜 동쪽은 카스피 해에서 서쪽은 라인 강에 이르는 지역을 지배하는 대제국을 건설했다. 동로마를 위협하여 조공을 바치게 했으며 갈리아에 침입하여 오를레앙을 공격했다. 이에 대해 서로마는 서고트 및 프랑크와 동맹군을 편성하여 맞서려고 했으므로 아틸라는 철군하여 돌아오는 도중 마우리아쿠스의 벌판에서 연합 동맹군에게 패하여 서유럽의 정복을 단념하고 본국으로 돌아갔다. 이듬해 북이탈리아에 침입, 로마에 육박했으나, 로마교황 레오 1세의 설득을 받아들여 철군했다. 그 후 본국으로 돌아와 재차 동로마 침입을 기도하다가 급사(急死)하여 대제국도 붕괴했다.

아틸라

훈족의 왕 아틸라의 출현은 유럽인들에게 끔찍한 재앙이었다. 하지만 역사에 재앙이 어디 이것 하나뿐이겠는가. 당시 유럽인들이 고통을 겪었다는 이유로 아틸라를 비난해서는 안 된다. 고통은 유럽인들이 자초했다는 사실을 빨리 깨달을수록 좋을 것이다.[1] 아틸라는 로마제국을 멸망시켰다는 이유로 비난받기도 하지만, 로마제국이 무너질 당시 그는 로마 근처에 있지도 않았다. 나는 로마가 왜 몰락했는지, 그 정확한 이유를 모른다. 어쩌면 로마는 그저 어쩔 수 없이 멸망했을 것이다.[2]

---

1) '아틸라(Attila)'라는 이름은 '바닐라(vanilla)'라는 단어와는 운(韻)이 맞지 않는다. Attila[átilə]는 첫음절에 강세가 있고, vanilla[vənílə]는 두 번째 음절에 강세가 있다. 나는 학교 다닐 때 두 단어의 운이 같다고 배웠다. Attila는 첫음절에 강세가 있다는 사실을 아이들이 배울 수 있다면 아틸라 왕에 대한 편견이 차차 사라질지도 모른다.
2) 에드워드 기번(Edward Gibbon, 1737-1794, 영국의 역사가. 『로마제국 쇠망사』의 저자)은 이 문제를 아주 장황하게 설명했다.

훈족은 서기 4세기에 작고 지저분한 조랑말들을 타고 유럽으로 몰려와 온갖 나쁜 짓을 저지른 아시아계 유목인이었다.[3] 훈족은 중국 진시황 시절에 몽골을 지배했던 야만족인 흉노와 같은 유목민으로 생각되어 왔지만 내 생각은 다르다.[4] 훈족은 목초지와 약탈물을 찾아 말을 타고 여기저기를 떠돌았다. 그리고 한번 말을 달리기 시작하면 멈출 줄 몰랐다.

훈족은 흉악하게 생긴 야만인들이었다. 그들은 판자와 끈을 이용해 코를 일부러 납작하게 만들었고, 적에게 위협적으로 보이고자 어릴 때부터 칼로 얼굴에 상처를 내서 수염이 잘 자라지 않았기에 면도할 필요가 없었다. 그렇게 면도할 시간을 절약하려고 코를 납작하게 만들었을 것이다. 그들도 남자와 여자가 서로 사랑에 빠지고 결혼했을 것이다. 그들은 대체 서로 어디가 좋았는지 궁금하게 여긴 사람이 한둘이 아니었다.

그들은 육류와 암말의 젖을 먹었고, 들쥐 가죽으로 옷을 만들어 입었다. 그들은 다른 부족보다 키가 작았고, 들쥐들은 요즘 들쥐보다 몸집이 더 컸다.[5] 당신들은 대체 정체가 뭐냐고 물으면 그들은 말 울음소리 비슷한 소리로 대꾸했다. 그들은 자신이 훈족이라고, 아니 어쩌면 흉노족이라고 말했을 것이다. 로마인들이 보기에 훈족은 인간이라

---

[3] 로마의 역사가로 『로마제국사』를 썼던 마르켈리누스는 훈족을 이렇게 묘사했다. "그들은 두 발 달린 짐승이다. 키는 작고 수염이 없으며 마치 말에 붙어 있는 것처럼 보였다. 그들은 말 등에 앉아 말 목에 엎드린 채 잠을 자기도 했다." 그들에게 말이 살아 있는 동물로 보이기는 했을까?
[4] 훈족은 두 부류가 있다. 하나는 편족, 페름족, 우그르족 등으로 알려졌는데 우리가 아는 훈족은 다른 부족이다.
[5] 훈족 사람들은 말 위에 앉아 있으면 훨씬 위압적으로 보였다. 누구든 말을 타고 있으면 그렇게 보인다.

고 할 수 없었다. 그런 말은 일부 사실일 수도 있을 것이다. 어느 인간 집단이 다른 인간 집단을 '인간'이라고 부를 수 없었던 시절이 있었던 것은 사실이다.[6] 물론, 훈족이 인간이 아니라고 생각했던 로마인들의 생각에 내가 동조하는 것은 아니다.

훈족은 처음 유럽에 와서 알란족과 헤룰족을 정복하고 나서 동고트족과 서고트족, 그리고 태평스럽게 살고 있던 튜턴족을 괴롭혔다. 그들은 동고트족을 공격해서 다뉴브 강 건너편으로 밀어내더니, 얼마 후 다시 공격해서 아예 쑥대밭으로 만들어 버렸다. 동고트족과 서고트족은 서로 외모가 아주 비슷해서 동고트족을 서고트족으로 착각했을지도 모른다. 여러분도 앵글족, 색슨족, 주트족, 그리고 리투아니아족, 아스딩족, 실링족, 게피다이족을 쉽사리 구분하실 수 없을 것이다. 세상에 완벽한 사람은 없다.

아틸라는 훈족의 추남왕 문드주크의 아들로, 서기 395년경 발칸반도의 어디선가 태어났다.[7] 아틸라의 어릴 때 모습은 너무 섬뜩해서 그의 어머니도 어찌할 바를 몰랐다고 한다. 아틸라의 어머니는 아이가 자라면 좀 나아지겠거니 했지만, 그녀가 코를 뭉개면 뭉갤수록 아들의 모습은 더욱 끔찍해져만 갔다. 여섯 살 무렵에 아틸라는 훈족 전체에서 가장 인상이 험악한 아이가 되었다. 여러분도 짐작하셨겠지만,

---

6) 그들의 언어는 라틴어만큼 과학과 예술을 발달시키는 데 적합하지는 않았던 것 같다. 과학과 예술에 알맞든, 말 울음소리에 가깝든, 어느 한 가지에 어울려야 한다. 두 가지를 모두 충족할 수는 없다.
7) 일설에 의하면 그는 달리는 마차 안에서 태어났다고 한다. 따라서 그가 항상 말을 타고 다닌 것은 당연한 일일 것이다.

밖에 나가 놀 수 없을 정도였다고 한다.

문드주크 왕 다음으로 왕위를 물려받은 루길라 왕이 죽자 아틸라는 형인 블레다와 함께 서기 434년 훈족의 공동 지배자가 되었다. 얼마 후 아틸라는 루기족과 동고트족, 그리고 욕심을 내던 게피다이족을 차지했다.[8] 그의 훈족 제국은 계속 뻗어 나가 거의 20년 가까이 순조롭게 영토를 확장했다. 바야흐로 훈족의 시대였다. 다른 부족들은 아틸라 왕이 노려보기만 해도 만사를 팽개치고 줄행랑을 쳤다. 게다가 그는 평소에도 눈알을 심하게 굴리는 버릇이 있었는데, 그 모습을 본 사람들은 기겁을 하고 도망쳤다. 그렇게 해서 아틸라는 무엇이든 원하는 것을 손에 넣었다.

아틸라 왕의 주 수입원 가운데 하나는 동로마 제국 황제인 테오도시우스 2세[info1]가 바치는 조공이었다.[9] 천성이 나약한 테오도시우스 황제는 훈족에 관해 들은 바가 있었기에 훈족이 동로마 제국의 수도인 콘스탄티노플에서 멀리 떨어져 있겠다는 조건으로 훈족에게 황금을 바쳤다. 그는 아틸라 왕의 얼굴을 처음 본 순간 경악을 금치 못했고 즉시 연간 상납 금액을 두 배로 올려 주었다. 그래서 조공으로 보내는 황금의 양은 300킬로그램에 육박했다. 몇 년 후 아틸라 왕이 테오도시우스 황제 앞에 나타나자, 황제는 그가 다시는 나타나지 않는다는 조건으로 액수를 세 배로 올렸고, 보너스로 2,700킬로그램의 황금을 주

---

8) 그의 형 블레다의 행적에 관해서는 궁금해할 필요 없다. 그는 오래 살지 못했다.
9) 테오도시우스 2세는 글씨를 아주 잘 써서 명필로 알려졌다. 그런 사람들은 대체로 새도 잘 그린다.

겠다고 약속했다. 그러나 후임 황제는 테오도시우스 2세의 약속을 이행하지 않았다.

아틸라 왕은 서로마 제국 황제 발렌티니아누스 3세[info2]의 누이인 호노리아에게서 편지를 받은 것으로 보인다. 편지에서 호노리아는 아틸라에게 이탈리아로 와서 어려운 처지에 놓인 자신을 구해 달라고 했다. 그녀는 집사 에우제니우스와 친척들에게 붙잡혀 있었다. 가족들은 그녀가 더는 천방지축으로 까불대지 못하도록 성품은 좋지만, 수족이 마비된 늙은 원로원 의원 플라비우스 바수스 헤르쿠라누스에게 시집을 보내기로 했다.[10]

호노리아는 비록 천성적으로 말괄량이기는 하지만, 순박한 여자였다. 그녀는 테오도시우스 2세의 신앙심 깊은 누이와 몇몇 여자와 함께 마지못해 콘스탄티노플에 다녀오고 나서 생긴 히스테리 증세로 고생하고 있었다. 동로마 황제의 누이를 비롯해 같이 갔던 사람들은 기도와 금식, 밤샘 기도에 몰두했으며 영원히 순결을 지키기로 맹세한 여자들이었다.[11] 호노리아는 플라비우스와 결혼하면 자신도 평생 동로마 황제의 누이 같은 신세가 되리라고 생각했고, 그런 생각을 견딜 수 없었다.[12]

아틸라는 이미 아내를 300명이나 두었지만, 어떻게 해서든 호노리

---

10) 그녀는 분명히 제정신이 아니었을 것이다.
11) 테오도시우스 2세가 죽고 나서 그의 누이이자 동정녀들의 우두머리였던 풀처리아는 환관 우두머리인 크리사피우스를 처형했다. 어떤 면에서 보면 그녀도 꽤 성깔 있는 여자였다.
12) 발렌티니아누스 3세는 호노리아의 메시지를 아틸라에게 전달한 환관 히아시니투스를 처형했다. 환관들에게 인생은 장미꽃 활짝 핀 꽃밭이 아니었다.

아의 가족들을 협박해서 돈을 뜯어내고, 서로마 제국을 쓸어버리겠다고 다짐했다. 동로마 제국에서 더는 나올 것이 없다고 판단했기 때문이었다. 그는 호노리아가 편지에 동봉한 반지를 청혼의 의미로 받아들여 그녀를 자신의 신부로 선언하고 결혼 지참금으로 발렌티니아누스 3세가 지배하는 영토의 절반을 요구했다. 물론, 예상대로 그들은 아틸라의 요구를 거절했다.

서기 451년, 아틸라는 루기족, 스키리족, 동고트족 군대와 함께 갈리아 지방으로 쳐들어갔다. 그가 가는 곳마다 약탈, 강간, 방화가 자행되었다.[13] 그러나 아틸라는 샬롱쉬르마른에서 로마의 아이티우스 장

---

[13] 이 전쟁에 참여한 사람 중에 게피다이족의 왕 아르다리크가 있었다. 게피다이족은 훈족의 동맹국이 되었고, 왕은 아틸라의 참모가 되었다.

군과 동고트족의 테오도리쿠스 대왕info3에게 패배했다.[14] 이듬해 아틸라 왕은 다시 돌아왔지만, 여전히 그가 호노리아의 약혼자임을 떠벌릴 뿐, 학대당하는 호노리아의 처지에는 관심조차 없었다. 결국, 서로마 황제 발렌티니아누스 3세는 교황 레오 1세에게 중재를 요청하기에 이르렀다. 교황 레오 1세는 로마 시외로 나가 아틸라 왕과 회담을 열었는데, 회담이 끝나자마자 아틸라는 곧장 드라큘라가 사는 나라에 있는 궁정으로 돌아갔다.[15] 나름대로 자신의 인생을 살아보고자 했던 호노리아의 노력은 물거품이 되고 말았다.[16] 그녀는 평생 감금된 채 살아야 했다.

교황 레오 1세가 아틸라 왕에게 무슨 말을 했기에 그처럼 황급히 떠났는지는 알려지지 않았다. 내 생각으로는 아마 발렌티니아누스 3세가 아틸라에게 호노리아의 지참금으로 생각할 수 있는 엄청난 양의 황금을 준 듯싶다. 물론 추측일 뿐이지만, 역사학자 에드워드 기번도 나와 같은 생각을 했다.[17]

아틸라는 나이 예순이 되자,[18] 노망이 들었는지 다시 한 번 결혼하기로 했다. 이미 300번이나 결혼했지만, 제대로 인정받은 결혼은 한

---

14) '샬롱쉬르마른(Châlons-sur-Marne) 전투'라고 부르고는 있지만, 사실은 트루아(Troyes)에서 벌어진 전투였다.
15) 아틸라 왕이 살았던 궁정의 위치는 오늘날까지도 정확히 밝혀지지 않았으나, 일설에 의하면 헝가리·루마니아·세르비아 3국의 국경선이 교차하는 지점에 있었다고 한다.
16) 에드워드 기번은 호노리아의 접근 방법이 꼴사나웠다고 비난했다. 지금 생각해 봐도 정말 한심한 방법이다.
17) 환관 헤르아클리토스의 충동질에 자극받은 발렌티니아누스 3세는 훈족으로부터 나라를 구한 아이티우스 장군을 살해했다. 그 후 발렌티니아누스 3세는 페트로니우스 막시무스의 아내를 유혹한 사건 때문에 살해당했다. 환관 헤르아클리토스는 풍기 문란 혐의로 감옥에 갔다. 로마가 멸망한 이유를 이런 일들에서 찾을 수 있을 것이다.
18) 불행히도 그는 품위 있게 늙지 못했다.

번도 하지 못했다. 이번에는 훈족의 만행으로 부모를 잃은 아름다운 금발의 갈리아 지방 처녀 일디코(힐다)와 결혼했다. 결혼식 다음 날 아틸라 왕은 침대에서 죽은 채로 발견되었다. 일디코는 침대에 앉아 시신을 바라보면서 알아들을 수 없는 말을 지껄였다. 남편을 죽였느냐고 아틸라의 부하들이 다그쳐 물어도 그녀는 이상한 말만 중얼거릴 뿐이었다. 결국, 여자에게서 아무런 이야기도 듣지 못했고, 오늘날까지도 그날 밤 무슨 일이 벌어졌는지는 아무도 모른다. 그는 어쩌면 뇌졸중으로 죽었을 수도 있다.[19]

아틸라의 부하들은 그의 시신을 금으로 만든 관 속에 안치한 뒤, 그 관을 다시 은으로 만든 관에 넣고, 은 관을 다시 철로 만든 관 속에 넣었다. 장례식에서는 아주 멋진 추모사가 낭송 되었다. 그 후 훈족은 왕이 총애했던 여섯 명의 아들, 즉 엘라크, 덴기지크, 엠네드자르, 우진다르, 자이젠, 그리고 에르나크에 의해 분할되었다. 그러나 아틸라에 견줄 만한 후계자를 내지 못한 제국은 쇠락하면서 결국 이고르족에 의해 무너져버렸다.[20]

정복자 아틸라 왕이 천하를 호령한 기간은 아주 짧았다. 그의 외모는 호감을 주지 못했고, 세상사를 풀어가는 방식도 극도로 잔인했다.[21] 그는 들쥐 같은 자신의 모습을 굳이 숨기려 하지 않았다. 역사에 남을 위대한 인물이라고는 생각하기 어려운 용모였다. 그는 남들이

---

19) 아틸라 왕이 몹시 흥분한 나머지 사망했다고 말하는 사람도 있다. 예전에도 그런 일이 있었다는 것이다.
20) 아틸라가 죽자 게피다이족은 태도를 바꾸어 훈족을 공격했다. 그들은 서기 567년 롬바르드족에게 궤멸당했고, 이후에 아바르족에 흡수되었다.
21) 그는 조랑말을 타고 초원을 달리는 못생기고 키 작은 남자에 불과했다.

자신을 '신이 내린 징벌'이라고 부르는 것을 좋아했다. 하지만 내가 보기에 그는 그저 짜부라진 납작코를 가진 사람일 뿐이었다. 그는 자신이 말을 타고 지나간 자리에는 풀 한 포기 자라지 않았다고 큰소리쳤다. 그리고 실제로 그렇게 되었다. 하지만 아틸라 왕의 발자취를 돌아보자. 그는 우리에게 세상에 영원한 것은 없다는 교훈을 전해준다.

MORE INFO.

1. Theodosius II 테오도시우스 2세 401~450

비잔틴제국의 황제 아르카디우스의 아들. 어려서 즉위하여 근위 도독과 그의 누나가 정치를 후견했다. 나중에 에우독시아가 황제에 대해 지배력을 확보했으나 실권은 곧 시종장에게 넘어갔다. 그는 글과 그림을 좋아했고, 치세(治世)는 페르시아와 두 번 싸운 외에 한두 번의 반란의 제압, 반달족 지역에 원정한 적이 있었을 뿐 대체로 평온했다. 그러나 발칸지방은 동고트의 위협을 받았고, 아티라와 훈족의 침입을 받기도 했다. 438년 발포된 테오도시우스 법전은 콘스탄티누스 1세 이후의 실용성 있는 칙법을 편찬한 것으로, 16권으로 이루어졌다. 이는 비잔틴 제국의 서부 지방에서 오래도록 실용되었다.

2. Valentinian III 발렌티니아누스 3세 419~455

서로마제국의 황제 콘스탄티우스 3세와 호노리우스의 이복누이인 갈라 플라키디아의 아들이다. 카이사르(부황제)로 임명되었다가 불과 여섯 살 나이로 황제가 되었다. 어머니가 죽을 때까지 섭정했다. 437년 동로마제국(비잔제국)의 황제 테오도시우스 2세와 유도키아의 딸 리키니아 유독시아와 결혼했다. 플라키디아가 섭정하는 동안 군대의 실권은 아이티우스와 보니파티우스 두 사람이 상악하고 있었다. 이들은 권력 다툼을 벌였으며, 이들의 불화는 발렌티니아누스 3세와 로마제국에 큰 손실을 가져왔다. 특히 반달족이 아프리카 북부를 장악했다. 444년에는 개정 칙령 17조를 발표하여 로마 속주에서 로마 주교의 권위와 우월권을 인정했다. 이는 교황 레오 1세와 연합하는 것을 의미했다. 446년에는 브리튼을 빼앗겼고, 에스파냐와 갈리아 지방도 주변국에 넘어갔다. 451년에는 훈족의 왕 아틸라가 갈리아를 침략했다. 훈족은 이듬해에 북부 이탈리아까지 쳐들어왔으며 아틸라가 사망하자 퇴각했다. 세력이 지나치게 커진 아이티우스가 정적들에게 목숨을 잃자 원로원에서 내분이 일어났고, 발렌티니아누스 3세도 살해되었다. 발렌티니아누스 3세는 재위 기간에 뛰어난 업적을 세웠지만 성격이 급하고 잔인하다는 평가를 받았다.

3. Theodoricus the Great 테오도리쿠스 대왕 BC 454-BC 526

454년, 동고트족이 훈족에게 점령된 지 1년째 되던 해에 튜다미르 왕의 아들로 태어났다. 그는 튜다미르와 비잔티움 제국 사이의 협정의 결과로 콘스탄티노폴리스에서 볼모로 어린 시절을 보내면서 비잔티움 제국의 정치와 군사에 대해 많은 것을 배웠다. 이십 대 초반을 동고트족과 보냈으며 488년 왕이 되었다. 이 무렵 동고트족은 비잔티움 제국 내에 거주하고 있었으나 점점 통제하기 힘들어지고 있었다. 왕이 된 이후 그는 황제 제논과 협정을 맺어 로마를 점령한 오도아케르를 몰아내기 위해 군대를 끌고 이탈리아에서 승리를 거두었다. 그는 또한 라벤나를 점령하고 오도아케르를 살해했다. 그는 콘스탄티노폴리스에 있는 황제의 총독이었으나 실질적으로 그와 비잔티움 황제의 교섭은 동등한 상황에서 진행되었고, 비잔티움 황제의 간섭은 크지 않았다. 그는 고트족을 전통적인 법률과 관습으로 다스렸다. 그는 프랑크족의 왕 클로비스 1세의 여동생 아우도플레다를 왕비로 맞아들여 결혼 동맹을 맺었으며, 서고트족, 반달족, 부르군트족 왕들과도 동맹을 맺었다. 그러나 클로비스 1세는 그와 두 차례에 걸쳐 전쟁을 벌였다. 제위 기간에 그는 형식적으로 동고트족과 서고트족의 왕이었으며 어린 서고트족 왕의 섭정이 되었다. 그는 프랑크족에게 서고트 영토인 아퀴타니아를 빼앗겼으나 그 외에는 대부분의 외침을 격퇴했고, 반달족 왕 트라사문트를 격퇴해 약탈을 막았다. 그는 아리우스파 신자였기에 재위 말 비잔티움 황제 유스티니아누스 1세와 마찰을 빚었다. 양국의 관계가 나빠지기 시작했으나 그가 살아 있는 동안 충돌은 없었다.

Charlemagne 샤를마뉴 742-814

부왕 피핀이 죽은 뒤 동생 카를만과 왕국을 공동 통치했으나 동생 역시 죽어 단일 통치자가 되었다. 772년부터 804년까지 몇 차례의 원정을 통해 서유럽의 정치적 통일을 달성했다. 그는 자신이 정복한 광대한 영토를 지배하기 위해 각 부족이 시행하던 부족법전을 성문화하여 각 부족의 독립성을 인정했고, 중앙에서 관리를 파견하여 중앙집권적 지배를 가능하게 했다. 지방 봉건제도를 적극 활용하여 중세 여러 봉건국가가 발전할 수 있게 했다. 또한, 로마교황과 결탁하여 그리스도교의 수호자 역할을 하여 서유럽의 종교적인 통일을 이룩했다. 800년에 교황 레오 3세로부터 황제로서 대관되었는데, 이 사건은 서유럽이 동로마제국(비잔틴제국)의 영향에서 명실공히 완전히 독립한 '서로마제국의 부활'을 의미했다. 그는 카롤링거 르네상스를 이룩하여 유럽의 역사적 발전의 기초가 되었다.

샤를마뉴 대제

    샤를마뉴(카를루스)는 우리가 '암흑시대'라고 부르는 중세에 살았던 인물이다. 당시는 오늘날과 달리 사람들이 그다지 약삭빠르지 못하던 시대였다.
    집에서 '샤를'이라고 불렸던 샤를마뉴는 서기 742년, 아버지 단신 왕 피핀[info1]과 왕발 베르타(Berthe) 사이에서 태어났다. 그의 어머니 베르타는 눈에 띄게 키가 큰 여자였다. 샤를마뉴의 유아기나 소년 시절에 대해서는 남아 있는 기록이 없어 잘 알 수 없지만, 어머니 베르타는 가정교육을 엄하게 했던 것으로 보인다. 아들이 잘못을 저지르면 심하게 꾸짖었고, 샤를은 그런 엄한 어머니를 참고 견디면서 성장했던 것 같다.
    그의 아버지 피핀은 골 빈 왕 힐데리히 3세(Childeric III)의 궁재(宮宰)였다. 힐데리히 국왕은 프랑크족 왕들이 모두 그랬듯이 온종일 아무 일도 하지 않고 애첩들이나 데리고 술로 세월을 보내며 놀고먹었다. 프랑크 국왕들은 이따금 기분 전환을 위해 자리에서 벌떡 일어나 온갖 희한한 방법으로 잔인한 짓을 했다고 한다. 예를 들어 야생마의 꼬리에 첩들을 묶어 놓고는 "이랴!"라고 소리쳤다. 그들은 재미를 위해서라면 무슨 짓이든 가리지 않았다.[1)]

국왕의 이런 짓거리에 넌덜머리가 난 피핀은 힐데리히 3세[info2]를 몰아내고 스스로 프랑크의 왕이 되었다.[2)] 서기 752년의 일이었다. 단신왕 피핀은 768년 두 아들 샤를과 카를로만에게 공동으로 왕위를 넘겨주고 세상을 떠났다. 얼마 후 동생인 카를로만이 갑작스럽게 죽었는데 그는 평생 한 번도 아파 본 적이 없었다.

당시 샤를의 나이 29세였고, 그 시대에 가장 훌륭한 인물이라고 선전되었다. 그 명성은 오늘날까지도 계속되고 있고, 분명히 앞으로도 그럴 것이다. 영원히. 그는 군인, 정치가, 도덕가, 개혁가 등으로서 대단한 업적을 이룬 인물이어서 동생 카를로만의 죽음에 뭔가 석연치 않은 구석이 있다는 것은 짐작하기조차 끔찍할 것이다. 카를로만의 어린 두 아들도 그들의 어머니가 문제를 일으키자 안타까운 운명을 맞이했는데, 이 사건 역시 의혹을 떨쳐버릴 수 없다. 그 집안 내력인 듯하다.[3)]

---

1) 그들은 메로빙거왕조의 마지막 왕들로 그 명칭은 선조인 메로비스에서 유래한다.
2) 나중에 '카롤링거왕조'라고 부르게 된 이 가문은 메로빙거왕조의 궁재 자리를 세습하여 프랑크왕국에 대한 지배권을 장악해 왔다. 단신왕 피핀은 궁재 순서대로 보면 피핀 3세라고 할 수 있다. 그의 큰형이 피핀 1세, 작은형이 피핀 2세였다.
3) 내가 말하고 싶은 것은 뭔가 불편한 느낌이 든다는 사실이다. 이것은 역사가 에드워드 기번도 마찬가지였다.

그렇게 해서 샤를마뉴는 단독으로 주로 소시지와 맥주를 먹고 사는 가장 크고 강력한 게르만족인 프랑크족 왕국의 국왕 자리에 올랐다.[4] 프랑크 왕국 사람들은 처음에는 모두 독일인이었지만, 그중 일부가 개구리와 달팽이의 맛을 알게 되면서부터 차츰 프랑스인이 되었다. 프랑스인이 아직 존재하지 않던 시절이었으므로 당시에는 일반적으로 알려진 사실이 아니었다. 역사학자는 대부분 샤를마뉴가 독일인도 프랑스인도 아닌 '프랑크인'이라고 주장하고 있으나, 그는 프랑스인이 된 독일인이었다.

샤를마뉴의 강점은 도덕성이었다. 지나치게 도덕적이었기에 그가 바보짓을 했다고 생각하는 사람도 있다. 그런 사람은 무슨 일을 하든 좋은 결과를 보지 못한다. 그는 전쟁을 통해 다른 부족들, 특히 야만족인 작센족을 기독교로 개종시키려고 했다. 작센족 사람들은 보단 신[5]을 기리는 성소인 '이르민술', 줄여서 '이르민'이라고 부르는 속이 빈 나무 안에 엄청난 보물을 숨겨 놓고 있었다. 그래서 그는 작센족을 정복하여 모든 작센인에게 세례를 주고, 이르민술을 베어내게 했다. 그러자 그 안에 있던 보물이 샤를마뉴 앞에 쏟아져 나왔다. 그는 놀라움을 금치 못했다! 흠, 그런 곳에 보물을 숨겨 놓다니! 작센족이 자초한 일이었다.

이어서 샤를마뉴는 아바르족[6]을 정복하고 교화했다. 그들은 난공

---

4) 게르만 민족이 어디에서 왔는지는 여전히 논란거리이다. 어찌 됐건 그들은 들어왔다.
5) Woden: 게르만 신화의 주신(主神)으로 북유럽 신화의 오딘(Odin)에 해당한다.
6) 5~9세기에 중앙아시아·동유럽·중유럽에 살았던 몽골계 유목 민족.

불락의 요새에 엄청난 양의 황금을 쌓아놓고 있었다.[7] 샤를마뉴는 소르브족과 벨레티족도 노렸으나, 그들은 살림이 거덜 난 상태로 희망이 없어 보였다.[8] 샤를마뉴가 야만족들을 교화하러 갈 때마다 그들은 잔돈 한 푼도 남기지 않고 모두 숨겨 놓고 늪지대나 숲 속으로 도망쳐 숨어버리곤 했다. 샤를마뉴는 철저한 원칙주의자였다. 그런 까닭에 그는 최초로 근대적인 사고방식을 가졌던 사람으로 불리고 있다.

서기 800년 크리스마스 날, 교황 레오 3세는 위대한 업적을 이룬 샤를마뉴에게 로마 황제의 왕관을 씌워 주었다. 이로써 샤를마뉴는 적어도 문서 상으로는 카이사르의 후계자가 되었다. 다시 말해 정치적으로 가장 높은 위치에 올라서게 된 것이다. 그는 한순간도 명예를 추구한 적이 없다면서 너무도 놀라운 일이라고 말했다. 그는 왕관을 쳐다보지도 않았으며 왕관이 머리에 씌워지는 순간까지도 아무런 느낌이 없었다고 고백했다. 그러나 그는 뭔가가 자기 이마를 간질이는 느낌을 분명히 받았을 것이다. 만일 그것이 황제의 관이 아니었다면 욕을 퍼부었을 것이다. 그가 화려한 황제 대관식을 올리도록, 게다가 아주 사소한 세부 사항까지 사전에 철저히 준비시켰다고 한들, 그를 철면피[9] 늙은 거짓말쟁이라고 비난하는 사람이 있을까? 내 생각에 그렇게 비난하는 사람이 있다면, 그의 입에서 나오는 말은 모두 진실이다.

새 왕관을 쓴 황제는 멋져 보였다. 바그다드의 칼리프 하룬 알-라

---

7) 아바르족은 게피다이족을 정복하고 제국을 세웠다.
8) 벨레티족이 진짜 벨레타비아 사람들이었음을 기억해 두는 것이 좋다.
9) 우리가 모두 알다시피, 샤를마뉴는 턱에 희고 긴 수염이 나 있었다.

쉬드info3는 그에게 아불-압바스라는 이름의 코끼리를 선물로 보냈다. 그는 『천일야화』에서 셰라자드를 죽음으로 위협하여 매일 밤 새로운 이야기를 듣는 바로 그 칼리프다. 그런 인물이라면 누군가에게 코끼리를 선물할 법도 하다. 그리고 성공해서 높은 자리에 오르면 그런 처치 곤란한 선물도 들어오는 법이다. 그러나 당시에는 왕이 된 사람에게 존경심의 표시로 코끼리를 보내는 것이 관례였다.[10]

샤를마뉴는 법률을 제정하는 일에도 지칠 줄 모르는 열성을 보였다. 그는 매년 두 차례 귀족들을 불러 모아 회의를 주재했는데 가을 회의 때에는 많은 법률을 제정하고, 이듬해 봄 회의에서는 그 법률을 폐기하는 일이 반복되었다. 그는 또한 생각해낼 수 있는 모든 문제에 관한 칙령이나 포고령을 잇달아 공포했다. 그리고 염탐꾼이나 다름없는 국왕의 순찰사들을 제국 곳곳에 파견해서 주교들의 품행에 대해 보고하게 했다. 그들은 흥미진진한 이야기들을 발굴해서 왕에게 가져왔다.[11]

샤를마뉴는 계급의 높고 낮음에 관계없이 사람들이 공평하고 정의로운 대우를 받기를 바랐다. 그는 과부나 고아, 가난한 백성이 흔히 당하는 일이라고 자주 언급하면서, 엉뚱한 사람들이 벌을 받는 일이 있어서는 안 된다고 했다. 그런데 그는 신성 재판을 옹호했다. 예를 들어 범죄 혐의를 받고 법정에 선 피의자는 뜨거운 기름에 두 팔을 담가야 했는데, 이때 화상을 입지 않으면 무죄로 인정했다. 심판관을 잘 만

---

10) 시암 왕도 링컨 대통령에게 코끼리 한 마리를 선물로 보내려고 했지만, 링컨이 정중히 사양했다.
11) 샤를마뉴의 사생아 중 한 명인 트로그는 메츠의 주교로서 본보기가 될 만한 삶을 살았다고 한다.

나면 기름이 미지근할 수도 있었지만, 하층민들에게 이런 기회가 찾아오지 않았다. 가난한 자들이 심판관들과 친해진다는 것은 낙타가 바늘구멍으로 들어가기보다 어려운 법이다.

 샤를마뉴의 업적 가운데 특히 주목할 만한 것은 교육을 장려했다는 점이다. 그는 아일랜드와 잉글랜드, 이탈리아 등지에서 선생들을 데려왔다. 그들은 궁전에서 먹고 자면서 전통적으로 3학과(trivium)와 4학과(quadrivium)[12]에 포함되며 당시에 의미 있는 학문으로 여겨지던 과목들을 가르쳤다. 선생들로서는 그런 기회가 주어진다는 것이 매우 반가운 일이었다. 이따금 황제는 선생들에게 수수께끼를 냈다. 그러면 선생들은 6보격(hexameter)이나 필요하면 5보격(pentameter)으로 대답하곤 했다.[13]

 샤를마뉴의 숭배자 중 한 사람은 그를 중세 시대의 가장 위대한 지식인이라고 칭찬했다. 그런데 샤를마뉴가 비록 읽고 쓰는 법을 배우려고 노력은 했지만, 그는 지식인은 아니었다. 초급 독본을 마치긴 했어도 자기 이름밖에는 쓸 줄 몰랐고 이름도 머리글자만 쓰기를 좋아했다. 그는 밤에 좋은 생각이 떠오를 경우를 대비해서 펜과 종이를 머리맡에 놓고 잤으나 한 번도 사용한 적은 없었다. 그는 칼을 하도 많이 휘둘러서 손바닥에 못이 박여 글씨를 쓰기 어렵다는 핑계를 댔지만, 문제는 손이 아니었다.[14]

---

12) 중세 대학의 표준 교양과목으로 3학과(trivium)는 문법, 수사학, 논리학, 4학과(quadrivium)는 산술, 기하학, 천문학, 음악으로 구성되었다.
13) 젊은 궁정 시인 앙길베르트는 몇 년 동안 라틴어 서사시를 지어 그중 일부를 저녁 식사 때 낭송했다. 이 서사시는 완성되었건 그렇지 못했건 우리에게 전해지지 않는다. 그래서 우리는 그 내용을 전혀 모른다.

　샤를마뉴의 키가 발 길이의 일곱 배였다고 알려졌지만, 확실하지는 않다. 만일 그가 어머니인 왕발 베르타를 닮았다면, 키가 243~274센티미터 정도일 수도 있겠지만, 좀처럼 믿기지 않는다.[15] 그는 코가 길고, 목이 짧고, 배가 불룩하게 나왔지만, 몸매는 멋졌던 것으로 전해진다. 내가 보기에 에드워드 기번은 고의적으로 샤를마뉴의 이미지를 깎아내린 듯하다. 그는 이렇게 썼다. "그는 점잖거나 품위 있어 보이지는 않았다." 그는 왜 이런 이야기를 꺼냈을까? 샤를마뉴는 결혼도 여러 차례 했고 자식도 많이 두었지만, 기번은 그렇지 못했기 때문일 것이다.

---

14) 샤를마뉴는 행진할 때 큰 칼을 들고 멋진 자태를 뽐냈다. 그러나 자기만이 아는 어떤 이유로 전투에는 모습을 드러내지 않았다.
15) 역사학자 게이야르는 샤를마뉴의 키가 186센티미터였다고 썼다. 내 키도 194센티미터이다.

샤를마뉴에게는 네다섯 명의 아내가 있었다. 물론, 두 명 이상의 아내를 동시에 두지는 않았다. 그리고 추가로 대여섯 명의 첩을 두었다.[16] 그가 좋아했던 일 하나를 꼽으라면, 그것은 단연코 신혼여행이었다. 테스 데라카, 힐데가르테, 파스트라다, 루이트가르데가 정실이었고, 말테가르테, 게르스빈다, 리기나, 아데린다가 소실이었던 것 같다. 그가 가장 먼저 좋아했던 에르민트루데는 포함하지 않았는데 그녀는 그저 연애 연습 삼아 만나던 여자였다.

샤를마뉴의 자식 가운데 딸들은 왕궁에 머물러야 했고, 결혼이 허락되지 않았다. 샤를마뉴가 딸들 쪽에서 자신의 후계자가 나오는 것을 원하지 않았기 때문이다. 그의 딸 중 한 명이 궁정 시인인 앙길베르트와 아름다운 교제를 했는데 그들의 아들인 니타르드는 후일 문예평론가가 되었다. 다른 딸들도 올바르게 자라기는 했지만, 갖가지 소문이 나돌았다.[17]

샤를마뉴의 딸 엠마(임마)가 자기 아버지의 전기를 쓴 아인하르트와 결혼했다는 주장은 사실이 아닌 듯싶다. 아인하르트가 밤마다 왕궁으로 몰래 숨어들어 왔는데, 어느 날 눈이 내리는 바람에 발각될 위기에 놓였다. 그때 엠마가 아인하르트를 등에 업고 궁전을 빠져나와 눈 위에 발자국을 남기지 않게 되었다는 이야기가 전해진다. 하지만

---

16) 샤를마뉴가 가장 좋아했던 사람인 성 아우구스티누스(St. Augustine, 354-430. 초대 그리스도교 교회가 낳은 위대한 철학자이자 사상가로, 중세의 새로운 문화를 탄생하게 한 선구자였다. 주요 저서인 『고백록』에서 관심을 보였던 문제는 신과 영혼이었다)가 이 문제에 대해 몇 구절 썼다. 그는 축첩에 반대했다.
17) 에드워드 기번은 '슈민케'라는 사람의 진술을 인용한다고 했지만, 샤를마뉴의 딸들에 대한 소문을 지나치게 상세하고 반복적으로 기록했다.

아인하르트는 전혀 다른 여자인 보름스 출신의 엠마와 결혼했다.[18] 게다가 샤를마뉴의 자식 중에 '엠마'나 '임마'라는 이름의 딸은 없었다.

샤를마뉴의 아들과 딸 중에 적자는 최소한 여덟 명이었다. 그는 다른 열 명도 자신의 자식으로 인정해줌으로써 관대함과 페어플레이 정신을 보여주었다. 서자가 열 명이라고 고백했으니 아마도 더 있었을 것이다.

샤를마뉴는 43년 재위 기간에 54차례의 전쟁을 치렀다. 그의 제국은 전쟁을 치르면서 점차 영토가 넓어져서 북해부터 지중해까지, 대서양에서 아무도 잘 모르는 지역에까지 세력을 떨친 거대한 제국이 되었다.[19] 그는 서기 814년에 독감으로 세상을 떠나 제국의 수도 아헨[20]에 묻혔다. 그의 수염이 너무 길어 석관 안을 메웠고, 관의 틈 사이로 삐져나왔다는 이야기는 사실이 아니다.

우리가 역사책에서 배운 대로 샤를마뉴는 사실상 혼자 힘으로 유럽을 재편성했다. 적대적인 부족들과 국가들이 난립하던 유럽을 조직화하여 하나로 통일된 국가로 바꾸어 놓았다. 역사학자들은 그가 모든 사람에게 문화, 종교, 문명의 혜택을 보게 해주었으며, 국가 간의 정의롭고 지속적인 평화의 토대를 세웠다는 데 동의한다. 역사학자들

---

18) 두 사람은 몇 년 후 합의하여 헤어졌다. 서로 성격이 맞지 않았다.
19) 그렇다고 그를 훈족의 왕 아틸라와 비슷한 인간으로 간주해서는 안 된다. 샤를마뉴는 훨씬 부드러운 사람이었다.
20) Aachen: 독일 노르트라인베스트팔렌 주에 있는 도시. 샤를마뉴 시절 프랑크 왕국의 수도로 번영했으며 카롤링거 르네상스의 중심지가 되었다. 786년 샤를마뉴의 명으로 이곳에 대성당이 세워졌으며 그의 무덤도 이곳에 있다.

은 참 생각도 잘해낸다!

 코끼리 아불-압바스는 주인보다 몇 년 먼저 죽었다. 서기 810년, 샤를마뉴는 덴마크의 구트브리트 왕과 싸우기 위해 라인 강을 건널 때 한니발을 흉내 내어 코끼리를 몰고 갔다. 하지만 뜻대로 되지 않았다. 아불-압바스는 쓰러졌고 베스트팔렌의 리펜하임에서 죽어 그곳에 매장되었다. 코끼리가 먹은 음식에 뭔가 문제가 있었음이 틀림없다.

MORE INFO.

1. Pippin der Jüngere 피핀 714-768

소(小) 피핀. 피핀 단구왕(短軀王)이라고도 한다. 741년 아버지 샤를 마르텔 사망 후 형 카를만과 함께 각각 아우스트라시아·네우스트리아의 궁재(maior domus)가 되었다. 743년 궐위(闕位)되었던 왕위에 힐데리히 3세를 영입하여 오르게 했으나 실권은 그들 두 형제가 장악했으며, 747년 형이 은퇴한 뒤 전 왕국의 궁재로서 실권을 휘둘렀다. 751년 교회 유력자의 추대와 교황 자카리아스의 승인을 받아 힐데리히 3세를 폐하고 왕위에 올라 카롤링거왕조를 열었다. 주교 보니파티우스를 원조하여 라인 동쪽 지방의 그리스도교 포교를 촉진하는 한편, 수차에 걸쳐 교회 회의를 소집하여 가신에 대한 봉토 수여 문제로 교회 소유 영지의 몰수를 둘러싼 분쟁을 해결했다. 754년에는 이탈리아에 원정하여 랑고바르드족을 격파하고 중부 이탈리아의 라벤나 지방과 펜타폴리스를 교황에게 기진하여 교황과의 유대를 공고히 했으며, 이로써 교황령이 공인되었다. 또한, 바이에른을 공략하여 동방으로 세력을 확장했다.

2. Childeric III 힐데리히 3세 717-754

메로빙거 왕조의 마지막 왕. 메로빙거 왕조는 5세기 중반부터 8세기 중반까지 갈리아의 영토를 이어받아 프랑크족을 다스리며 통치하던 왕조다. 이들의 왕국은 자주 내부 권력 다툼이 일어나고 분열과 통합을 반복했는데 8세기에 이르러 왕조의 군주들은 유명무실해지고 궁재로 대표되는 궁정의 신하의 권력이 강화되었다. 클로타르 1세의 사후 네 명의 아들이 왕국을 분할했으나 679년 토이데리히 3세는 다시 한 번 프랑크의 소왕국을 통일했다. 그러나 메로빙거 국왕의 실권은 없어지고 각 왕국은 일종의 궁정 대신인 궁재의 손에 넘어갔다. 이들 궁재 중에서 가장 강력한 가문은 바로 피핀 1세의 가문이었다. 이후 요절하는 왕들의 출현으로 왕실은 유명무실해졌고 메로빙거 왕실과 인척 관계를 형성한 카롤링거 왕조의 피핀 2세가 실권을 장악했으며 그의 사후에는 카를 마르텔이 실권을 잡기도 했다. 카를 마르텔은 왕의 자리를 넘보지 않았으나, 왕위는 공석으로 남아 있었다. 궁재였던 카를만과 피핀 3세는 힐데리히를 왕으로 옹립했다. 그가 메로빙거왕조와 어떤 인척 관계였는지는 밝혀지지 않았다. 그는 힐페리히 2세나 토이데리히 4세의 아들이었을 수 있다고만 추정된다. 746년 카를만이 수도원으로 들어가자 피핀은 스스로 왕위에 올라 교황 자카리아에게 서신을 보내어 왕권이 실제 통치자에게 가야 하는지, 아니면 왕가의 혈통이 있는 자에게 가야 하는지를 물었다. 교황은 실제 통치권자가 왕이 되어야 한다는 회신을 보냈다. 그렇게 힐데리히 3세는 왕권과 마력의 상징이었던 긴 머리를 자르고 왕의 모든 특권을 포기했다. 그리고 그와 그의 아들 토이데리히는 수도원으로 들어갔다.

3. Hārūn al-Rashīd 하룬 알-라쉬드 763~809

아바스왕조 제5대 칼리프. 비잔틴 국경 부근 여러 도시를 침공 기지로 삼고, 비잔틴 제국의 오지 깊숙이 쳐들어가 조공을 바치게 했다. 아바스 왕조는 초대부터 바르마크 가문에 내정을 일임해왔으나, 이를 갑자기 변경하여 손수 국정을 다스렸다. 학술을 보호·장려하여 이슬람문화를 꽃피웠으며『천일야화(아라비안 나이트)』에 등장하는 인물로도 유명하다.

몬테수마 2세

몬테수마 2세는 아스텍족[1]의 황제였다. 아스텍 왕국의 수도는 테노치티틀란, 즉 오늘날의 멕시코시티였으며 주민은 인디언들이었다. 이들 인디언은 남아메리카 잉카족과는 다르다. 아스텍족은 부족한 점이 없지 않았던 부족이었지만, 어쨌든 그들은 잉카족과는 다른 부족이다.[2] 그리고 마야족도 아스텍족과는 다른 종족이다. 그들은 유카탄 반도, 타바스코, 과테말라에 살았으며, 박물관에 전시할 만한 훌륭한 조각품들을 남겼다.

아스텍족보다 먼저 그 지역에서 살았던 톨텍족은 고도의 문명을 이룩했던 것으로 여겨진다. 이런 믿음은 과거로 한참 거슬러 올라가

---

1) Aztec: 13세기부터 1520년 에스파냐의 침입으로 멸망하기까지 멕시코 중앙 고원에서 발달했던 인디오 문명이다.
2) 아스텍에는 '데마스칼'이라고 불리는 한증막이 있었다. 아스텍족은 그 안으로 기어들어가 땀을 흘렸다.

Montezuma II 몬테수마 2세 1466~1520

'모크테수마 쇼코요치'라고도 한다. 에스파냐가 멕시코를 침략했을 때 아스텍 왕국의 지배자로 알려졌다. 제위에 오르자 끊임없이 전쟁에 시달렸으나, 내정에서는 법률을 펴서 재판소를 개혁했고 많은 공공건축물을 건조했으며 수로를 개발하고 병원을 신설했다. 그러나 H.코르테스가 상륙한 후에 '케트살코아틀 전설'에 현혹되어 저항할 의지를 잃고, 그의 입성을 허락했다가 1519년 코르테스의 간계에 빠져 포로가 되었다. 1520년 아스텍족이 코르테스에게 반란을 일으키자 코르테스의 사주를 받아 성벽 위에서 저항을 멈추라고 설득하다가 투석에 맞아 중상을 입고 며칠 후에 죽었다.

보면 대단한 문명을 꽃피웠던 사람들을 틀림없이 만나게 되리라는 가설에 토대를 두고 있다. 그러나 아무리 찾아봐야 별것이 없는 경우가 일반적이다.[3]

톨텍족은 아스텍 달력을 발명했는데, 이 달력 때문에 많은 사람이 적잖은 시간을 손해보았다. 일주일이 닷새뿐인 이 달력은 한 달이 20일로 되어 있다. 아스텍 사람들은 날을 맞추기 위해 계속 여러 날을 더했고, 이 달력은 52년을 주기로 폐기되었다.

요일은 에에카틀, 코아틀, 만자틀, 알틀 등의 이름으로 불렸으며, 월(月)은 아틀코알코, 에트살켈리스틀리, 휴에트아쿠힐휴이틀이라고 했는데, 기억하기가 몹시 어려웠다. 다행히도 아스텍족은 이 같은 문명을 널리 전파하지 못하고 다른 나라에 정복당했다.[4] 만약 이들의 문명이 세상을 주도했다면 우리는 지금도 늘 달의 이름을 기억하느라 애를 먹고 있을 것이다.

여기서 케트살코아틀(에에카틀)[5]에 대해 이야기해보자. 케트살코아틀은 피부가 희고 턱수염이 길게 늘어진 태양신이다. 이 신은 아주 오래전에 또 다른 태양신인 테스카틀리포카(요알리에에카틀)[6]와 싸우고 그곳을 떠났다. 하지만 그는 아카틀[7] 첫해에 다시 돌아와 그가 떠난

---

3) 실제로 그런 논리에는 흔히 함정이 있다.
4) 아스텍족은 돈의 가치를 잘 몰랐던 것 같다. 그들은 카카오 열매를 화폐로 사용했다. 나는 그런 식으로는 문명을 전파할 수 없다고 생각한다.
5) '쿠쿨칸'이라고도 한다.
6) '흐잠나'라고도 한다.
7) 아즈텍족은 연(年)의 명칭으로 '칼리(Calli)', '토츠틀리(Tochtli)', '아카틀(Acatl)', '텍파틀(Tecpatl)'이라는 네 가지 이름을 사용했다.

지점에서 모든 것을 다시 시작하기로 약속했다.[8]

아카틀 첫해 어느 날, 몬테수마는 카풀테페크 궁전의 옥좌에 앉아 있었다. 비단날개새의 긴 갈색 깃털로 장식한 머리는 노랑부리저어새의 밝은 붉은색 깃털로 더욱 돋보였다. 그는 건너편 구석에서 등대풀

---

[8] 아즈텍인들은 모두 이 전설을 믿었다. 다른 사람들도 모두 믿기 때문이었다.

씨앗[9]을 가지고 노는 30~40명의 자식들을 시무룩한 표정으로 바라보며 생각에 잠겼다. 가진 것이라곤 고작 등대풀 씨앗뿐인데, 아스텍의 황제가 된다는 것이 뭐 그리 대단한 일이겠는가?[10]

그때 누군가가 황급히 안으로 들어와 피부가 희고 턱수염을 기른 이방인이 멕시코시티로 향하는 중이라고 보고했다. 몬테수마는 그 이방인이 태양신 케트살코아틀이라고 생각했다. 그러나 잠시 후에 생각이 달라져 케트살코아틀이 아닐지도 모른다는 의심이 들었다. 몬테수마는 우유부단하고 나약한 인물이었다. 그는 자신이 무엇을 해야 할지를 모르고 갈팡질팡했다.[11] 그는 이방인에게 당장 떠나라는 명령과 함께 깃털 공예품을 몇 개 보냈다. 그리고 얼마 뒤에는 더 많은 깃털 공예품을 보내면서 빨리 오라고 재촉했다. 물론 그 이방인은 케트살코아틀이 아니었다. 그는 수백 명의 에스파냐 병사 수백 필의 말, 그리고 충직한 비서인 멕시코 여성 마리나를 대동하고 나타난 에르난 코르테스[info1]였다.

당시 쿠바에 있었던 코르테스는 몬테수마에게 수억 페소 가치의 황금과 보석을 산더미처럼 쌓아놓은 보물 창고가 있다는 소문을 듣고 달려온 참이었다. 그는 몬테수마를 정중하게 방문하여 엄청난 부를 쌓은 일을 경하하고 나서, 금은보화보다 더 소중한 것은 친절한

---

9) jumping bean: 멕시코산 등대풀과의 식물 씨앗. 씨앗 속에 작은 벌레가 생기면서 그것이 움직이는 대로 씨앗이 뛰어다니는 것처럼 보이기에 이런 이름이 붙었다.
10) 당시 아즈텍에는 50가지가 넘는 다양한 종류의 씨앗이 있었다. 어떤 것은 뛰어다니는 것처럼 보이기도 했지만, 그렇지 않은 것도 있었다. 이것은 요즘도 마찬가지다.
11) 그에게는 신념을 실천하는 용기는 있었지만, 신념이 없었다. 그것이 늘 문제였다.

마음이라는 사실을 알려주고자 했다. 그리고 황금과 보석을 훔쳐서 쿠바의 아바나로 달아날 생각은 조금도 없다고 했다. 물론 이것은 새빨간 거짓말이었다.

코르테스는 아카틀 첫해인 1519년 11월 8일, 멕시코시티에 도착했다. 몬테수마는 그에게 깃털을 몇 개 준 다음, 두 나라가 돈독한 우의를 다지기를 희망하며 이처럼 만나게 되어 무척 반갑다는 환영사를 전했다. 얼마 후 코르테스가 뭔가를 찾으면서 궁전을 돌아다니는 모습을 본 몬테수마는 그에게 가짜 에메랄드 다섯 개와 멕시코산 가재 껍질로 만든 목걸이를 주었다.[12] 그러자 코르테스는 몬테수마를 체포하여 감금한 뒤 진짜 보석을 가져오게 했다.

몬테수마를 만났던 사람들은 그가 '매우 재미있는 친구'라고 평가했다.[13] 그는 하루에 한 번, 주로 오후에 사제 복장으로 갈아입고 전쟁의 신 멕시틀에게 제물을 바쳤다. 보통 열 명의 노예를 제물로 바쳤는데, 인간을 제물로 바치는 의식은 그가 가장 좋아하던 취미였다.[14]

몬테수마는 미각도 단순했다. 그는 초콜라틀[15]을 즐겨 마셨으며, 삶은 강아지와 찐 옥수수도 자주 먹었다.[16] 몬테수마는 언제나 칸막

---

12) 후일 코르테스가 에스파냐로 돌아왔을 때 그의 아내와 여왕은 그가 아스텍에서 가져온 가짜 에메랄드를 서로 차지하려고 다투었다.
13) 갑자기 멀쩡한 사람의 심장을 도려내겠다는 생각만 하지 않았다면, 정말 재미있는 친구라고 할 수도 있었을 것이다.
14) 15명의 노예를 제물로 바친 날도 있었다. 단지 재미를 위해서였다.
15) Chocolatl: 초콜릿은 멕시코의 원주민들이 카카오 콩으로 만든 음료, 초콜라틀(chocolatl)에서 유래한다. 19세기 중엽 고체 형태로 만들어지기 전에는 최음제로 애용한 식음료였다. 원래 '쓴 물'이라는 뜻의 호코아틀(xocoatl)이었으나 초콜라틀을 거쳐 초콜릿(chocolate)이 되었다.
16) 아스텍인들은 개구리 알, 개미 죽, 고추에 버무린 인육을 좋아했다. '어린아이 수프'는 그들이 특히 좋아하는 메뉴였다.

이 뒤에서 혼자 식사했고, 귀족들은 칸막이 건너편에 서서 그가 식사하는 소리를 들었다.

아스텍인들은 코르테스의 협박에 못 이긴 몬테수마가 나라의 보물을 아무 생각 없이 이방인들에게 내주자 몹시 분노했다. 몬테수마는 궁전 지붕 위에 올라서서 '우리는 고비를 넘겼으며 자신에게 나라의 운명을 맡겨주면 아무 문제없이 해결되리라'고 공언했다. 그러자 한 아스텍인이 큰 돌맹이를 던져 몬테수마의 머리를 맞혔고, 그것이 몬테수마 2세의 마지막이 되었다.

이제 이야기를 마무리해야겠다. 코르테스와 그의 부하들은 도망가면서 대부분 황금을 잃었고, 살아남은 사람들도 끔찍한 열병으로 죽었다.[17] 훗날 에스파냐인들이 다시 돌아와 아스텍을 전멸시켰지만, 그들이 찾은 것은 깃털들뿐이었다.

코르테스는 원주민 인디언들은 공격하기 전에 법률상의 근거를 들어가며 에스파냐어로 작성한 장문의 선전 포고문을 낭독했다. 에스파냐어를 전혀 모르는 원주민들을 세워놓은 채 한 시간 동안 포고문을 읽자, 인디언들은 코르테스에게 막대기, 돌, 진흙 등을 던지고, 조가비로 만든 나팔을 불었다. 그러자 코르테스는 에스파냐 병사들에게 명령했다.

"부대, 돌격 앞으로!"

---

17) 멕시코인들은 에스파냐인들에게 말라리아를 옮겼지만, 에스파냐인들은 멕시코인들에게 천연두, 백일해, 간염, 매독을 옮겼다. 에스파냐인들은 자신이 받은 것만큼 그들에게 돌려줘야 한다고 생각했던 모양이다.

코르테스는 에스파냐로 돌아가는 길에 깃털 공예품, 바닐라, 앵무새, 왜가리, 재규어, 난쟁이, 선천성 색소 결핍증인 알비노 환자 등을 데리고 갔다. 그는 또한 인디언 네 명을 카를로스 5세 국왕에게 바쳤지만, 국왕은 이들을 어찌해야 할지 몰랐다. 그 대가로 코르테스는 후작 작위를 받았으며, 앞으로 발견하는 모든 재물의 12분의 1을 소유하게 되었다.[18]

아스텍인들은 모든 사물을 그림으로 표현했다. 그렇지만 그들의 생활이 어땠는지를 파악하기는 쉽지 않다. 예를 들어 한 남자가 땅 위에 앉아 있는 그림은 지진을 의미했다. 물론 우리와 달리 아스텍인들은 그 의미를 쉽사리 알아차렸다.

아스텍에서는 사물의 이름을 단순히 '코아틀'[19]이라고 부르거나 '아틀'이라고 불렀다. 이름이 '틀라팔텍아틀로푸츠트신'이라는 젊은 이도 있었는데, 내가 생각하기에 그건 좀 지나친 듯싶다.

[18] 쿠바의 한 추장은 코르테스에게 천국에 에스파냐 사람들이 있느냐고 물었다. 코르테스가 아마도 그럴 것이라고 대답하자, 그는 기독교로 개종하기를 거부했다.
[19] coatl: 아즈텍 신화에 나오는 등에 날개가 달린 거대한 뱀.

MORE INFO.

1. Hernán Cortés 에르난 코르테스 1485~1547

에스파냐의 시골 귀족 집안에서 태어났다. 살라망카 대학에서 수학하고 19세 때 대서양을 건너 에스파뇰라 섬에서 근무했다. 1511년 총독인 디에고 벨라스케스 휘하에서 쿠바를 점령하고 그 공을 인정받아 유카탄 반도에 식민지 건설을 위한 탐험대의 대장으로 내정되었다. 그러나 그의 성공을 견제한 벨라스케스 총독이 이 결정을 번복하자 병사 508명과 말 16필을 11척 배에 나누어 태우고 독자적으로 유카탄 반도에 상륙하여 '베라쿠르즈'라는 도시를 건설하고, 마야족들과 전투를 벌이면서 부족들을 점령해 나갔다. 그는 원주민을 통해 황금이 풍부하다는 아스텍 왕국에 대한 정보를 입수하고 정복에 나섰다. 아스텍의 왕 몬테수마 2세는 코르테스를 하늘에서 내려온 신으로 착각하여 환대했다. 그는 몬테수마 2세를 인질로 잡고 에스파냐 왕에 대한 충성을 서약하게 했으며 아스텍의 우상을 파괴하고 왕국의 실력자들을 살해했다. 또한, 그들의 왕국인 테노치티틀란(멕시코)에 교회를 세웠다. 에스파냐에서는 이 같은 행동을 반란으로 간주하여 쿠바에서 원정군이 왔으나 그는 이들을 격파했다. 그사이 아스텍에서는 인디오의 반란이 일어나 1520년 6월 30일 에스파냐 정복자들을 학살했다. 후일 에스파냐 사람들은 이 사건을 '슬픔의 밤'이라고 불렀다. 이듬해 9월 유럽의 정복자들이 옮긴 천연두가 창궐하여 아스텍 원주민들이 희생되었고, 그는 이 기회를 틈타 테노치티틀란을 탈환했다. 이처럼 인구 500만 명의 왕국이 에스파냐 600여 명의 정복자에게 완전하게 점령되었다. 1522년 그는 테노치티틀란의 총독으로 임명되었다가 월권 혐의로 파면당하여 본국으로 송환되었으나 왕을 설득하여 재차 멕시코로 건너가 캘리포니아 만(灣) 등을 발견했다. 1540년 귀국한 그는 카를로스 1세(카를 5세)의 냉대를 받고 실의에 빠져 죽었다.

PART IV
영국의 국왕

정복왕 윌리엄
William the Conqueror

헨리 8세
Henry VIII

엘리자베스 여왕
Elizabeth

조지 3세
George III

William I 윌리엄 1세 ^{1028~1087}

'정복왕(the Conqueror)'이라고도 한다. 노르망디 공 로베르의 서자이다. 아버지에 이어 어린 나이에 노르망디 공(재위 기간: 1035~1087)이 되었으며, 반항하는 귀족을 제압하여 질서를 회복했다. 1066년 잉글랜드에서 웨섹스 왕가의 에드워드 참회왕(懺悔王)이 죽자, 의동생 해럴드 2세가 왕위에 올랐으나 윌리엄은 자신이 참회왕 사촌 형제의 아들에 해당하고, 참회왕이 생전에 자기에게 왕위 상속을 약속했고, 또한 해럴드가 이전에 신하가 될 것을 맹세한 일 등을 들어 교황 알렉산드르 2세의 지지를 받아 수천 명의 노르만 기사를 이끌고 잉글랜드에 침입하여 헤이스팅스 전투에서 해럴드를 죽이고 왕위에 올라 노르만왕조를 창시했다. 이후 잉글랜드 반란을 진압하고, 몰수한 땅을 기사들에게 나누어 주는 등 봉건제도를 구축했다. 노르망디에서 프랑스 왕 필립 1세와 싸우던 중에 죽었다.

정복왕 윌리엄

정복왕 윌리엄의 조상은 상당히 재미있는 사람들이었다. 그의 선조는 서기 911년경 프랑스의 '단순왕 샤를 3세'[Info1]로부터 약간의 땅을 빼앗았던 바이킹 족장이었다. 이 족장의 이름은 '방랑자 롤로(Rollo)'라고도 하고, 혹은 '두목 롤프(Rolf)', 또는 '무뢰한 라울(Raoul)'이라고도 부른다. 롤로, 롤프, 혹은 라울은 무례하고 거칠었지만, 곧 노르망디의 공작이 되었고, 따라서 무례하고 거칠다는 평판은 아무런 문제가 되지 않았다.[1] 롤로의 고손자가 정복왕 윌리엄의 아버지인 악마 로베르(Robert), 혹은 위대한 자 로베르이다.

윌리엄은 1027년, 혹은 1028년에 태어났다. 어린 윌리엄에게는 장차 큰일을 할 인물이 될 싹수가 보였다. 그는 어릴 적부터 씩씩했고 늘

---

1) 노르만인들은 프랑스인들과 비슷한 면도 있었지만, 다른 면이 많았다.

싸움질만 하고 돌아다니면서 다른 아이들을 패주었다. 부친이 예루살렘 근처에서 사망하자, 그는 더욱 마음 놓고 못된 짓을 일삼았다. 사람들의 눈을 멀게 하거나, 필요하다면 독약을 뿌리기도 했다.

노르망디 공작 시절 윌리엄은 일시적 사투 중지령(Truce of God)을 내려 질서를 회복하기도 했다. 이에 따르면 월요일, 화요일, 목요일, 그리고 금요일에는 폭력 행위가 일절 허용되지 않았다.[2]

한번은 윌리엄이 자신을 웃음거리로 만든 시민 32명의 팔과 다리를 자른 일도 있었다. 그는 사람들의 놀림감이 되는 것을 절대 참지 못했다. 이 힘들었던 기간에 '바보 갈레(Gallet)', 혹은 '천치 골레(Golet)'가 윌리엄의 생명을 구해주었다.

윌리엄은 얼마 후 '마틸다'라는 여자와 사랑에 빠졌다. 그녀는 플랑드르의 볼드윈 백작의 딸로 부유했고, 물론 그녀의 주장이긴 하지만, 앨프레드 대왕[info2]의 후손이었다.[3] 따라서 그녀를 보통 여자로 볼 수는 없었다. 더욱이 정복왕 윌리엄을 '서출'이라고 부른 여자는 그녀가 처음이었다.[4] 그런 식으로 그녀는 역사상 가장 대단한 애정 행각을 벌이게 되었다. 두 사람의 연애는 참으로 유별났다. 하지만 남녀 간의 사랑이란 것이 원래 유별난 것이기에 좀 더 연구를 해봐야 알 일이다.[5]

당시에 노르망디의 젊은 공작이었던 윌리엄이 청혼하자 마틸다는

---

[2] 따라서 사람을 죽이려면 수요일, 토요일, 일요일을 기다려야 했다.
[3] 마틸다는 돈이 많았기에 누구든 자기 조상이라고 억지를 부리면서 큰소리칠 수 있었다.
[4] 공공연히 그렇게 불렸지만, 사적으로는 어땠했는지 알 수 없다.
[5] 그것을 연구할 충분한 시간이 있는 사람이 없다는 사실이 안타깝기만 하다. 하루는 24시간밖에 되지 않으니.

비명을 질렀다. 마틸다는 신랑감을 구하고는 있었지만, 그저 그런 남자와는 결혼하지 않는다고 떠벌렸다. 윌리엄의 부친 로베르는 공작이었지만, 어머니 에를르바는 무두장이의 딸이었기에 서출인 윌리엄은 마음의 상처를 입었다.[6] 윌리엄은 즉시 말에 올라타고 마틸다의 집으로 향했다. 그는 집에 있던 마틸다를 한주먹에 때려눕히고 나서 머리채를 잡아 질질 끌면서 채찍으로 후려쳤다. 그러곤 말을 타고 집으로 돌아왔다. 그는 이런 폭행 때문에 마틸다의 원래 생각이 더욱 굳어지리라는 생각은 하지도 않았다.

　마틸다는 자기 집에서 윌리엄의 채찍 세례를 받기 전에는 그에게 손톱만큼도 관심이 없었다. 마틸다는 그가 지나쳤다고 생각했지만, 어찌 된 일인지 후일 윌리엄과 결혼했고 아들 넷에 딸 여섯을 낳았으

---

[6] 로베르는 에를르바에게 할 이야기가 있다면서 성으로 불러들여 일주일을 함께 보냈다.

며 게다가 재미있게 살았다.

　마틸다가 갑자기 마음을 바꾼 것에 대해 많은 사람이 의아해했다. 그녀는 분명히 윌리엄이 아내를 때리는 남자라는 사실을 알았겠지만, 그의 그런 면을 좋아했는지도 모른다. 마틸다가 복수하려고 그와 결혼했을 수도 있다. 아니면 어차피 말채찍으로 맞을 바에야 결혼하는 편이 낫겠다고 생각했을 수도 있다. 마틸다가 윌리엄의 애인 한 명을 불구로 만들어 버려서 결국 윌리엄이 휘두른 말굴레에 맞아 죽었다는 이야기도 전해지지만, 역사가들은 대부분 이런 소문을 믿지 않는다. 1083년 마틸다가 죽었을 때 윌리엄에게 애인이 있었다는 말을 믿기 어렵다. 당시에 윌리엄은 사리를 분별할 줄 아는 나이였기 때문이다.[7]

　윌리엄은 키가 훤칠하고 피부가 까무잡잡하며 몸매가 멋진 남자였지만, 마틸다가 좋아할 만한 타입은 정말 아니었다. 채찍 폭행 사건이 발생했을 때 마틸다는 '브리트릭'이라는 남자와 실랑이를 하다가 진 상태였다. 그 남자는 영국의 귀족으로 마틸다의 집에 왔다가 마틸다가 구애하자 깜짝 놀라 배를 타고 영국의 글로스터셔로 돌아가 버렸다. 영국인 브리트릭은 매력적인 금발에 피부가 눈처럼 흰 남자였다. 요즘 말로 하면 훤둥이였다. 이 남자야말로 마틸다가 애타게 찾고 있던 사내였다. 그런데 마틸다가 그에게 관심을 보이며 구애하자, 떠나버렸던 것이다. 마틸다는 후일 그를 혼내주었다.

---

7) 지금도 윌리엄과 마틸다는 역사적 인물로서 존경의 대상이 되고 있지만, 둘 다 성도착증세가 조금 있었던 것 같다. 여러분 생각은 어떤지?

마틸다에 관해 할 이야기가 더 있다. 그녀는 훤둥이 브리트릭을 집 적거리기 전에도 플랑드르의 변호사 게르보와 사귀면서 사생아를 둘 낳았다고 전해진다. 마틸다가 어떻게 게르보와 사귀게 되었고 이 남자는 그 후에 어떻게 되었는지 정확히 아는 사람이 없다. 그가 죽었다고 말하는 이들도 있다. 마틸다가 윌리엄의 청혼을 받아들였을 당시 그녀는 게르보와 헤어질 생각을 하고 있었는데 그 일이 지연되었고, 그래서 윌리엄과의 결혼식이 지체되었다는 설도 있다. 게르보의 존재 자체를 믿지 않는 편이 좋다고 생각하는 학자도 있다. 그는 왠지 당시의 상황과 어울리지 않는다는 것이다. 따라서 그 남자의 존재를 억지로 여러분의 머릿속에 새겨둘 필요는 없다.

그런데 윌리엄과 마틸다가 사촌 간이었기에 근친결혼을 금지하는 교회에서 문제를 제기했다.[8] 어쨌든 마틸다가 윌리엄을 '서출'이라고 부른 날로부터 4년이 지난 1053년, 두 사람은 결혼식을 올렸다. 윌리엄은 4년 동안 마틸다 곁에 충실히 머무르며 다른 혼처를 전부 마다한 채 두 사람이 결합할 날을 힘겹게 기다렸다. 사실 그는 자신의 사회적 지위 상승을 위해 마틸다가 필요했다. 그녀의 가문은 부유하고 권세도 막강했고, 특히 앨프레드 대왕의 후손 아닌가. 따라서 윌리엄은 그런 아내가 있어야 했다. 그는 상류사회 인사였지만, '사생아'라는 출신 성분 때문에 언제나 결함이 있다고 여겨졌기 때문이다.

---

[8] 마틸다의 할아버지인 수염 기른 자 볼드윈(Baldwin the Bearded)이 윌리엄의 고모인 엘리너와 결혼한 적이 있었다. 그들은 참으로 잘 어울리는 한 쌍이었다.

여러분도 다들 아시다시피, 윌리엄은 1066년 헤이스팅스 전투[9]에서 승리한 후 잉글랜드의 왕위에 올라 '정복왕'이라는 칭호를 얻었다. 마틸다는 1068년 왕비 대관식에 참석하기 위해 잉글랜드로 건너갔다가 임신하고 다시 고향인 프랑스로 돌아왔다.[10] 그녀는 전에 영국으로 꽁무니를 뺀 브리트릭을 만나서 어떻게 했을까? 역사란 것이 대부분 추측할 수밖에 없는 경우가 많지만, 그녀는 브리트릭의 재산을 모조리 몰수하고 감옥에 처넣어 결국 살해함으로써 본때를 보여주었던 것으로 추측된다. 이 사례는 사랑의 힘은 대단한 것이며, 아무리 여자가 싫더라도 여자의 구애를 거절하기 전에 다시 한 번 생각해 봐야 한다는 교훈을 준다.[11]

윌리엄과 마틸다의 결혼 생활은 꽤 행복했던 것으로 보인다. 다만, 가끔 한 사람이 나가떨어질 정도로 싸우거나, 자녀 문제로 말다툼을 벌이고, 서로 주도권을 쥐려고 옥신각신했던 적은 있었다. 하지만 마틸다는 괜찮은 아내였다. 단지 윌리엄이 맘에 들지 않았던 것은 자기가 귀여워하는 둘째 아들 윌리엄 루퍼스보다 마틸다는 늘 반항적인 장남 로베르 귀르토즈 편을 든다는 점이었다. 말년에 접어든 윌리엄과 마틸다의 부부 관계는 아주 이상적이었다. 즉, 그들은 되도록 서로

---

[9] Battle of Hastings: 1066년 잉글랜드에 상륙한 윌리엄 노르망디 공의 군대와 잉글랜드의 왕 해럴드의 군대가 헤이스팅스에서 벌인 전투. 해럴드군은 농민군을 주체로 한 7천 명의 보병으로 구성되었고, 윌리엄의 군대는 수적으로는 열세이지만, 노르만인을 중심으로 한 정예부대였다. 일몰 때까지 분투했으나 해럴드 왕이 전사하자 잉글랜드군은 항복했다.
[10] 문제 될 것은 아무것도 없었다. 윌리엄은 1068년 3월에 마틸다와 함께 집에 있었다.
[11] 마틸다는 잉글랜드 왕의 배우자로서 '여왕(queen)'이라는 칭호를 스스로 부여한 최초의 여자였다.

멀찌감치 떨어져 지냈다.

마틸다는 한때 바이외의 태피스트리를 만든 여성으로 알려지기도 했다. 바이외 태피스트리는 70미터가 넘는 긴 리넨에 여덟 가지 색의 양털을 사용해서 만든 자수 공예품으로, 윌리엄의 잉글랜드 정복 장면을 묘사했다. 그런데 마틸다가 이것을 만들었다고 잘못 알려져 그녀는 역사적인 명성을 얻게 되었다. 어쨌든, 마틸다는 이 태피스트리로 유명해졌고, 문제 될 것은 없었다.[12] 바이외 태피스트리는 11세기에 역사적으로 중요 사건이나 생활 모습을 생생하게 보여주는 귀중한 유물이다. 예를 들어 태피스트리에 묘사된 당시의 말들은 다리가 녹색이고 몸은 청색이며 갈기는 노란색이고 머리는 붉은색이다. 그리고 당시의 사람들은 모두 관절이 잘 젖혀졌다. 우리가 일반적으로 알고 있는 인간의 모습과는 사뭇 다르다. 이 태피스트리에는 620명의 남녀와 동물 370마리가 그려져 있다.[13]

요즘도 서양에서는 서출왕 윌리엄의 후손을 자처하는 사람들이 적지 않다. 그들은 족보에 윌리엄의 자식 하나를 꼭 적어놓는다. 그중 윌리엄과 마틸다의 막내아들인 헨리 1세[info3]의 후손이라고 주장하는 사람이 가장 많다. 그럴 수밖에 없는 것이 헨리 1세는 결혼 전에 이미 20명의 사생아를 두었고, 결혼 이후에 낳은 자식은 그 수를 셀 수 없을 정도이다. 그중 하나가 후일 콘월 백작이 되는 레지널드이다. 그는 잉

---

12) 엄밀하게 말하면 바이외 태피스트리는 태피스트리라고 볼 수 없다. 잘난 척하는 것 같아 미안하지만, 태피스트리는 천에 수를 놓은 것이 아니라, 실로 짠 것이다.
13) 어떤 사람들을 모델로 삼아서 만든 작품인지는 모르겠으나, 나도 그렇게 관절이 잘 젖혀지는 사람들을 꽤 많이 알고 있다.

글랜드에 레지널드 재앙을 불러왔다. 물론 몇몇 레지널드는 적출이다.

 윌리엄의 딸들은 대부분 후사를 보지 못했다.[14] 미국의 유명 인사 중에는 윌리엄의 딸인 건드리드를 통해 윌리엄의 피를 물려받았다고 주장하는 사람이 더러 있다. 만일 윌리엄에게 그런 이름을 가진 딸이 하나라도 있었다면 이해할 수도 있을 것이다.[15] 이 분야 몇몇 전문가의 의견으로는 훗날 설리 백작이 된 윌리엄 드 워렌과 결혼한 건드리드는 마틸다와 게르보의 딸이며, 따라서 윌리엄과는 전혀 피가 섞이지 않았다고 한다. 이 말이 사실이라면 내가 언급한 유명 인사들은 사생아 윌리엄의 후손이 아니다. 이런 내 의견에 대해 윌리엄의 후손이라고 우기는 사람들은 뭐라고 반박할지 모르겠다.

---

14) 아델라는 헨리 1세의 뒤를 이어 잉글랜드의 국왕이 되는 스티븐 왕의 모친이다. 그녀에게는 '윌리엄'이라는 이름의 바보 아들도 있었고, 윈체스터의 주교가 된 자식도 있었다.
15) 율리시스 그랜트(1822~1885, 미국의 제18대 대통령), 제임스 가필드(1831~1881, 미국의 제20대 대통령), 그리고 미국의 여류 시인 자매인 엘리스 케리(1820~1871)와 포베 케리(1824~1871) 등아 여기에 해당한다.

MORE INFO.

1. Charles the Simple 단순왕 샤를 3세 ⁸⁷⁹⁻⁹²⁹

서프랑크 왕국의 통치자 루도비쿠스 말더듬이왕의 막내아들이다. '단순왕 카를루스'라고도 부른다. 부왕 루도비쿠스는 그가 태어나는 것을 보지 못하고 879년 죽었다. 그는 두 형 루도비쿠스 3세와 카를로만 2세, 그리고 삼촌 카롤루스 뚱보왕에게 밀려 왕좌에서 멀어져 있었다. 하지만 서프랑크 왕국의 카롤루스 뚱보왕을 계승한 오도와 경쟁하여 왕이 되었다. 통치 기간에 노르만족과 바이킹의 침략으로 어려움을 겪었고 로트베르투스와 부르고뉴의 공작 루돌프가 그를 대신할 서프랑크의 왕으로 연이어 선출되었다. 이 반란을 진압하지 못하고 그는 감옥에 갇혀 숨을 거두었다.

2. Alfred the Great 앨프레드 대왕 ⁸⁴⁹⁻⁸⁹⁹

색슨계의 잉글랜드 왕. 웨섹스·캔트·에섹스의 왕 에셀울프의 막내아들로 즉위하고 나서 잉글랜드 동부를 침입하는 덴(Dane)인들을 격퇴했다. 또한 앵글로 색슨의 여러 법률을 집대성하여 유명한 「앨프레드 대왕의 심판」을 제정했으며, 지방을 주(州)로 나누어 행정제도를 정비하는 한편 프랑크 왕국의 카를 황제를 본받아 학문·예술의 진흥에 주력하고 외국 학자를 초빙하여 청년 자녀의 교육제도를 정착시켰다. 그는 당시 지방의 폐쇄적인 정신을 통일적인 국민정신으로 바꾸는 데 성공하고, 농업·상업·항해 등을 장려하는 등 잉글랜드 왕국 성립의 기초를 닦았다. 노르만 정복(1066) 이전 앵글로·색슨에서 가장 위대한 왕으로 존경받는다.

3. Henry I 헨리 1세 ¹⁰⁶⁹⁻¹¹³⁵

윌리엄 1세의 막내아들. 형들과 대립하여 박해를 받던 청년 시절을 보내고 둘째 형 윌리엄 2세가 죽고 맏형 로버트가 부재 중인 틈을 타서 왕위에 올랐다. 그때 귀족들의 지지를 받기 위하여 반포한 자유헌장(대관헌장)은 마그나카르타의 원형으로 주목된다. 왕정청의 개혁, 순회재판제도의 창시 등 행정·사법제도의 강화와 왕권의 신장에서 업적을 나타냈으며, 종교 정책에는 추방 중에 있던 캔터베리 대주교 안셀무스를 불러옴으로써 악화된 교회와의 관계도 개선했다. 대외적으로는 형 로버트와 싸워 승리하여 노르망디 공국을 병합했다.

Henry VIII 헨리 8세 1491-1547

튜더왕조의 헨리 7세의 둘째 아들. 형이 요절하자 아버지의 뒤를 계승했다. 형의 미망인 캐서린 왕비와의 사이에 아들이 없었기에 궁녀 앤 불린과 결혼하려고 했으나 로마교황이 이를 인정하지 않으므로 가톨릭교회와 결별하고 수장령(首長令)을 발동하여 영국 국교회(國敎會)를 설립했다. 그는 왕권 강화에 힘썼으며, 웨일스·아일랜드·스코틀랜드 등의 지배와 방비를 강화하고, 당시의 복잡한 국제 정세에서도 몇 차례나 대륙에 출병했다. 여섯 왕비 중 두 왕비와 울지, 크롬웰, 모어 등의 공신을 처형하는 등 잔학한 점도 있었으나 그의 통치는 국민의 이익을 크게 배반하지 않았으며, 부왕이 쌓은 절대왕정을 더욱 강화했다.

헨리 8세

헨리 8세는 여섯 번 결혼했고, '신앙의 수호자'니, '상한 푸딩 같은 얼굴'이니 하는 별명을 들었던 왕이다.[1] 그는 열정적으로 단 음식을 좋아했고, 참새구이, 훈제 돌고래, 마르멜루 열매 잼, 삶은 잉어를 즐겨 먹었다.

여러분 중에서 어떤 분은 헨리 8세를 좋아하고, 또 어떤 분은 싫어하실 것이다. 그는 자기 아내 둘씩이나 처형시켰기에 빗발치는 비난을 받았다.[2] 그러나 어떻게 생각해 보면 헨리 8세만이 자신을 비난할 수 있을 것이다. 아내를 두 명이나 처형했다면, 그럴 만한 연유가 있을 테니까. 물론 그는 그런 짓을 하지 말았어야 했다. 하지만 여러분도 당

---

[1] 세월이 지남에 따라 그의 얼굴은 정말 푸딩처럼 되었다.
[2] 그는 여섯 명의 아내 중 단지 둘만 참수했다. 33퍼센트의 비율이다. 평균적으로 생각해보면 그렇게 나쁜 수준은 아니다.

시 상황을 잘 아실 것이다. 사실 헨리는 법을 지켰을 뿐이지만, 사람들은 진정 사려 있는 남편이라면 무언가 조처를 해야 했다고 생각한다. 게다가 그는 다른 아내들은 살려주었고, 당시는 기사도가 절정에 달했던 시대였다.

헨리 8세가 많은 아내를 두었던 이유는[3] 궁정 시녀들을 볼 때마다 대대로 이어온 왕가의 말초신경이 강한 자극을 받았기 때문이다.[4] 궁정 시녀들은 바느질하면서 시간을 보내게 되어 있었지만, 이런 규정을 지키는 시녀는 거의 없었다.

헨리의 첫 부인은 에스파냐 아라곤 출신의 캐서린[info1]이었다. 그녀는 재미있는 여자가 아니었다. 다소 침울하고 냉담한 성격이었고, 하는 일이라곤 옷을 깁는 것이 고작이었다. 그녀의 유일한 혈육은 '피의 메리(Bloody Mary)'[info2]이다. 그녀는 자랑할 만한 딸이 되지 못했다. 그녀는 손에 늘 두툼한 장갑을 끼고 다녔고 두통에 시달렸다.

아라곤의 캐서린은 역사 이래 가장 고결한 여자 중 한 사람이라는 이야기를 들었는데, 그녀는 그런 말을 들어도 전혀 개의치 않았다. 헨리가 이따금 그녀에게 지옥에나 가라고 욕설을 퍼부었지만, 그녀는 영어를 알아듣지 못했다. 캐서린은 좀처럼 웃지도 않았다.[5] 후일 그녀는 반항적인 여자가 되었고, 헨리 8세와의 결혼은 원천 무효라는 판결

---

[3] 헨리 8세의 부인은 모두 여섯 명이었다. 아라곤의 캐서린, 앤 불린, 제인 시무어, 클래페의 앤, 캐서린 하워드, 캐서린 파.
[4] 그의 가문에는 지켜야 할 규범이 있었다. "계단에 서 있는 시녀를 함부로 만져서는 안 된다. 그렇게 하지 않으면 적지 않은 부엌 접기들이 깨지는 불상사가 발생한다." 그런데 이 규범이 헨리 8세에게는 통하지 않았다.
[5] 왜 그래야 했을까? 놀리려던 쪽이 오히려 웃음거리가 된다는 말이 있다.

을 받았다. 어찌 되었건 그녀는 헨리에게 귀찮은 존재였다.[6]

시녀 앤 불린[info3]은 캐서린보다 더 젊고 아름다웠고 게다가 쌀쌀맞지도 않았다.[7] 그녀는 재치가 있었고 임기응변에도 뛰어났다. 이런 여자는 한동안은 봐줄 만하지만, 시간이 흐르면 결국 싫증 난다. 이상하게도 그녀는 검은색 호박단으로 줄무늬를 넣고, 아교 먹인 아마포로 뻣뻣하게 세운 검정 나이트가운을 입었다.[8] 그녀는 1533년에 후일 엘리자베스 여왕이 되는 딸을 낳고 나서, 육중하고 멋지게 생긴 칼에 목이 잘려 처형되었다. 폴라드 교수는 앤 불린에 대해 다음과 같은 의견

---

6) 아라곤의 캐서린은 잉글랜드의 원예를 부활시키는데 큰 공을 세웠다.
7) 헨리 8세는 그녀와 결혼했다. 그녀는 달랐기 때문이었다. 그런데 그녀는 캐서린과는 너무 달랐다.
8) 시종은 그녀가 밤에 거의 옷을 입지 않았다고 증언했다. 헨리 8세의 취향을 엿볼 수 있는 대목이다.

을 내놓았다. "영국 역사에서 그녀의 위치는 오로지 그녀가 헨리 8세의 성격 중에 가장 고상하지 못한 부분에만 호소했다는 데 있다." 바로 그게 정답이다.9)

헨리의 다른 부인들은 지극히 평범했다. 헨리의 세 번째 왕비인 제인 시무어info4는 후일 에드워드 6세가 되는 아들을 낳고 흥분을 가라앉히지 못하다가 죽고 말았다. 다음의 왕비는 독일에서 온 안나 폰 클레페info5 공주로 저지대 국가에서는 인기가 많았지만, 헨리 8세는 그녀를 좋아하지 않았다. 아침에 일어난 그녀의 모습을 보면 참으로 가관이었다. 마치 제스처 게임을 하고 있는 사람처럼 보였다.10) 안나는 앤 불린처럼 재기 발랄하지도 못했고, 노래를 잘 부르지도 못했다. 바느질 솜씨가 뛰어난 정도였지만 그녀에게 바느질하라고 하는 사람은 아무도 없었다. 헨리는 홀바인11)이 그린 그녀의 초상화를 보고 좋아했지만, 그녀를 직접 보고는 실망하고 말았다.12) 두 사람이 이혼하고 19일 후 결혼을 주선했던 크롬웰13)은 목이 날아갔다.14) 이혼 후 안나는 부쩍 예뻐졌지만 세련되지 못한 모습은 여전했다. 그녀는 재혼하지 않았다. 결혼은 한 번으로 충분했다.

---

9) 전에 런던 시의회가 새로 만든 거리의 이름을 '앤 불린'으로 하자는 요청을 기각한 적이 있었다. 에밀 데이비스 박사는 요즘 젊은 여자들이 자신의 존재에 대해 자각하는 시대라고 말한 적이 있다. 그는 "그 결과가 어떻게 될지는 아무도 모른다."라고 말했다.
10) 어쩌면 진짜로 제스처 게임을 했는지도 모른다.
11) Hans Holbein(1497-1543): 16세기 독일 르네상스를 대표하는 화가. 헨리 8세의 궁정화가이기도 했으며 인물의 심리를 꿰뚫는 통찰력과 정확한 사실주의적 묘사에 힘입어 위대한 초상화가로 평가받는다.
12) 늘 그렇듯이 실물은 초상화나 사진보다 못생기게 마련이다.
13) Thomas Cromwell(1485-1540): 법률가이자 상인, 금융업자로 일하다가 헨리 8세의 신임을 얻어 장관과 주교총대리를 지냈다. 에섹스 백작이 되었으나, 헨리 8세의 비위에 거슬려 반역죄로 참수형을 당했다.
14) 헨리가 목을 쳐야 할 사람은 크롬웰이 아니라 초상화를 그린 화가 홀바인이 아니었을까?

네 번째 왕비 안나 폰 클레페의 시녀로 있다가 다섯 번째 왕비가 된 캐서린 하워드[info6]는 프랜시스 더럼, 토머스 컬페퍼 등과 간통했다는 혐의로 대역 죄인으로 다스려져 참수되었다.[15] 헨리는 아내가 배신했다는 소식을 전해 듣고 울음을 터뜨렸다. 그는 이만저만 낙심하지 않았을 것이다. 헨리는 불륜 행위를 저지른 자에게 별다른 경고도 하지 않았다. 그들은 자신의 죄가 발각되었다는 사실을 알기도 전에 체포되었다.

마지막 아내인 캐서린 파[info7]는 별로 중요하지 않다. 그녀는 단 한 번도 불륜 행위를 저지르지 않았다.[16]

젊은 시절의 헨리 8세는 아주 잘생긴 청년이었다. 23세에 키가 189센티미터에 허리둘레는 35인치였다. 그런데 50세가 되자 허리둘레가 54인치로 늘어나, 어디가 허리인지 구분하기가 어려울 정도였다. 그의 팔걸이의자는 어마어마하게 컸다.[17]

그는 테니스와 장대높이뛰기, 레슬링, 마상 창 시합 등을 좋아했다. 그리고 경기에 나갈 때마다 우승했다. 자기 맘대로 경기 규칙을 정했기 때문이다.[18] 결국, 그의 얼굴은 격투기 선수처럼 상처투성이가 되었다.

튜더왕가의 일원답게 헨리 8세는 늘 화려하게 옷을 차려입었다.

---

15) 헨리는 결혼 전 그녀에게 부드러운 이불 스물세 개를 주었다. 참으로 섬세한 남자 아닌가?
16) 그녀는 분명히 똑똑한 여자였다. 헨리보다 오래 살았다.
17) 헨리의 특이한 성격은 그가 먹는 삶은 양배추의 양을 보면 알 수 있다.
18) 그는 갑옷을 입고 마상 창 시합장에 나타나 무거운 창으로 수폴크 공작의 머리를 때리며 좋아했다.

흰색 공단에 자줏빛 벨벳으로 만든 옷을 입었고, 타조 깃털을 한쪽으로 기울여 꽂은 우스꽝스러운 모자를 썼다.[19] 특별한 날에는 모피가 덮인 금단 복장을 했고 장미 모양의 보석으로 수를 놓았다.[20] 그는 자신의 말들도 금빛 천으로 치장하게 했다. 울지 추기경은 자기가 타고 다니는 노새를 아무 무늬도 없는 심홍색 벨벳으로 덮었기에 헨리의 말들은 더욱 멋져 보였다.

헨리는 합법적으로 7만 2천 명 이상을 죽였다. 주로 도둑질을 한 사람들이었다. 그는 죄인들을 끓는 물에 집어넣게 했다.[21]

헨리 8세를 위대한 정치가 반열에 올리고 싶어 안달이 난 역사학자들이 더러 있지만, 내가 보기에 그분들은 시간만 낭비하는 셈이다. 그는 바보였다. 마르틴 루터가 그에 대해 했던 말에 귀를 기울일 필요가 있다.[22]

헨리는 음악을 좋아했지만 시끄러운 소음도 좋아했다. 한번은 피부에 생기는 무사마귀만 한 보석들이 박힌 커다란 금 호루라기를 사서 굵직한 금 사슬에 매달아 목에 걸고 다녔다. 그는 트럼펫이나 클라리넷 불 듯 호루라기를 크게 불었다. 또한, 그는 부두에 직접 나가 해군 병사들을 기쁘게 해주면서, 자신을 위해 예포를 쏘게 했다.[23]

남편으로서의 헨리는 나무랄 데가 없는 남자였다. 왜 이 불쌍한 남

---

19) 그리고 어깨에는 값비싼 보석들과 진주로 장식한 띠를 둘렀다.
20) 그의 옷자락 길이는 366센티미터나 되었다. 배스의 기사들(Knights of the Bath)은 보랏빛 가운을 입고, 흰 족제비 모피로 가장자리를 장식한 모자를 쓸 수 있었다.
21) 끓는 물을 이용하는 것이 끓는 기름보다 비용이 적게 들었다.
22) 헨리는 마르틴 루터에 대한 책을 썼다. 마르틴 루터는 이에 대해 헨리를 바보, 멍청이라고 회답했다.
23) 헨리는 영국 해군을 창설하면서 금으로 장식된 해군 제복을 만들어 입었다.

자를 요즘 사람들은 비난만 하는지 모르겠다.[24]

헨리는 자신이 원하는 것은 무엇이든 할 수 있는 사람이었다는 사실을 알아야 한다. 그는 독한 술을 '아주 아주' 좋아했다.

얼핏 생각하면 헨리에게 실제로 '야스퍼'라는 이름의 종조부가 있었다고는 믿기 어렵지만, 이것은 엄연한 사실이다.[25]

헨리 8세가 죽으면서 웨스트민스터 궁전에 남긴 것은 다음과 같다. 오르간 15대, 클라비코드 2대, 버지널 31대, 바이올린 12대, 기타 5대, 코넷 2대, 류트 62대, 파이프 11대, 크럼호른 13대, 덜싯 13대, 플루트 62대, 리코더 78대, 함 17대, 백파이프 5대. 황금 호루라기는 어떻게 되었을까?

---

24) 헨리가 쓴 연애편지의 한 대목이다. "i wolde we wer to gyder an evennyng" 이 남자, 영혼이 깃들어 있는 사람이었다고 말해야 할 것이다.
25) 시슬리라는 고모도 있었다.

MORE INFO.

1. Catherine of Aragon 아라곤의 캐서린 1485-1536

영국 왕 헨리 8세의 최초의 왕비. 아라곤의 왕 페르난도 2세와 카스티야의 여왕 이사벨의 딸. 어렸을 때부터 남자 왕족에 뒤지지 않는 교육을 받아 학문과 외국어를 익혔다. 키는 작았지만 붉은빛이 도는 금발에 희고 홍조가 도는 피부, 통통한 체형의 복스러운 미인으로, 신앙심 깊고 겸손하며 기품 있는 여인이었다고 한다. 잉글랜드 헨리 7세의 장남 웨일스 공 아서와 정략결혼했으나 두 사람은 혼례도 치르지 못한 채 심한 병에 걸렸다. 그녀는 가까스로 회복했으나 아서는 살아남지 못했다. 교황 율리오 2세가 캐서린이 처녀임을 인정해 혼인을 무효화하여 그녀는 헨리 7세의 둘째 아들 헨리와 약혼하고 8년 뒤에 결혼식을 올렸다. 헨리 8세와 캐서린의 금슬은 좋았으나 그녀가 메리 공주를 낳고 나서 유산을 거듭하다 폐경기를 맞자 헨리 8세는 왕위 후계자가 없음을 걱정하면서 부부 사이가 틀어졌다. 헨리 8세는 이미 정부인 베시 블라운트(Bessie Blount)와의 사이에 아들 헨리 피츠로이를 두어 자신에게는 문제가 없음을 증명했고, 불임을 여성의 책임으로 돌리던 당시 관습에 따라 그녀의 입지는 좁아졌다. 그녀의 시녀 앤 불린과 사랑에 빠진 헨리 8세는 교황 클레멘스 7세에게 결혼을 무효화해달라고 요청했다. 그녀가 자신의 형과 혼인한 적이 있었기에 처음부터 성경의 가르침에 어긋난 결혼이었다는 것이 표면상의 이유였다. 헨리 8세는 그녀에게 수도원에 들어가 조용히 여생을 보내라고 권유했지만, 그녀는 단호하게 거절했다. 캐서린의 조카인 신성 로마 제국의 카를 5세의 심기를 거스를 수 없던 교황은 결혼 무효화를 거절했다. 헨리 8세는 교황과의 오랜 첨예한 대립 끝에 성공회를 건립하고 스스로 성공회의 수장이 되었다. 1533년 헨리 8세와 앤 불린의 결혼식이 거행되었다. 딸 메리와 헤어져 변경으로 내쫓긴 그녀는 암으로 세상을 떠나기까지 이 일방적인 이혼을 인정하지 않았다.

2. Mary Tudor 메리 튜더 1516-1558

영국 왕 헨리 8세와 아라곤의 캐서린 사이에서 태어났다. 두 사람의 관계가 나빠지기 전에는 아버지의 사랑을 한 몸에 받았다. 그러나 왕가의 존속을 위해 간절히 아들을 바랐던 헨리 8세가 캐서린과 이혼하고 앤 불린과 재혼하면서 새 왕비가 된 앤에 의해 공주의 자격이 정지되기도 했다. 후일 잉글랜드와 아일랜드 여왕으로 즉위했다. 열렬한 구교도로서 즉위 이듬해에 구교 국가 에스파냐의 펠리페 2세와 결혼하여 아버지의 종교개혁 사업을 부정하고 구교 부활에 주력했으며 개신교와 성공회 신자들을 처형했다. 이런 이유로 '피의 메리'라는 별명을 얻었다.

3. Anne Boleyn 앤 불린 1507-1536

영국 왕 헨리 8세의 두 번째 왕비. 엘리자베스 1세의 어머니. 15세 때 궁정으로 들어가 왕비 캐서린의 시녀가 되었다. 헨리는 왕비에게서 아들을 얻지 못하여 왕가가 단절될 것을 염려하여 이혼을 생각하고 있었는데 그때 마침 그녀를 만났다. 그녀는 검게 빛나는 아름다운 눈 외에는 보잘것없는 여자였으나, 헨리는 그녀와의 결혼을 결심하고 교황에게 캐서린과의 결혼 무효를 신청했다. 그러나 교황이 이를 인정하지 않자, 교황과 대립하여 영국 종교개혁의 발단이 되었다. 헨리는 그녀와 비밀리에 결혼하고 부활절에 이 사실을 공포했다. 그녀는 공주(엘리자베스 1세)를 낳았으며, 이후에 잉태한 아이를 유산했으며 세 번째 임신에서 왕자를 사산했다. 왕자를 기다렸던 헨리는 그녀를 간통과 근친상간의 오명을 씌워 처형했다.

4. Jane Seymour 제인 시무어 1508-1537

영국 왕 헨리 8세의 세 번째 왕비. 제1계비 앤 불린의 시녀였을 때 왕의 마음을 사로잡아 앤 불린이 사형당한 지 11일 만에 헨리 8세와 결혼했다. 금발에 창백한 얼굴, 조용하고 엄격한 그녀의 성격은 정열적이고 화려했던 흑발의 앤 불린과는 대조적이었다. 그녀는 시녀들에게 프랑스식 복장을 버리고 정숙한 잉글랜드식 옷차림을 하도록 명령하기도 했다. 독실한 가톨릭 신자였던 그녀는 왕에게 메리 공주의 적자 신분을 회복해달라고 간청했다. 그러나 헨리 8세는 이를 딸 메리가 반역을 도모한 것으로 오해하여 메리와 그녀의 지지자들을 법정에 세웠다. 그녀는 헨리 8세가 고대하던 왕자 에드워드 6세를 낳은 지 12일 만에 산욕열로 숨을 거두었다. 헨리 8세는 이후에도 세 명의 왕비를 더 맞이했지만, 아들을 낳아준 그녀를 진실한 아내로 여겼고, 죽은 뒤에도 그녀 옆에 묻혔다. 그녀가 세상을 떠난 지 3년 후에 헨리 8세는 정치적인 이유로 클리브즈의 앤과 결혼했다.

5. Anne of Cleves 안나 폰 클레페 1515-1557

영국 왕 헨리 8세의 네 번째 왕비. '클리브스의 앤'이라도 한다. 제인 시무어가 에드워드 6세를 낳고 죽자 헨리 8세는 다음 왕비를 찾아 나섰다. 헨리 8세가 첫 번째 왕비를 쫓아내고, 두 번째 왕비를 사형시킨 데다 세 번째 왕비는 아이를 낳다 죽었으므로 헨리 8세는 악명 높은 남편감이었고, 신부를 찾는 일은 쉽지 않았다. 영국 성공회를 지지했던 토머스 크롬웰은 신교 국가인 클리페 공국의 요한 3세의 딸 안나를 지지했다. 이에 궁정화가 홀베인이 안나의 초상화를 그려 영국으로 보냈다. 초상화에 그려진 정숙한 여인의 모습에 반한 헨리 8세는 결혼을 결심했다. 이 결정에는 신교 국가와의 관계를 다져 영국 성공회의 입지를 굳히고 구교의 재기를 저지한다는 목적도 있었다. 그러나 그녀는 춤, 노래, 문학, 외국어 등에 다재다능한 이상적인 르네상스 여성상과는 거리가 멀었다. 가사 교육을 받아 바느질 솜씨가 뛰어난 정도였다. 게다가 그녀는 영어를 거의 하지 못했다. 헨리 8세는 영국에 도착한 그녀가 홀베인의 초상화와는 다르게 생겼다며 실망했다. 그는 안나 왕비의 어린 시녀 캐서린 하워드에게 연정을 느끼고 그녀와의 이혼을 결심했다. 1540년 헨리 8세는 그녀와 육체관계를 맺은 적이 없으니 결혼은 무효라고 주장하면서 그녀에게 궁을 떠나라고 명령했다. 헨리 8세와 안나 사이 결혼은 무효가 되었고, 이 결혼을 주도했던 토머스 크롬웰은 반역죄로 몰려 런던탑에 연금되었다가 왕의 이혼 절차가 끝난 후 참수되었다.

6. Catherine Howard 캐서린 하워드 1522-1542

영국 왕 헨리 8세의 다섯 번째 왕비. 명문 하워드 가문의 딸이었지만, 그녀의 아버지 에드먼드 하워드는 항상 빚에 쪼들렸다. 그녀는 헨리 8세의 다른 왕비들과 달리 제대로 교육받지 못하고 자유분방하게 자랐다. 십 대 후반의 어린 나이로 입궁하여 시녀로 있었는데, 50세가 되어가는 왕의 눈에 들었다. 그녀는 앤 불린의 외사촌 여동생이었다. 1540년 헨리 8세와 그녀는 결혼식을 올렸고 중년의 헨리 8세는 어린 왕비를 총애했다. 왕은 그녀에게서 왕자를 얻기를 기대하고 있었다. 캐서린은 제4계비 앤의 시녀가 되어 궁정에 오기 전, 음악 교사 매녹스과 관계를 맺었고, 서기관 프랜시스 더럼과는 결혼을 약속한 사이로 공공연히 잠자리를 함께한 전력이 있었다. 또한, 헨리 8세의 눈에 띄기 전에는 왕의 시종 토머스 컬페퍼를 사랑했다. 그녀는 왕비가 된 후에도 컬페퍼에게 공공연히 사랑을 고백하는 편지를 보냈다. 그리고 어리석게도 매녹스를 궁중 음악가로 프란시스 더햄을 개인 비서관으로 임명해 궁정으로 불러들였다. 그리고 자신의 과거를 알고 있는 친지들에게는 뇌물을 주었다. 1541년 헨리 8세는 그녀가 처녀가 아니었으며 지금도 간통하고 있다는 밀고를 받았다. 프란시스 더햄과 토머스 컬페퍼는 끌려가 고문당했으며, 그녀는 간통죄로 런던탑에 연금되어 심문을 받았다. 만약 그녀가 과거에 더햄과 약혼한 적이 있음을 인정하면 왕과의 결혼이 무효가 되어 간통죄에서 풀려날 수 있었으나, 공포에 질린 그녀는 끝내 약혼 사실을 부인했고, 왕비가 되고 나서 간통을 저질렀다는 혐의도 끝까지 인정하지 않았다. 헨리 8세는 그녀가 결혼하기 전에 밀회를 즐겼던 남자들을 모두 잡아다가 산 채로 가죽을 벗겨 죽였다. 1542년 2월 13일, 캐서린 하워드는 참수되었다. 그로부터 1년 후인 1543년, 헨리 8세는 캐서린 파와 결혼했다.

7. Katherine Parr 캐서린 파 1512-1548

영국 왕 헨리 8세의 여섯 번째이자, 마지막 왕비. 시골 귀족 토머스 파와 모드 그린의 딸로 태어났다. 그녀는 에드워드 버로우 경과 결혼했다가 1529년 과부가 되었다. 둘째 남편 라티머 영주 존 네빌 경은 요크셔에 영지를 소유한 부유한 남자였으나 1547년 세상을 뜨면서 그녀는 다시 홀몸이 되었다. 캐서린 하워드가 처형당한 지 1년 만인 1543년 헨리 8세는 캐서린 파에게 관심을 보였다. 그녀는 제2계비 제인 시무어의 오빠였던 토머스 시무어를 사랑하고 있었으나 왕의 구애를 거절할 수 없었다. 헨리 8세와 캐서린 파는 그해 7월 결혼식을 올렸다. 두 사람은 사이 좋은 부부였다. 그녀는 이해심 많고 인내심이 강한 여성이었다. 노쇠한 헨리 8세를 보살피고 의붓자식들인 메리와 엘리자베스 왕녀, 그리고 왕세자 에드워드의 교육에 정성을 기울였다. 그녀는 특히 개신교 철학에 지대한 관심을 보였고, 그 때문에 위기에 몰리기도 했다. 그녀는 성공회의 전례를 성공회 기도서 제정으로 개혁한 토머스 크랜머 대주교와 친분을 쌓았고, 당시로서는 급진적이었던 개신교 철학자들을 후원했다. 1547년 11월 헨리 8세가 승하하고 에드워드 6세가 왕위에 오르자 또다시 과부가 된 그녀는 토머스 시무어와 결혼식을 올리고 엘리자베스 왕녀를 불러들여 가족을 꾸렸다. 그러나 토머스 시무어는 왕이 되려는 야심을 품고 엘리자베스 왕녀에게 접근했으므로 엘리자베스 왕녀는 다른 거처로 보내졌다. 그 후로도 캐서린 파와 엘리자베스는 서신을 주고받았다. 1548년 9월 5일, 그녀는 딸 메리를 낳은 후 산욕열로 35세의 나이에 숨을 거두었다.

Elizabeth I 엘리자베스 1세 1533~1603

튜더왕조의 잉글랜드 여왕. 헨리 8세와 앤 불린의 딸로 한때 이종 언니인 메리 1세에게 왕위 계승권을 빼앗기고 반란 혐의로 투옥되는 등 다난한 소녀 시대를 보냈다. 25세에 즉위해서 평생 독신으로 살면서 영국 근대화의 기반을 닦았다. 국왕을 최고 권위로 하는 국교회의 확립에 힘쓰고 의회의 권한을 억제했으며 정치를 추밀원 중심제로 하고 법원 정비, 노동시간과 임금제 채택, 중상주의 적용, 동인도회사의 설립 등 업적으로 영국 절대주의 전성기를 구가했다. 또한, 에스파냐의 무적함대를 격파하여 영국이 해상 대국이 되는 기초를 마련했다. 그의 시대는 또한 영국의 르네상스로 불리는 국민 문학의 황금시대로서 셰익스피어·베이컨·스펜서 등의 문인이 등장했다.

엘리자베스 여왕

엘리자베스 여왕은 헨리 8세와 앤 불린 사이에서 태어났다. 그녀는 비록 남편의 목을 자르지는 않았지만, 아버지와 닮은 구석이 많았다. 여왕은 남편이 없었기에 대신 다른 사람들의 목을 쳐야 했다.

그녀는 스코틀랜드의 메리 여왕[info1]과 에식스 백작[info2]을 처형할 생각은 없었지만, 어쩌다 보니 그렇게 되고 말았다.[1] 스코틀랜드의 메리 여왕은 눈부시게 아름다운 여자였지만, 엘리자베스 여왕은 젊었을 때 한동안은 그런대로 봐줄 만했다.[2] 엘리자베스 여왕을 붉은 가발을 쓴 야위고 뾰족한 얼굴의 할머니로만 생각하는 사람이 적지 않다. 하지만 항상 그랬던 것은 아니다. 그녀에게도 한때 열여섯 살 꽃다운 시

---
[1] 그녀는 그 정도로 성품이 엉뚱한 여왕이었다.
[2] 여왕은 스물아홉 살에 심한 열병을 앓아 얼굴이 망가지고 머리칼이 절반 정도 빠졌다. 그 후로는 화장과 가발에 의존해야 했다.

절이 있었고, 조금은 예뻐 보이기도 했다.[3]

어린 시절 엘리자베스는 서출이었다. 1534년, 잉글랜드 의회는 그녀를 서출로 여기는 것을 '반역'으로 선언했는데, 1536년에는 이를 번복하여 '적출'이라고 부르는 것이 반역이라고 발표했다. 이 판결은 1543년에 다시 뒤집혔고, 1553년에 또다시 번복되었다. 그 후 영국 사람들은 그녀를 뭐라고 부르든 상관하지 않았다.

그녀는 '처녀 여왕(the Virgin Queen)', 혹은 '좋은 여왕 베스(Good Queen Bess)'라고 불렸다. 그녀는 실제로 처녀였고 좋은 여왕이었다. 그녀는 당대 가장 총명한 여자였고, 자신에게 들어온 청혼을 아홉 가지 외국어로 거절했다. 그녀는 청혼받기를 좋아하긴 했으나, 매번 문제 있는 남자들뿐이었다. 게다가 비록 당시에는 '독신주의자'라는 말 자체도 없었지만, 그녀는 자신만을 사랑하고 싶어 했다.

여왕은 내분비선의 균형에 이상이 생겨 성질이 몹시 급했다. 그녀는 치과 의사, 번거롭고 긴 연설, 레티스 놀리스 부인[4], 슈루즈베리 백작 부인[info3]을 특히 싫어했다. 그보다는 선물, 아첨, 춤, 여왕에 대한 맹세, 말을 얼버무리는 사람, 곰 놀리기[5], 치커리 수프, 맥주, 사마관(司馬官) 등을 좋아했다.

레스터 백작[info4]과 에식스 백작은 사마관이었다. 에식스는 다리가 무척 길고 허리는 잘록했으며 머리통이 작아 조그마한 모자를 썼다.

---

3) 그녀의 치세에 잉글랜드에서 무슨 일이 일어날지를 암시하는 대목이다.
4) Lettice Knollys: 앤 부루린의 언니이자 헨리 왕의 정부였던 메리 불린과 윌리엄 캐리 사이에서 태어난 캐서린 캐리의 장녀. 후에 엘리자베스 여왕의 총신이었던 레스터 백작 로버트 더들리와 결혼했다.
5) bear-baiting: 개를 부추겨 매어 놓은 곰을 물게 하는 옛 영국의 오락.

그는 케임브리지 출신으로 아일랜드를 위해서 뭔가를 하려고 했으나, 자기 뜻대로 되지 않았다.

월터 롤리 경[Infos]은 고급 망토를 걸치고 다니면서, 여왕에게 매우 정중하게 예의를 갖추는 사람이었다.[6] 그는 미국 노스캐롤라이나에 식민지를 건설하고 사람들을 보냈는데, 미국에 간 이주자들이 그곳이 너무 무섭다면서 다시 돌아왔다.[7] 스웨덴의 에리크 왕자가 엘리자베스 여왕에게 여러 해 동안 끈질기게 구애했다. 그러나 여왕은 스웨덴식 연애를 좋아하지 않았다. 그녀는 스웨덴어를 할 줄도 몰랐고, 배

---

[6] 그는 엘리자베스 여왕의 발치에 있는 진흙을 자신의 고급 망토로 닦아내곤 했다. 하지만 그리 손해 볼 일은 아니었다. 그는 고급 망토를 여러 벌 가지고 있었다.
[7] 월터 롤리 경이 유럽에 담배를 들여왔다는 말은 사실이 아니다. 하지만 그는 버뮤다 제도 산 감자를 미국에서 들여와 아일랜드에 보급했다. 그는 사사프라스(북아메리카가 원산지인 녹나뭇과의 식물로 생약으로 사용하며 옛날에는 매독약으로 썼으나 지금은 뿌리에서 추출하는 정유를 담배 등의 향료로 사용한다) 시장과도 관련이 있다.

울 의사도 없었다. 여왕은 이미 16세 때 영어와 라틴어는 물론이고, 프랑스어와 이탈리아어도 유창하게 구사했다. 그리스어도 그런대로 잘했다.

에리크 왕자는 여왕에게 얼룩말 열여덟 마리를 보냈지만 아무 효과가 없었다. 후일 에리크 왕자는 스코틀랜드의 메리 여왕에게도 구애했고, 결국 평범한 여자와 결혼했지만, 결과가 좋지 못했다. 러시아의 이반 4세도 엘리자베스 여왕에게 청혼한 적이 있다.[8]

엘리자베스 여왕은 평생 여러 남자와 사귀었다. 그녀는 아주 못된 버릇이 있었는데, 남자 친구의 따귀를 철썩 때리면서 "기필코, 내가 당신 머리를 가지고야 말겠어!"라고 외쳤다.[9]

엘리자베스 여왕의 백성을 '엘리자베스인(Elizabethans)'이라고 부른다. 그들은 문맹자들이었다.[10] 그들의 직업은 주로 무기 제조자, 그릇 제작자, 금고 제작자, 허리띠 제작자, 가죽 상인, 악기 수리공 등이었다. 그 밖에 길잡이 하인, 허드렛일을 하는 하인 등도 있었다. 인구는 약 400만 명 정도였다.

엘리자베스인들은 플랑드르로 많은 양의 양모를 수출했지만, 그것들이 어떻게 쓰이는지는 알지 못했다. 그들은 에스파냐를 노략질하고, 이교도들을 개종시켰으며, 에스파냐 무적함대를 무찔러 자신들의 생각이 옳았음을 증명했다. 1601년 통과된 구민법(the Poor Law)은 가

---

8) 그는 자신에게 부족한 점이 무엇인지도 알지 못했다.
9) 이런 행동으로 여왕은 횟값을 받았는지, 말년에는 국무 장관 로버트 세실과 사귀어야 했다.
10) 그들은 축제가 벌어질 때면 개암나무 넝쿨로 몸을 두르고 야만인 차림으로 나타났다.

난한 사람들이 확실한 생계 수단을 찾지 못한 것을 범죄행위로 간주했다.[11]

여왕의 주요 관심사는 친구들과 지인들이 바치는 옷과 선물이었다.[12] 잉글랜드의 좋은 여왕 베스에게 새해 첫날은 가장 큰 행사 날이었다. 이날이 되면 여왕이 많은 선물을 고대하고 있다는 소문이 퍼졌고, 이 소문이 시작된 곳은 왕실이었다. 그녀는 돈을 긁어모으는 일도 소홀히 하지 않아서 카드놀이를 하면서 보석을 모아 의미 있는 새해를 시작했고, 시간과 장소를 불문하고 무엇이든 받아 챙겼다. 스웨덴의 에리크 왕자는 말 열여덟 마리를 보냈고, 메디치가의 카타리나는 낙타 몇 마리를 보냈다. 감옥에 갇힌 사촌 스코틀랜드의 메리 여왕은 잘 때 쓰는 모자 세 개를 보냈다. 허긴스는 수놓은 손수건 여섯 장을 보냈고, 여기저기서 기부금이 들어왔다.[13] 1595년 키퍼 경을 방문했을 때는 값나가는 선물을 많이 챙기고도 "저기 저 예쁜 보석 박힌 소금 통, 숟가락, 포크도 줘."라고 말했다. 물론 농담 삼아 한 말이었지만, 키퍼 경은 그런 말을 듣고 여왕이 달라는 것을 주지 않을 수도 없었다.[14]

여왕은 스코틀랜드의 메리 여왕에게 이런 편지를 썼다. "내 나이만큼이나 먹은 인간들이 양손에 넘칠 정도로 재물을 많이 가지고 있으면서도 내게는 아주 조금만 내놓는구나."[15]

11) 구민법을 따르면 불량배나 떠돌이는 채찍으로 다스려야 했다.
12) 심지어 선물을 바친 사람들을 후일 참수하기도 했다.
13) 여왕은 늘 선물을 보내라는 암시를 했고, 결과가 항상 좋았다. 결과가 신통치 않으면 더욱 노골적으로 암시했다.
14) 키퍼 경이 준 선물은 부채 한 개, 다이아몬드 펜던트 몇 개, 드레스 한 벌, 페티코트 한 벌, 버지널(하프시코드의 일종) 등이었다. 그녀는 여왕치고는 하프시코드 연주를 꽤 잘했다.

엘리자베스는 늘 새롭고 화려한 옷을 갖고 싶어 했다. 어린 시절에는 옷이 많지 않았지만, 일흔 살이 될 무렵에는 드레스 3천 벌, 가발이 80개나 되었는데 가발 색깔도 다양했다.[16]

그녀는 여왕으로서 전성기를 누리던 시절에는 손에 쥘 수 있는 것은 모두 가질 수 있었다. 그녀는 엄청나게 많은 진주로 치장하고 다녔는데 호레이스 월풀에 따르면 "아주 넓은 주름 옷깃에, 더 넓은 파팅게일(버팀살로 퍼지게 한 치마)을 입었다."[17]

그러다 보니 내가 생각하기에도 아주 자연스러운 일이 벌어졌다. 여왕은 몸에 달고 다니는 장신구 중 일부를 잃어버렸다. 1568년 1월 17일, 그녀는 황금 끈 장식을 웨스트민스터에서 분실했다. 6월에는 보석이 달린 단추 네 개를 잃어버렸고, 11월 17일에는 황금 도마뱀을 잃어버렸다. 그리고 1574년 9월 3일, 모자에 붙어 있던 다이아몬드가 박힌 작은 황금 물고기를 분실했다.[18] 그녀는 몇 해 동안 꽤 많은 진주를 떨어뜨렸다. 여러분은 여왕이 그 진주들을 옷에 꿰매어 놓았어야 했다고 생각하실 것이다.

여왕의 옷은 그녀가 가장 자랑스러워한 물건들이었다. 옷이 마음에 들면 여러 사람 앞에서 자랑스럽게 보여주었다. 한번은 프랑스 대사인 매즈에게 자신의 드레스가 얼마나 넓은지 보여주겠다면서 치마

---

15) 누구나 보석 한 상자만 있으면 여왕의 환심을 살 수 있었다. 한 상자로 안 된다고 하면 두 상자 정도면 되었을 것이다.
16) 당시 여왕은 머리숱이 거의 없다시피 했다.
17) '그녀는 런던탑을 제외한 모든 것을 몸에 걸쳤다.'라는 말이 돌았다.
18) 이후에 여왕은 분실한 물건 찾기를 포기했다. 나라도 그럴 것이다.

를 들어 올려 펼쳐 보였다.[19] 그러나 옷깃은 펼쳐지지 않았고 치마만 위로 올라갔다. 또 한 번은 다른 프랑스 대사인 보몽 앞에서 비단 스타킹을 신고 자랑한 적이 있었다.[20] 프랑스 대사 두 사람은 여왕이 제정신이 아니라고 생각했을 것이다.

엘리자베스 여왕이 비단 스타킹을 신은 최초의 영국 왕은 아니었다. 헨리 8세와 에드워드 6세도 비단 스타킹을 신었지만, 여성으로서는 그녀가 처음이었다.

좋은 여왕 베스는 남자가 궁전에 들락거리는 것을 좋아했다. 남자들이 있어야 생활에 활력이 생긴다고 생각했기 때문이었다. 1587년, 열아홉 살 청년 에식스를 처음 만났을 때, 여왕은 53세였다.[21]

그녀를 알현하기 위해 찾아온 사람들은 레스터, 에리크, 이반 이외에도 에스파냐의 떠버리 왕 펠리페 2세도 있었다. 머리가 큰 샤를 대공[22]과 엘리자베스가 한때 밀크 주를 대접했던 법률가 크리스토퍼 해턴 경,[23] 귀걸이와 레이스를 하고 어머니인 메디치가의 카타리나를 좋아했던 알랑송 공작 앙주[24] 등도 궁전을 출입했다. 오스트리아의 돈 요한은 이복형인 에스파냐의 펠리페 2세에게 다음과 같이 편지를 써서 보냈다. "이 편지를 쓰고 있는 지금 나는 한 여자의 유혹에 넘어

---

19) 그 바람에 프랑스 대사는 여왕의 아랫배를 보고 말았다.
20) 대사가 그걸 보고 무슨 생각을 했을까? 그는 아무 말도 하지 않았다.
21) 그녀는 이제 더는 젊어질 수 없다고 생각했다.
22) 그는 머리도 컸지만, 늘 파산 상태였다.
23) 그는 양(羊)처럼 생겼다.
24) 그는 향수를 사용했고, 셔츠도 수천 벌 가지고 있었으며 울보였다.

갈 생각을 하니 얼굴이 붉어졌습니다. 그 여자의 행동거지는 수많은 화젯거리가 되고 있습니다."[25] 돈 요한은 정말 사랑스러운 아이였다.

엘리자베스는 레스터를 위해 자신의 옆방에 침실을 마련해주었다.[26] 여왕의 침실에는 일각수 뿔, 박제한 극락조가 있었고, 이따금 사마관이 들어왔다.[27]

엘리자베스는 음식에 탐닉하지는 않았지만 좋아하는 음식이 있었다. 한번은 콜체스터를 방문했을 때 여왕이 굴을 맛있게 먹는 것을 본 왕실 식사 담당관이 그 후 콜체스터에서 굴을 말로 운송해서 궁전의 식탁에 올려놓았다. 새해가 되면 여왕은 일상적인 뇌물과 더불어 음식 선물도 받았다. 신선하게 보존된 생강, 아몬드 과자, 마르멜루 파이, 호두 케이크 등이 그녀가 특히 좋아하는 선물이었다.[28]

여왕은 소화를 돕기 위해 맥주를 즐겨 마셨다. 포도주는 식사 때만 가끔 마셨는데, 물을 반 정도 섞어 마셨다. 건강이 나빠지면 적들에게만 좋은 일이 될 것을 염려했기 때문이었다. 엘리자베스가 가장 좋아했던 술은 물에 꿀을 타고 향료, 허브, 레몬을 추가한 벌꿀주였다.[29]

1575년, 레스터 백작인 로버트 더들리가 케닐워스에서 여왕을 위해 초호화판 연회를 베풀었다.[30] 비용이 만만치 않게 든 연회였지만,

25) 여왕은 정말 어쩔 수 없는 여자였다. 그녀가 태어난 1533년 9월 7일의 별자리는 처녀자리(Virgo)였다.
26) 레스터가 시녀처럼 처신했다고 말하는 이들도 있다. 그럴듯한 말이다.
27) 어쨌든 그들을 부르는 것은 멋진 일이었다.
28) 여왕은 세상을 떠나기 2년 전부터 음식의 양을 줄였지만, 밀가루로 만든 흰 빵과 치커리 수프는 예외였다.
29) 왕실 벌꿀주는 석 달 동안 숙성시킨 후 병에 넣고, 6주가 지나야 여왕이 갈증을 달래는 데 사용했다.
30) 역사가들은 케닐워스 연회가 12일에서 3주 동안 계속되었다고 추정하고 있다.

백작에게 그 정도의 여유는 있었다. 여왕은 그에게 셀 수도 없을 만큼 많은 선물을 주었을 뿐 아니라, 50만 파운드에 달하는 돈이 생기게 해주었기 때문이다. 그래서 그가 파티를 연 것이다.(그보다 더 그럴듯한 이유가 있었을까?) 연회 중에 가면무도회와 곰 놀리기 오락이 열리는 등 참가자들은 마음껏 놀았다. 그중 내 기억에 남아 있는 것이 하나 있다. 이 연회에 큰 술통 320개가 동이 났다고 한다. 좋은 여왕 베스는 술과 음식을 절제했지만, 누구 못지않게 많이 마셨을 것이다. 한번은 케임브리지 대학을 방문하여 유창한 라틴어로 연설한 다음, 대학 학장에게 맥주가 넉넉히 있으면 금요일까지 머물겠다고 말한 적도 있었다.

　엘리자베스 여왕은 1603년 3월 70세를 일기로 세상을 떠났다. 재위 기간은 44년이었다.[31] 그리고 참수형으로 죽은 스코틀랜드 메리 여왕의 아들 제임스 6세가 제임스 1세로 왕위에 올랐다. 엘리자베스 여왕 서거 후 화약 음모 사건[32], 가이 포크스 축제[33], 30년 전쟁, 흠정역 성서[34], 버지니아 이주[35], 흡연 금지령, 라디오의 발명, 눈가리개 테스트, 조용한 집사들 등 큰 사건들이 연이어 일어났다.

---

31) 영국의 비평가 리턴 스트레이치는 엘리자베스 여왕을 "위선, 유연성, 우유부단함, 꾸물거림, 그리고 인색함"을 통해 매우 성공적으로 왕의 임무를 수행했다고 말했다. 내겐 꽤 그럴듯하게 들리는 말이다.
32) Gunpowder Plot: 1605년 제임스 1세 국왕을 암살하려 한 사건.
33) Guy Fawkes Day: 1605년 국왕을 시해하려 한 화약 음모 사건의 주모자 중 한 사람인 가이 포크스의 체포 기념일로 11월 5일이다. 영국인들은 요즘도 이날이 되면 불꽃놀이 등 다양한 행사로 축제를 즐긴다.
34) Authorized Version: 1611년 제임스 1세의 지시로 발행된 영역 성서. 왕의 이름을 따서 '제임스 성서(King James Version)'라고도 부른다.
35) 1607년 일단의 영국인 이주민들이 미국 버지니아에 도착, 식민지를 건설하고, 제임스 왕의 이름을 따서 '제임스타운'이라고 명명했다.

MORE INFO.

1. Mary I | 메리 여왕 1542-1587

스코틀랜드 왕국의 린리스고우 궁에서 태어났다. 아버지는 스코틀랜드의 왕 제임스 5세이고 어머니는 프랑스의 명문 귀족이자 방계 왕족 출신인 마리 드 기즈이다. 제임스 5세는 메리가 태어난 지 6일 만에 숨을 거두었고, 1543년 9개월의 아기였던 메리 스튜어트는 대관식을 치르고 스코틀랜드의 여왕이 되었다. 그녀는 아버지의 외숙인 잉글랜드의 헨리 8세가 강요하는 대로 그의 아들 에드워드 6세와 약혼했다. 그러나 헨리 8세가 스코틀랜드에 대한 야욕을 드러내자 동맹도 약혼도 파기되었고 1547년 스코틀랜드군은 잉글랜드군과 싸워 대패했다. 당시 섭정하던 그녀의 어머니 마리 드 기즈는 잉글랜드의 숙적인 프랑스에 도움을 청했고, 1548년 메리는 프랑스 앙리 2세의 아들 프랑수아 2세와 약혼했다. 그해 메리는 스코틀랜드를 떠나 프랑스 궁정에서 교육받기 시작했다. 유럽 궁정 문화의 최첨단을 걷는 프랑스 궁정에서 메리는 총명한 소녀로 자라났다. 라틴어와 외국어를 유창하게 구사했고, 문학, 사냥, 승마, 바느질, 악기에도 능했다. 메리는 당대 왕녀 중에서 가장 아름답고 키가 늘씬하기로도 유명했다. 프랑스에 온 지 10년 만인 1558년 스코틀랜드의 여왕 메리와 프랑스의 왕태자 프랑수아의 결혼식이 열렸다. 다음 해 앙리 2세가 승하하고 프랑수아 2세는 프랑스의 왕이, 메리 스튜어트는 프랑스의 왕비가 되었다. 그러나 프랑수아 2세가 즉위한 지 1년 만에 세상을 떠나자 메리 스튜어트는 스코틀랜드로 돌아왔다. 스코틀랜드는 잉글랜드와의 영토 분쟁뿐 아니라 개신교와 로마 가톨릭 사이의 충돌로 종교 분쟁이 끊이지 않는 혼란한 상태였다. 독실한 로마 가톨릭 신자인 메리 스튜어트는 잉글랜드의 여왕 엘리자베스 1세와는 내종질녀와 진외오촌 사이, 즉 헨리 7세 적장녀의 적손녀이였기에 잉글랜드의 왕위 계승권도 있었다. 엘리자베스 1세의 어머니는 간통죄로 처형당한 앤 불린이었기에 엘리자베스 1세는 왕위에는 올랐어도 여전히 헨리 8세의 사생아로 여겨졌다. 엘리자베스는 또한 개신교를 옹호했기에 로마 가톨릭을 신봉하는 쪽에서는 적자의 혈통을 잇고, 로마 가톨릭을 숭상하는 메리 스튜어트야말로 잉글랜드의 정통 왕위 계승자라고 생각했다. 잉글랜드의 엘리자베스 1세는 스코틀랜드로 돌아온 메리를 경계했다. 메리는 종교 분쟁을 진정시키고 분열된 귀족들을 결속하려고 애썼다. 그녀는 개신교 신자들에게도 너그러운 종교 정책을 폈다. 그리고 잉글랜드와의 국가 관계 개선을 위해 여러 차례 엘리자베스 1세와의 만남을 주선하기도 했다. 1565년 메리는 자신의 족친 단리 경, 헨리 스튜어트와 결혼했다. 그도 메리처럼 잉글랜드 헨리 7세의 후손이었으므로 두 사람의 결혼은 잉글랜드의 엘리자베스 1세의 정치적 위협이 될 수 있었다. 이 결혼에 불만을 품은 메리의 이복 오빠 모레이 백작은 개신교 귀족들을 모아 반란을 일으켰으나 메리는 이 반란을 진압했다. 남편 헨리 스튜어트는 자신이 왕의 칭호를 받아야 한다고 주장했지만 받아들여지지 않자 메리에게 앙심을 품었고 메리가 죽어야만 왕위에 오를 수 있다고 생각하여 그의 동조자들과 공모하여 그녀를 감금했다. 메리는 감금된 상태로 아들 제임스 스튜어트를 낳왔고, 남편을 설득해서 함께 탈출했다. 음모의 주모자가 배반하자 귀족들은 분노했고 헨리 스튜어트는 목이 졸린 시체로 발견되었다. 이 사건에는 보스웰 백작 제임스 헵번이 결정적인 역할을 했으리라 추정되었다. 그해 4월 보스웰 백작은 메리를 납치해 강간한 뒤 결혼을 강요했고 그녀는 추문을 막고자 그와 결혼할 수밖에 없었다. 남편이 죽은 지 얼마 되지 않아 남편의 살해범과 결혼했다는 사실 때문에 백성은 메리가 보스웰 백작과 짜고 전 남편을 죽였다고 수군거렸다. 1567년 6월, 모레이 백작을 비롯해 귀족들이 다시 반기를 들어 메리를 감금했으며 그녀는 결국 왕위를 한 살짜리 아들 제임스에게 물려주었다. 1568년 메리는 탈출해서 군대를 소집했다. 반란군과의 전투에서 패배하자 그녀는 잉글랜드의 엘리자베스 1세에게 도움을 청하기로 했다. 그러나 잉글랜드에 도착하자마자 엘리자베스 1세는 그녀를 칼라일 성에 감금했고 18년간 셰필드에 유폐했다. 1580년 보스웰 백작이 덴마크의 감옥에서 미쳐 숨을 거두자, 엘리자베스 1세는 메리가 다른 유력자와 결혼해 왕위를 노리지 못하도록 그녀를 반역죄로 몰았다. 1587년 2월 8일, 메리는 로마가톨릭교회의 상징인 빨간색 드레스를 입고 노스햄프턴셔의 사형장에서 참수당했다. 그녀의 아들 제임스 스튜어트는 엘리자베스 1세의 뒤를 이어 잉글랜드와 스코틀랜드의 왕이 되었다.

2. Robert Devereux, 2nd Earl of Essex 에식스 백작 1566~1601

에식스 초대 백작의 장남으로 케임브리지 대학에서 배웠다. 1586년 네덜란드와의 싸움에서 선전하여 명성을 얻고 엘리자베스 1세의 총애를 받았다. 에스파냐 원정, 앙리 4세를 돕기 위한 프랑스 출병, 카디스 원정 등에서 신교도를 원조하고, 1596년에는 카디스를 점령했다. 1599년 아일랜드 총독으로 임명되었으나 반란 진압에 실패하여 여왕의 명을 어기면서 굴욕적 강화를 체결하고 직무를 포기한 채 귀국했다. 여왕의 총애를 잃게 될 것이 두려웠던 그는 1601년 런던에서 봉기를 꾀하다가 잡혀서 런던탑에 유폐되었다가 대역죄로 참수당했다.

3. Countess of Shrewsbury 슈루즈버리 백작 부인 1568~1590

본명은 엘리자베스 탤벗이다. 후일 그녀가 더비셔에 지은 대저택의 명성 덕분에 '하드위크의 베스(Bess of Hardwick)'로 더 잘 알려졌다. 그녀는 1527년 하급 젠틀맨 가문에서 태어났지만, 네 명의 남편을 거치며 80년을 사는 동안 잉글랜드에서 여왕 다음으로 부유한 여인이 되었다. 1567년 슈루즈버리 백작과 결혼할 즈음에는 이미 세 명의 전남편에게서 얻어낸 엄청난 부를 축적했고, 뛰어난 상황 판단력과 잔꾀, 비상한 수완과 오만함으로 대단한 거물이 되어 있었다. 그러나 백작이 스코틀랜드의 메리 여왕을 감시하는 임무를 맡으면서 두 사람 사이는 눈에 띄게 틀어지더니 급기야 원수지간이 되었다. 1583년 그녀는 남편이 메리 여왕과 관계를 했다는 소문을 퍼뜨렸고, 엘리자베스 여왕이 직접 나서서 슈루즈버리 부부를 화해시키려 했지만, 성공하지 못했다. 그녀는 백작과 별거하고 어린 시절에 자랐던 하드위크의 작은 장원으로 돌아갔다. 1590년 남편은 그녀에게 막대한 유산을 남기면서 그녀가 평생 꿈에 그리던 저택 '하드위크 홀'을 만들어도 좋다고 허락하고 죽었다. 1591년 로버트 스미스슨은 그녀가 원하는 하드위크 홀을 완성했으며 수없이 많은 창문이 달린 집으로 유명해져서 '하드위크 홀, 벽보다 유리가 더 많은 곳'이라는 말도 생겼다. 이처럼 그녀는 '파란만장했던 결혼 생활에서 얻어낸 씁쓸한 유산으로 어떤 영속하는 아름다움을 만들어내고 있다는 만족감과 함께, 또 우아한 감각과 추억이 영원하기를 추억하면서' 1608년 하드위크 홀에서 사망했다.

4. Earl of Leicester 레스터 백작 1532~1588

본명은 로버트 더들리. 아버지 노섬벌랜드 공의 음모 때문에 한때 투옥되었으나, 여왕의 총애를 받고 급속히 승진하여 추밀 고문관, 레스터 백작이 되었다. 키가 크고 미모가 출중했으며 여왕에게 접근하기 위해 아내를 죽였다는 의혹을 사기도 했다. 셰필드 부인, 그리고 에섹스 백작의 미망인과 은밀히 결혼하는 등 파렴치한 행동이 많았다. 정치적으로는 반(反)에스파냐, 반(反)가톨릭을 강경히 주장했고, 1585년 여왕으로부터 네덜란드 독립 지원군 사령관에 임명되었으나, 전술가로서는 무능하여 네덜란드 측과 마찰이 생겨 소환되었다. 문학·연극의 후원자로도 알려졌다.

5. Walter Raleigh 월터 롤리 경 1552~1618

1569년 의용병으로 위그노전쟁에 참가하고, 1578년 이복형 길버트의 북아프리카 탐험에 수행했다. 이후 그는 여러 차례에 걸쳐 식민지 탐사를 목적으로 신세계로 항해했으며 1584년 로어노크 섬에 세워진 식민지는 영국의 첫 식민지였다. 그는 1580년 아일랜드 반란을 진압한 공으로 엘리자베스 1세의 총애를 받아 기사 작위를 받았다. 진흙길 위에 값진 망토를 펼쳐 여왕을 지나가게 했다는 일화는 유명하다. 1587년 근위 대장으로 임명되어 광대한 영지와 상업상의 특권을 부여받아 궁정에서 세력을 떨쳤다. 북아메리카를 탐험, 플로리다 북부를 '버지니아'로 명명하고 식민 사업을 전개했으나 실패했다. 그 후 여왕의 총애를 잃어 한때 투옥되기도 했으며 제임스 1세 때에는 반역 사건에 연루되어 투옥되어 옥중에서『세계사』(1614)를 저술했다. 1616년 출옥하고 다음 해 오리노코 강 탐험을 시도했으나 실패했다. 1618년 귀국하자 부하들이 에스파냐령에서 난폭한 행위를 했다는 혐의로 처형되었다.

조지 3세

조지 3세는 미국에서 독립 전쟁이 전개되던 시기에 영국의 왕이었다. 물론 전쟁에서는 미국이 승리했다. 영국은 무기도 많았고, 싸움도 아주 잘했지만, 상대를 잘못 만났다. 바로 그것이 패배의 유일한 원인이었다.[1]

그 이름이 암시하듯이 조지 3세는 세 번째 조지 국왕으로, 1714년부터 1830년까지 네 명의 조지 왕이 평균 잡아 29년씩 영국을 다스렸다. 그렇게 많은 조지가 있었다는 사실을 사람들은 잘 모르는 듯하다.

116년 동안에 '조지'라는 이름의 국왕이 연달아 네 명이나 있다 보

---

[1] 1776년 7월 9일, 영국 정부가 1770년 뉴욕 볼링그린 공원에 세운 조지 3세 동상을 미국 군중이 몰려가 무너뜨렸다. 조각난 동상 잔해는 총알로 만들어져 조지 왕의 병사들을 향해 날아갔다.

George III 조지 3세 ¹⁷³⁸⁻¹⁸²⁰

조지 2세의 손자로, 1760년에 즉위하여 선대 두 명의 왕과는 달리 왕권의 회복을 꾀했다. 왕실 비용을 줄인 돈으로 의원을 매수하여 어용당을 만들어 조종함으로써 실질적으로 국정의 지도력을 강화했다. 그러나 그 결과 '미국의 독립'이라는 뼈아픈 실패를 초래했다. 이따금 정신에 이상을 보였고, 특히 1811년 이후에는 폐인 같은 만년을 보냈다. 더욱이 그의 치세는 초기의 토리당 어용 시대 등 전후 수년간을 제외하고는 소(小) 피트가 주도하는 토리당의 지배 시대가 되었다.

니 문제가 생겼다. 사람들이 네 사람을 뚜렷하게 구별하지 못해서 그들을 그냥 '네 명의 조지'라고 모호하게 말하거나, 혹은 가발을 뒤집어쓴 노인네들 정도로 알고 있는 것이다. 네 사람을 분간하는 일이 쉽지 않게 되었다.[2]

어쨌거나 조지 1세[info1]는 영어를 할 줄도 몰랐고, 배우려는 의지도 없었다. 그는 독일 하노버의 선제후였지만, 스코틀랜드 메리 여왕의 후손이었기에 영국의 왕위를 계승하게 되었다. 그는 상업적인 이해관계로 왕에 추대되었고 별다른 문제 없이 1727년까지 재위했다.

그의 재위 기간에 영국에는 왕비가 없었다. 왕비인 조피 도로테아가 국왕인 자신 못지않은 바람둥이라고 생각한 조지 1세가 그녀를 감옥에 보냈기 때문이었다.[3]

조지 1세는 똑똑하지 못한 왕이었지만, 백성은 그리 심각하게 받아들이지 않았다. 하노버 왕가의 시대가 이제 막 시작되었으니 다음에 왕위에 오를 조지는 그래도 뭔가 다르리라 기대했다. 그러나 조지 2세[info2]도 아버지와 다를 바 없었다. 부친보다 키가 좀 작고, 조금 더 시끄럽고, 얼굴색이 조금 더 붉었을 뿐이다. 그는 화가 나면 가발을 집어던지고 벽에 대고 발길질을 했다.[4]

하지만 그는 용감했다. 그는 자신이 영국의 합법적인 왕위 계승자라고 주장하는 '유쾌한 찰리 왕자'[info3]를 전혀 무서워하지 않았고, 스

---

2) 당시에는 구분하기가 별로 어렵지 않았을지 모르지만, 요즘 사람들에게는 거의 불가능해졌다.
3) 그것은 분명히 오해였다.
4) 결국, 발에 통증을 느끼기 시작했지만, 신발이 작아서 아픈 것으로 착각했다.

코틀랜드에서 전쟁을 일으켜 찰리 왕자에게 왕위를 찾아주기 위해 쳐들어온 일곱 명의 귀족도 두려워하지 않았다.[5] 젊은 왕위 요구자 찰스가 1745년 영국의 더비에 군대를 이끌고 와서 왕위를 요구하면서 신하들을 벌벌 떨게 했지만, 조지 2세는 "후우! 말도 안 되는 소리 그만 해!"라고 일축했다. 그러고는 아무 일도 없었다는 듯이 저녁 식사로 돼지머리와 베이컨 수프를 배불리 먹었다.

나는 개인적으로 찰스 에드워드를 지지하는 편이며, 다른 사람들이 나와 생각이 같건 다르건 신경 쓰지 않는다. 다만, 그는 전투 중에도 술을 마셔댔고, 전투가 자신에게 불리하게 돌아가는 동안에도 가발을 매만지는 등 정신을 차리지 못했다. 여러분, 실패한 찰스 왕을 위하여 건배! 찰스를 도와준 플로라 맥도날드[6]를 위해 한 번 더 건배!

조지 2세는 여러 차례 전쟁을 벌였다. 젠킨스 귀 전쟁[7]도 그중 하나였다. '판디노'라는 에스파냐 사람이 젠킨스 선장의 귀를 잘랐다는 소문으로 말미암아 비롯된 전쟁이었다. 젠킨스 선장의 귀가 정말 잘렸는지 어쨌는지는 여전히 의문이지만, 어쨌든 영국은 1천만 파운드 상당의 에스파냐 범선 한 척을 나포했으므로 결과가 나쁘지 않았다.

---

5) 스튜어트 왕가의 찰스 에드워드는 수많은 지지자의 도움으로 대담하게 왕위 계승권에 도전했지만, 결국 1746년 켈로든 전투에서 패배하여 프랑스로 달아났다. 이 일로 지지자들은 입장이 곤란해졌다.
6) 스튜어트 왕가의 지지자로 찰스 에드워드 왕자가 켈로든 전투에서 패배한 후 영국을 빠져나갈 때 도와주었다.
7) War of Jenkins' Ear: 1731년 에스파냐령 남아메리카 해역에서 밀무역하던 영국 상선 레베카 호가 에스파냐 해안경비대에 적발되었다. 배에 올라온 에스파냐 장교 판디노는 선장 로버트 젠킨스의 귀를 베어내면서 "너희 왕에게 가서 이따위 짓을 하면 그의 귀도 베어 버리겠다고 전해라."라고 말했다. 1738년, 젠킨스는 잘린 귀를 담은 단지를 들고 하원 의사당에 나타났다. 그는 자신의 사연을 밝히면서 "나는 내 영혼을 신에게, 이익을 국가에 바치고 있다."라고 외쳤다. 수상 로버트 월폴은 사태를 평화적으로 수습하려고 했지만, 후일 수상이 되는 윌리엄 피트 등이 개전을 강력히 주장했다. 결국, 영국은 에스파냐와의 전쟁에 돌입했다.

조지 2세의 아내인 카롤리네 폰 안스바흐는 모범적인 여성이었다. 용모도 아름다웠지만, 지적이고 학문과 예술에도 조예가 깊었다. 비록 통풍으로 고생했지만, 찬물로 발에 찜질한 다음에는 억지로라도 미소를 지으며 조지 2세와 함께 산책하기 위해 밖으로 나왔다. 그녀는 남편을 사랑했고 남편도 그녀를 사랑했다. 조지 2세는 그녀가 죽은 뒤 23년을 더 살았지만, 재혼하지 않았다. 요즘 세상에선 드문 일이다.

조지 3세는 조지 2세의 손자이다. 그는 1760년 영국의 국왕이 되었고, 이듬해 메클렌부르크 슈트렐리츠 가문의 샤를로테 공주와 결혼식을 올렸다. 샤를로테 공주와 관련해서 동화 같은 이야기가 전해진다. 어느 날 그녀가 "누가 나처럼 못생기고 키가 작은 공주를 데려가지?"라고 중얼댄 바로 그 순간, 조지 3세가 보낸 청혼장이 도착했다고 한다. 조지 3세는 한 번 마음먹은 일에는 물러서는 법이 없는 남자로 알려졌다.

못생기고 키 작은 공주는 너무도 좋아서 어쩔 줄 몰랐다. 샤를로테 공주는 예쁜 옷을 챙겨 입고 왕실 요트에 올라 바다를 건너 영국에 도착, 조지 3세 국왕과 결혼했다. 하지만 그녀는 그날 이후로 '결혼'이란 것에 대해 다시 생각해 보면서 60년을 보냈다. 조지 3세는 왕비를 마주 볼 때마다 몸을 숙였다고 한다.[8]

두 사람은 슬하에 열다섯 명의 자식을 두었는데, 왕비의 엄한 명령으로 아이들은 격주로 월요일마다 목욕했다. 역사학자들은 샤를로테

---

8) 게다가 그는 자연스럽지 못한 자세로 몸을 움츠렸다.

가 이렇게 아이들을 목욕시킨 것이 현명한 방법이었는지 아닌지를 두고 격렬한 논쟁을 벌였다. 연속 14일간 한 아이씩 차례로 목욕을 시키고 유달리 지저분한 아이는 토요일 밤에 한 번 더 씻기는 편이 낫지 않았을까? 아니면 다섯 명씩 한 조로 해서 월요일, 금요일, 다음 화요일에 씻겼으면 어땠을까? 이런 의문은 아무 의미 없을 것이다. 어쨌든 깨끗하게 목욕만 시키면 되는 것 아닌가?

조지 3세는 아이들은 매우 좋아했다. 특히 남의 집 아이들을 좋아했다. 이는 왕실 근위병의 아들에 관한 일화에서도 잘 나타난다. 어느 날, 조지 3세가 한 꼬마의 머리를 쓰다듬으면서 "넌 누구 아들이냐?" 하고 물었다. 그러자 꼬마가 "네, 전하. 제 아빠는 왕실 근위병입니다." 라고 대꾸했다. "그렇다면, 무릎을 꿇고 왕비의 손에 입을 맞추어야지." 왕이 이렇게 말하자 꼬마는 "안 돼요. 제 새 바지가 더러워지잖아

요."라고 대답했다.

조지 3세의 대관식은 웨스트민스터 홀에서 거행되었는데, 아주 특이한 행사였다. 치통과 신경통을 앓고 있던 왕비는 대관식을 시작할 때부터 기분이 좋지 않았다. 그래서 식이 예정보다 늦게 시작되었다. 그런데 식장에 국왕과 왕비가 앉을 의전용 의자가 보이지 않았고, 예식용 칼도 없었다. 국왕이 크게 불쾌해하며 신하들을 나무라자, 문장원(紋章院) 부총재인 에핑햄 경은 주의를 기울이지 못해 큰 착오가 생겼다면서 다음번 대관식은 차질이 없게 준비하겠다고 했다. 이 유쾌한 농담에 국왕은 기분이 풀려 웃으면서 재밌는 농담이라며 계속해서 그 농담을 반복해 보라고 했다.[9]

왕실 집사인 탤벗 경은 말을 뒷걸음질할 수 있게 훈련해두었다. 그는 왕 앞에서 말이 뒷걸음질하는 묘기를 보여주겠다고 공언했다. 그런데 말이 대관식장에 들어서면서 뒤돌아서더니 훈련받은 대로 뒷걸음질하는 바람에 조지가 앉아 있는 테이블까지 다가왔다.[10] 대관식은 엉망진창이 되고 말았다.

조지 3세는 여행을 좋아하지 않았다. 그런데 1789년 그는 해변 휴양지인 웨이머스에 갔다. 국왕이 왔다는 소식에 몹시 감격한 어느 노인이 떠나는 국왕의 뒷모습을 보면서 키스를 보냈는데 왕의 수행원은 이 노인더러 대역죄를 저질렀다고 했다. 또 한 번은 조지 3세가 전함

9) 그는 다음번 대관식에서는 자신이 주인공이 될 수 없다는 사실을 까맣게 잊고 있었다.
10) 동물에게 쓸데없는 것을 가르치면 이런 일이 생긴다.

을 시찰하러 포츠머스에 간 적이 있었다. 거기서 그는 "아무 이상 없구나."라고 한마디 던지고는 곧바로 궁전으로 돌아갔다.

조지 3세는 소(小) 윌리엄 피트를 총리로 임명한 적이 있었다.[11] 피트의 총애를 받았던 헤스터 스탠호프 부인은 복장 도착증이 심한 여자였다. 그녀는 피트의 조카이자 양녀로, 피트의 식탁을 풍성하게 마련해 주었다. 두 사람은 결혼할 뻔했다. 한번은 배가 난파하여 가지고 있던 옷을 모두 잃어버려서 그녀는 터키식 남자 옷을 입게 되었는데 그 옷이 아주 마음에 들어 나중에도 즐겨 입었다. 그녀에게 성도착증이 있었다고 추정할 만한 근거는 없지만, 가끔 알바니아 추장, 시리아 군인, 베두인, 터키군 사령관 복장을 하고 돌아다녔다. 정말 재미있는 여자였다.[12]

조지 3세의 재위 기간에 산업혁명이 시작되었다. 스티븐슨이 기관차를 발명했고, 와트는 증기기관 엔진을 만들었으며, 하그리브스는 실용적인 제니 방적기를 발명했다. 존슨 박사[13]의 영향력이 커졌으며, 애덤 스미스는 자유방임주의를 주장했다.[14] 그리고 휘그당과 토리당이 맹렬한 기세로 싸웠다.[15]

---

11) 추밀 고문관, 재무성 총감, 국무대신 등을 지낸 대(大) 윌리엄 피트의 아들이다.
12) 그녀는 피트가 사망하고 나서 존 무어 경과 결혼했다.
13) Samuel Johnson(1709-1784): 시인이자 평론가. 1755년 영국에서는 처음으로 영어 사전을 만들어 영문학 발전에 크게 이바지했다. 그 후 풍자 시집 『런던』, 『덧없는 소망』과 영국 시인 52명의 전기와 작품론을 정리한 『영국 시인전』 10권을 발표했다.
14) 애덤 스미스는 다음과 같이 말했다. "피트는 정말 대단한 남자다! 그는 나로 하여금 나의 이념을 더욱 잘 이해하게 했다." 어느 방향으로 바람이 불었는지 알려주는 대목이다.
15) 휘그당과 토리당을 구별하지 못하더라고 자책할 필요는 없다. 조지 4세의 형인 요크 공작은 휘그당과 토리당을 확실히 구별하지 못해서 동시에 양측의 주장을 펼쳤다. 휘그당은 상인들 편을 들었고, 토리당은 포도주를 많이 마셨다.

조지 3세는 한때 전쟁한다는 것은 쓸모없는 짓이라고 말한 적이 있었다. 독립 전쟁 당시 미국에서 전해오는 소식도 그를 자극하지는 못했던 것으로 보인다. 요크타운에서 콘 월리스가 항복했다는 보고를 받고도 "별일 아니군."이라고 대꾸했다. 하지만 총리인 노스 경이 사임했다.16)

조지 3세는 식민지 미국에서 이따금 떠들썩한 소동이 일어나는 원인이 무엇인지 잊고 있었다. 식민지 주민의 동의를 얻지 않고 세금을 걷어갔기에 이주자들이 소동을 피운 것이다.17)

조지 3세는 종종 이상한 행동을 했는데, 그 점에서는 다른 조지들도 마찬가지였다. 조지 3세의 이상 행동 가운데 가장 신경을 거슬리는 것은 "뭐, 뭐, 뭐"라고 아무 쓸모도 없는 말을 자주 지껄이는 습관이었다. 하찮은 일에도 그는 그렇게 지껄였다. 그는 시각을 말할 때에도 "벌써 다섯 시구나, 뭐, 뭐, 뭐."라고 하거나 사과 푸딩이 잘 되어 가는지 궁금할 때도 "사과 푸딩이 잘되어 가나? 뭐, 뭐, 뭐."라고 말했고, 말년에 들어서는 그런 증세가 더욱 심해졌다.18)

야비한 인간으로 말하자면 조지 4세[info4]가 단연 으뜸이다. 그의 아내인 브룬스윅 가문 출신의 카롤리네는 매번 그에게 모욕을 당했고, 결국에는 간통했다는 혐의를 받아 법정에 섰다. 물론 간통의 증거는

---

16) 반 룬은 프리드릭 노스 경이 영국에 많은 저명한 정치인과 엡솜 염을 보낸 가문 사람이라고 주장한다.
17) 요즘도 우리는 세금을 낸다. 하지만 우리가 동의해야 나라에서 돈을 걷어갈 수 있다. 그런데 우리는 정부에서 알아서 원하는 대로 세금을 부과하라고 한다. 우리는 그런 방식을 좋아하는 것이다.
18) 이런 습관은 절대 들이지 말아야 한다.

충분하지 않았다.

말하자면 길지만, 조지 4세가 대관식을 위해 웨스트민스터 대성당으로 출발하던 날, 왕비는 다른 마차를 타고 차양을 내린 채 그의 뒤를 따랐다. 국왕이 마차에서 내려 대성당으로 들어가자, 왕비도 대성당 문으로 걸어갔다. 그런데 왕비의 눈앞에서 철 빗장이 채워졌고, 왕비는 대관식장에 들어가지 못했다. 그녀는 3주 후 폐위되었고 죽었다.[19]

---

19) 영국인들은 조지 4세에 관해서는 관심조차 없었다. 그때쯤 되니 영국인들은 머릿속이 멍해졌기 때문이다.

MORE INFO.

1. Georges I 조지 1세 1660-1727

독일의 하노버 선거후의 아들로 태어나 1689년 아버지의 뒤를 이었다. 그러나 어머니의 계통상으로는 영국의 제임스 1세의 증손에 해당하기에 1714년 앤 여왕의 사망과 함께 왕위 계승법(1701년 제정)의 규정에 따라 영국 왕위에 올라서 하노버 조를 창시했다. 그러나 영어를 모르고 고향 하노버에 칩거할 때가 잦아서 내각과 의회가 국정을 맡았고, 책임 내각제와 의회 정치의 발달을 촉진하는 계기가 되었다.

2. Georges II 조지 2세 1727-1760

조지 1세의 아들. 부모가 이혼한 이래 아버지에게 반감을 품고 조부 밑에서 지내다가 1714년에 아버지가 영국의 왕위를 계승할 때 함께 영국으로 건너가서 부왕이 사망하자 뒤를 이어 1727년 즉위했다. 부왕의 정책을 계승하여 휘그당을 지지하고 부왕의 신임이 두터웠던 R. 월폴을 중용했다. 1743년의 오스트리아 왕위계승 전쟁 때에는 스스로 군사를 이끌고 출정했다. 치세 중에 영국이 스코틀랜드를 완전히 지배하고 해외 식민지를 확장했으며, 7년 전쟁에 참가하는 등 중요한 사건도 많았으나 그가 기여한 바는 별로 없다. 정치는 전기에 월폴에게 맡기고, 후기에 대(大) 피트에게 맡겨 책임내각제를 발달시킨 결과를 낳았다.

3. Charles Edward Stuart 찰스 에드워드 1766-1788

영국과 스코틀랜드의 왕위 요구자로 제임스 2세의 손자이자 제임스의 장남이었다. '젊은 왕위 요구자'로 불리며, 스코틀랜드 사람들은 '보니 프린스 찰리(Bonnie Prince Charlie)'라고 불렀다. 명예혁명 후 망명한 스튜어트 가(家)의 제임스 2세와 그 자손을 정통의 영국 군주로서 지지하는 재커바이트들('제임스'라는 이름의 라틴어 표기인 'Jacobus'에서 유래했다)은 제임스 3세가 연합 왕국의 왕위에 앉아야 한다고 주장하면서 한 차례 대대적으로 반란을 일으킨 적이 있었다. 그는 이 사건이 일어난 이후에 태어났고, 이탈리아, 프랑스, 에스파냐 등지에서 생활하며 무술을 배웠다. 그는 제임스가 죽은 후 아버지의 자리, 곧 재커바이트들이 주장하는 연합 왕국의 왕위 계승자가 되어야 할 인물로 지목되었다. 1745년 재커바이트들은 그를 왕위에 앉힐 것을 요구하며 마지막 반란을 일으켰다. 그는 1745년 6월에 스코틀랜드로 입국했고, 이후 벌어진 재커바이트의 마지막 반란을 총지휘했다. 그러나 컬로든 전투에서 이들은 참패했고, 그는 스카이 섬을 거쳐 스코틀랜드를 떠났다.

4. Georges IV 조지 4세 1763-1830

17세부터 포도주와 여자를 지나치게 좋아하여 방탕하게 생활하고, 찰스 제임스 폭스 등 휘그당 정치가들과 어울렸기에 조지 3세는 장남인 그를 경멸했다. 1795년 의회로 하여금 자신의 빚을 갚게 하려고 브라운슈바이크 공작의 딸이자 사촌인 카롤리네와 애정 없는 결혼을 했으나, 외동딸 샬럿 공주가 태어나고 몇 주 만에 별거에 들어갔다. 카롤리네는 이탈리아에서 살고 있다가 6년 만에 돌아와 왕비로서 자신의 권리를 주장했다. 조지 4세는 그녀에게서 왕비의 권리를 빼앗고 그녀의 부정을 근거로 결혼을 무효로 하는 법안을 상원에 제출했으나 하원은 표결에 부치지도 않았다. 1810년 11월 조지 3세가 정신이상자가 되자 섭정법 조항에 따라 섭정이 되었다가 조지 3세가 사망하자 즉위했다. 60세를 넘기면서 쇠약해진 조지 4세는 정기적으로 위스키에 아편을 넣어 마시고는 했다. 주민이 없는 부패 선거구에서 산업 지역으로 대표권을 옮김으로써 영국 왕실 및 귀족 지주들의 정부에 대한 권한을 축소한 의회 개혁(제1차 선거법 개정)의 서막이 오를 즈음인 1830년 세상을 떠났다.

PART V
라틴의 왕족

루크레치아 보르자
Lucrezia Borgia

펠리페 2세
Felipe II

Lucrezia Borgia 루크레치아 보르자 1480-1519

로드리고 보르자(교황 알렉산데르 6세)와 반노차 카타네이 사이에서 사생아로 태어났다. 형제로 체사레, 후안, 그리고 호프레 보르자가 있었다. 그녀의 아버지와 형제는 그들 자신의 정치적 야망을 위해 그녀를 중요 인물이나 세력가와 결혼시키려 했다. 그런 목적으로 조반니 스포르차(페사로의 영주), 아라곤의 알폰소(비셸리에 공작), 그리고 알폰소 1세 데스테(페라라 공작)와 차례로 결혼해야 했다. 두 번째 남편인 아라곤의 알폰소는 나폴리 국왕의 서출이었으며, 그의 정치적 가치가 떨어지자 루크레치아의 오빠 체사레에게 살해당했다. 그녀는 세 번째 결혼 이후에야 비로소 조용한 삶을 살 수 있게 되었고 특히 예술가들의 후원자가 되었다. 서른아홉 살에 여자아이를 출산하고 후유증으로 죽었으며 아이도 살아남지 못했다.

루크레치아 보르자

루크레치아 보르자는 로드리고 보르자[info1]와 조반노차 카타네이(빅 제니) 사이에서 태어난 사생아였다.[1] 그녀를 연구한 사람들의 말로는 루크레치아는 보통 사생아보다 나을 것도 덜할 것도 없는 그냥 평범한 여자였다. 하지만 그녀에 관한 일화가 하도 많아서 서양사에서 그녀 이야기가 빠지면 뭔가 허전한 느낌이 든다.

루크레치아는 1480년에 태어났다. 그녀보다 4년 앞서 같은 부모에게서 '체사레'[info2]라는 사생아 오빠가 태어났다. 로드리고와 반노차는 내친김에 아들 둘을 더 낳았다.[2] '후안'과 '호프레'라고 불렀는데 별 볼 일 없는 인물들이다. 로드리고에게는 여자가 많았는데 내 능력

---

1) 조반노차는 줄여서 '반노차'라고 부르기도 한다.
2) 반노차는 이 아이들이 태어났을 때 로드리고가 아닌 다른 남자와 남부끄럽지 않은 결혼 생활을 하고 있었다.

으로는 그들에 대해 정확히 알아낼 수가 없다. 아마 로드리고 자신도 그 여자들에 대해 자세히 몰랐을 것이다. 그리하여 그 여자들을 통해 낳은 사생아도 꽤 많았다.

세상 아이들은 모두 자연스럽고 당당하게 태어나는 것처럼 보이지만, 사실은 그렇지 못한 아이들도 있다. 우리는 그런 아이들을 '사생아'라고 부른다. 이것저것 전성기를 맞이했던 이탈리아 르네상스 시대에는 이런 사생아들이 눈에 띄게 많이 태어났다. 남자들은 인생의 여러 가지 가능성에 눈뜨기 시작했고 망설임 없이 인생을 즐겨야 참다운 삶을 사는 것이라고 믿었다. 따라서 곳곳에서 사생아들이 급속히 불어났는데 이때 이탈리아에 나타났던 이러한 경향을 '르네상스 정신'이라고 부를 수 있을 것이다.

로드리고 보르자는 이러한 시대적 분위기를 주도했던 주요 인물 중 한 사람이었다. 그는 발정한 늙은 수캐 같은 인물로 늘 주변에 아름다운 여자들을 거느렸다. 많으면 많을수록 좋았다. 그는 심지어 제대로 인사조차 나누지 않은 여자들과도 데이트를 즐겼으니 그가 낳은 자식의 수는 알려진 것보다 훨씬 더 많을 것이다. 물론, 로드리고가 스스로 저지른 실수였지만, 그 자신도 어쩔 수 없었던 모양이다. 어쩌면 그는 아예 스스로 자제할 생각조차 없었을 것이다. 그는 특히 금발을 좋아했다.[3]

체사레는 끔찍하게 지루한 인간으로 정치와 사회 문제에 관해 끊

---

3) 로드리고의 또 다른 정부(情婦) 줄리아 파르네세처럼 반노차도 금발이었다. 줄리아 파르네세는 로드리고가 교황 알렉산데르 6세가 되던 1492년에 딸 라우라를 낳았다.

임없이 이야기를 늘어놓았다. 그는 이탈리아 중심부에 보르자 왕국을 건설하겠다는 등 터무니없는 계획을 세웠으나, 어설프게 일을 추진해서 아무것도 이룬 것이 없었다. 체사레를 찬미했던 사람 중 한 사람인 마키아벨리가 쓴 『군주론』을 읽어본다면, 누구든 그런 터무니없는 생각을 하게 될 것이다. 이 책은 요즘도 여러 사람이 추천하는 고전이 되었는데 추천의 이유를 여기서 살펴볼 필요는 없을 것이다. 어쨌거나 『군주론』은 지금도 세계의 100대 위대한 저서 목록에 포함되어 있다.[4]

자, 이제 흥미진진한 독살 사건에 관해 이야기해 보자. 우리는 보르자 집안사람들이 모두, 특히 루크레치아가 기회만 생기면 습관처럼 상대에게 독약을 먹였던 것으로 알고 있다. 하지만 엄밀히 말하자면 그것은 사실이 아니다. 조금만 자세히 조사해 보면, 루크레치아는 파리 한 마리 죽이지 못하는 성격이었다는 사실을 증명할 근거가 얼마든지 있다. 로드리고와 체사레, 돈이나 땅을 많이 가진 사람들, 혹은 자신에게 반대하는 사람들과 술자리를 할 때 가끔 포도주 잔에 뭔가 알 수 없는 것을 슬쩍 집어넣었을 수도 있지만, 이 역시 확실한 증거는 없다. 물론 보르자 가문에서 주최하는 연회에 참석한 사람 중에 희생자가 발생하는 사건이 가끔 일어났던 것으로 보인다. 하지만 그래서 뭐 어쨌다는 것인가? 손님 중 몇몇이 노환을 이기지 못해서 죽는데 그들을 살릴 무슨 도리가 있었겠는가?

---

[4] 니콜로 마키아벨리는 1469년 베르나르도 마키아벨리의 사생아로 태어났다. 그는 1527년 설사약 과다 복용으로 사망했다.

　로드리고와 체사레가 사용한 독약의 종류에 대해서는 아직도 논란이 많다. 어떤 사람들은 그것이 '칸타렐라'[5]라는 독약으로, 보르자 가문 사람들이 독특한 방법으로 만든 그들만의 독극물이었다면서, 이것은 죽은 돼지나 죽은 곰을 원료로 사용해서 만든 것으로 아무도 모르는 비법으로 조제되었다고 주장했다.[6] 이 독극물은 독살을 주도한 사람들이 바라는 대로 일정한 시간이 지나야 약효가 나타나 사람을 죽인다고 한다. 예를 들어 금요일 오후에 시작하여 3주일 후에 죽기를 바란다면 그 기간에 맞춰 칸타렐라를 미리 먹이면 된다는 것이다. 내가 알기로 그런 종류의 독약이 딱 한 가지 있기는 한데, 효과가 별로

---

[5] Cantarella: 보르자 집안에서 즐겨 사용하던 독약으로 소량을 먹으면 서너 시간 정도 기절했다고 한다. 상대를 독살하려는 사람의 의도를 충실하게 실현하여 '성공의 음료'라고도 불렀다.
[6] 『보르자 가문의 연대기』를 쓴 영국 작가 프레데릭 바론 코보는 로드리고나 체사레가 곰을 죽이지는 않았을 것이라는 의견을 제시했다. 곰도 없었고 독극물도 없었다는 것이다.

없다고 한다.[7] 체사레와 그의 아버지가 집에서 만든 독약으로 누군가를 독살했다는 이야기를 너무 믿지 않는 편이 좋겠다. 게다가, 어쩌면 그 독약은 오래된 비소였을지도 모른다.

자, 이제 루크레치아에 관해 이야기해 보자. 그녀가 수요일 오찬 때 식탁에 나온 딸기에 아세트산 납을 발랐다든가, 음식에 맛을 내기 위해 르네상스 시대에 흔하게 쓰였던 독성 있는 조미료 안티몬, 헬레보레, 염화수은, 벨라도나 등을 뿌렸다는 소문이 돌았던 적은 없다. 또한, 그녀가 '칸타렐라: 정상인 복용 금지'라는 라벨이 붙은 하얀 분말을 음식에 몰래 뿌리다가 들켰다는 기록도 없다. 게다가 그녀가 손님들을 구석으로 데려가 "제가 직접 만든 맛있는 사리풀[8] 요리 좀 먹어보실래요?"라고 속삭이는 모습을 봤다는 증언자도 없다. 그녀에 대한 갖가지 소문은 분명히 할 일 없는 후대인들이 조작해낸 것들이다.

따라서 요즘 어떤 여자가 여러 사람을 독살한 사건이 발생하거나, 그런 범죄 행위로 법원에서 판결을 받으면 신문 기사에 "보르자, 독살을 시인하다!", "보르자, 사형선고!"라는 제목을 붙이는 것은 잘못된 일이다. 물론, 이 신문 기사에서 은유적으로 말하는 보르자는 로드리고나 체사레가 아니라 루크레치아이다. 여러분이 아무나 붙잡고 루크레치아는 독살 사건과 아무 관련이 없었다고 설득하려 하신다면 그는 "그럼, 사형선고를 받고 죽은 사람들은 도대체 어떻게 된 거요?"하고

---

7) 13세기 이탈리아 파도바 대학 의학 교수였던 피에트로 다바노(Pietro d'Abano, 1257-1315)는 이 독약이 고양이의 뇌에는 치명적이라고 했다. 하지만 소량을 썼을 때는 고양이에게도 효과가 없다고 했다.
8) 유럽이 원산지인 가짓과의 한해살이풀로 잎과 종자에 강한 독이 있다.

되물을 것이다. 그럴 때 뭐라고 대답할지는 스스로 곰곰이 생각해 보면 될 것이다.

루크레치아의 낭만적인 성격에 대한 전설 같은 이야기도 인제 그만 잊어버리는 것이 좋을 듯싶다. 그녀가 아무 남자하고나 깊은 관계를 맺었다고 믿는 사람이 많다. 그러나 그녀는 로마의 자기 집에 있을 때에도 행실이 나쁘다는 소문으로 비난받은 적이 한 번도 없었다. 이웃 사람들은 늘 그녀를 지켜보고 있었다. 어릴 적부터 음란증이 있었다는 소문도 나돌았지만, 그녀는 남자에게 푹 빠져본 적이 없었던 것으로 보인다. 그러고 보면 루크레치아는 좀 이상한 여자였다. 시대에 뒤떨어졌던 여자였다고 말할 수 있겠다.

루크레치아는 노래와 이야기에 등장하는 것처럼 대단한 미인은 아니었지만, 못생긴 여자도 아니었다. 오뚝한 코와 단정한 턱, 쉽게 가늠할 수 없는 빛깔의 눈동자가 매력적인 얼굴이었다. 몸매도 괜찮은 편이었다. 르네상스 시대 남자들 눈에 쏙 들었을 것이다. 또한, 머리는 밝은 금발이었는데 사프란과 회양목 가루, 재거름, 보릿짚, 꼭두서니, 코닌 씨앗 등을 섞어서 일주일에 한 번만 감아도 머릿결에 윤이 나면서 본래의 색깔이 되살아났다. 그 상태로 24시간이 지난 다음, 양배추 줄기를 넣은 물로 씻어내면 마무리되었다. 다만, 이 방법을 사용하면 두피에 가벼운 화상을 입는다는 것이 유일한 문제였다. 이렇게 해서 다행히 머리카락이 두피에 붙어 있기만 하다면 황금빛이 되었다. 어떤 이들은 아직도 루크레치아의 머리가 검은색이었다고 주장하는데 꼭 그렇게 믿어야 행복하다면 나는 뭐 아무래도 상관없다.

루크레치아는 여러 차례 결혼했다. 그녀는 아버지 로드리고와 오빠 체사레가 하라는 대로 순순히 따랐다. 로드리고와 체사레는 그렇게 순종적인 루크레치아를 정략결혼의 제물로 삼아 자신의 출세에 이용하면서 막상 루크레치아의 인생이야 어떻게 되든 별로 신경 쓰지 않았던 듯싶다. 보르자 가문의 남자들이 루크레치아의 남편을 실컷 이용하고 나서 그녀에게 인제 그만 됐다고 말하면, 루크레치아는 다른 남자와 결혼해야 했다. 그녀는 아버지와 오빠의 말이라면 무조건 복종했다. 그녀는 누구와 함께 살든 별로 달라질 것도 없다고 생각했다.[9]

그녀의 첫 남편은 조반니 스포르차[10]로 페사로 지방을 지배하던 코스탄초 스포르차의 사생아였다. 그는 수염을 덥수룩하게 기르고 우파 성향 진영에서 활동하고 있었다. 조반니와 루크레치아는 1493년 6월에 결혼했지만, 그녀는 4년 후 그의 곁을 떠났다. 로드리고와 체사레가 조반니는 성불구자이고, 현실감각이 떨어지며, 아무 쓸모도 없는 데다 재미없는 사람이라고 생각했기 때문이었다. 일이 이렇게 되자 조반니는 미쳐버릴 지경이었는데 당시 그가 보르자 가문에 대해 남긴 악평이 라틴어로 기록되어 있다.[11] 그해에 체사레가 남동생 후안을 살해한 사건이 발생했다. 가슴 아픈 사건이었다. 그는 늘 끔찍한 일을 꾸몄다.

---

9) 어떤 내과 의사는 루크레치아가 신경쇠약에 걸려 있었으며 약한 피부에 내장하수증까지 있었다고 한다. 조금도 놀랍지 않다. 이해할 수 있을 것 같다.
10) Sforza: 15세기 중엽부터 16세기 초까지 이탈리아의 밀라노를 지배한 귀족 가문. 원래는 로마냐 지방의 부유한 농민 집안으로 '아텐돌리'가 그 이름이었는데, 무초 아텐돌리(1369-1424)가 나폴리 여왕과 로마교황을 위해 용병 대장으로 활약하면서 '힘'이라는 뜻을 지닌 '스포르차'라는 칭호를 얻었다.
11) 조반니가 재혼한 부인의 증언은 달랐다. 그녀의 주장을 증명이라도 하듯 두 사람 사이에 아기가 태어났다.

조반니는 보르자 가문의 사생활을 신랄하게 비난했다. 나는 그들의 사생활을 입에 담고 싶지도 않다. 이로 말미암아 보르자 가문의 명예는 회복하기 어려울 정도로 치명적인 타격을 받았다. 물론, 그가 비난한 내용은 전적으로 거짓임이 분명하므로 더는 그런 소문에 휘둘릴 필요가 없다는 점을 밝혀두고 싶다. 그런데 루크레치아가 첫 남편과 헤어지고 나서 약 일 년쯤 되었을 때 그녀의 침실에서 아이가 태어났다. 참으로 희한한 일이었다. 아버지가 누구인지를 도통 알 수 없는 이 아기는 루크레치아가 낳은 아이인지조차 확실하지 않다. 언급하기도 꺼림칙하다는 뜻이다. 게다가 그런 것은 사소한 이야기에 지나지 않는다.[12]

　루크레치아의 두 번째 남편은 아라곤 가문의 알폰소였다. 그는 나폴리 왕국의 '관대한 왕'이라는 별칭으로 잘 알려진 알폰소 왕의 사생아 손자 알폰소 2세의 사생아였다. 이런 배경 때문에 알폰소는 탐나는 결혼 상대자였다.[13] 17세의 풋내기 소년이었던 알폰소는 겁이 너무 많아 루크레치아에게서 도망치기 일쑤였다. 그러나 그때마다 보르자

---

12) 스포르차와의 혼인 무효 과정이 길어지는 사이에 루크레치아가 알렉산데르의 심부름꾼 페로토와 관계를 맺었다는 주장이 있다. 그녀의 혼인이 완성되지 않았다는 이유로 무효 처리가 되었을 때 그녀는 실제로 아이를 잉태했으며, 이 사실은 항간에 널리 알려져 많은 사람이 그녀의 품성을 경멸적으로 보는 계기가 되었다. 아이의 이름은 조반니 보르자로 역사가들에게 '로마의 아들'로 알려졌으며, 루크레치아가 아라곤의 알폰소와 결혼하기 전에 비밀리에 태어났다. 얼마간은 그녀의 오빠 체사레의 아이라고 믿어져 왔지만, 루크레치아를 열렬히 사랑했던 페로토의 아이라는 주장이 제기되었다. 체사레는 당시 가톨릭교회의 추기경이었기에 만일 누이가 조반니와의 결혼을 유지하는 동안 부적절한 관계를 맺었다면 이는 모두에게, 특히 그들의 아버지(알렉산데르 6세)에게 반드시 비밀로 했을 것이다. 1501년, 조반니 보르자의 신분에 관해 교황의 교서가 반포되었다. 첫 번째 교서는 이 아이를 체사레가 결혼 전에 낳은 아이로 인정했다. 두 번째 교서에는 아이를 알렉산데르 6세의 아들로 인정했다. 루크레치아의 이름은 어디에도 언급되지 않았으며, 그녀가 그의 어머니라는 소문은 지금까지 증명되지 않고 있다.
13) 알폰소가 루크레치아와 결혼하기 얼마 전 알폰소의 이복 누이인 산시아는 로드리고의 사생아 호프레와 결혼했다.

집안사람들에게 붙잡혀 왔다. 그는 결혼 생활에 적응하지 못했고, 체사레가 늘 그를 괴롭혔다. 얼마 후 루크레치아는 아들을 낳았는데 알폰소와는 전혀 닮은 구석이 없었다. 하지만 루크레치아는 젊은 남편을 무척 좋아했다. 몇 년 뒤에 체사레가 알폰소의 목을 졸라 죽이지만 않았다면 행복한 결혼 생활이 계속될 수도 있었을 것이다.[14]

세 번째 행운의 사나이는 페라라 공국 에르콜레 데스테[15] 공작[16]의 아들이자 상속자인 알폰소 데스테였다. 그런데 이 알폰소는 적자(嫡子)였다. 그는 그런 사실에 대해 거만할 정도로 지나친 자부심을 품고 있었다. 처음에 그는 막돼먹은 집안과 혼인하지 않겠다고 버텼으나 보르자 가문에서 결혼 지참금으로 엄청나게 많은 돈에 땅까지 주겠다고 하자 마음을 바꿨다. 그 정도의 제안이면 솔깃하지 않을 사람이 있을까? 그의 집안사람들은 그 소식을 듣고 모두 깜짝 놀랐다. 자신들의 집안은 벨프[17] 4세까지 거슬러 올라가는 유서 깊은 가문이었기 때문이다. 이 집안만큼 존경받는 인물을 배출한 가문은 아마 없을 것이다.[18] 알폰소의 누이인 만토바의 이사벨라 후작 부인도 몹시 화가 났다. 자신도 당당한 적자이기에 심히 불쾌했던 것이다.

---

14) 정확하게 말하면 체사레가 매번 자기 손으로 직접 살해하지는 않았다. 그는 주로 사생아인 '미켈레토'라는 자로 하여금 살인하게 했다.
15) Este: 13세기 중엽부터 19세기에 걸쳐 이탈리아의 정치와 문화에 큰 영향을 미친 가문. 13세기 파도바 지방의 소도시 에스터의 영주가 되어 가문의 명칭이 이곳의 지명에서 유래했다.
16) Duke: 원래 '지도자'라는 뜻의 라틴어에서 유래된 명칭으로 주로 왕의 아들이 이 작위를 받았다.
17) Welf: 게르만족 출신의 왕가로 가문의 이름은 8세기에 살았던 영주 벨포에서 유래한다. 바이에른에서 세력을 누렸으며 독일 북동부 작센까지 지배했다. 사자공 하인리히 3세(1129-1195) 때가 전성기였다.
18) '해가 지지 않는 나라' 대영제국 전성기의 군주 빅토리아 여왕이 바로 벨프 왕가 혈통이다. 관심만 있었다면 빅토리아 여왕도 루크레치아 보르자와 인척 관계임을 주장할 수 있었을 것이다.

알폰소의 아버지인 에르콜레 공작은 중요한 일에만 관심을 기울이는 인물로 사소한 문제에는 신경 쓰지 않았다. 그는 처세에 능한 사람이었는데 알폰소와 이사벨라의 어머니인 아라곤의 엘리노라와 결혼하기 전에 페라라 출신 유명한 화가인 코시모 투라가 자신과 자신의 사생아 딸을 그린 초상화를 선물로 엘리노라에게 보낸 적이 있었다. 엘리노라는 그 그림을 받고 매우 기뻐했다고 한다.

1501년 12월 30일, 알폰소와 루크레치아는 대리인들을 보내 서류상으로 결혼했고, 이듬해 1월 루크레치아는 시가(媤家)가 있는 이탈리아 북부 페라라로 먼 길을 떠났다. 루크레치아는 에르콜레 공작의 배다른 동생인 알베르토 데스테의 교외 저택에서 잠시 머물렀다. 그곳에서 에르콜레 공작의 사생아 딸이며 코시모 투라가 초상화를 그린 루크레치아 벤티보글리에게서 밤새 환대를 받았다. 다음 날 알폰소가 와서 루크레치아를 자신의 궁전으로 데리고 갔다. 그는 문 앞에서 에르콜레 공작의 친동생인 시지스문도 데스터의 사생아 딸들인 카라라 백작 부인, 우구조니 백작 부인, 비앙카 상세베리노 등에게 루크레치아를 소개했다. 그들은 진심으로 따뜻하게 맞아주었기에 루크레치아는 평생 처음으로 편안함을 느꼈다.

루크레치아는 페라라 공국에서 생애 마지막 17년을 살았다. 비록 알폰소의 열렬한 사랑을 받지는 못했지만, 자신의 본분에 충실한 삶을 살았다. 그녀가 그곳에서 착실하게 살았다는 데 이의를 제기하는 사람은 없다. 끔찍했던 친정에서 떨어져서 살면서 그녀는 전혀 다른 여자가 되었다. 십자수를 놓으면서 가사에 전념했고, 열심히 자선 활동을 하는 독실한 기독교인이 되었다. 그녀의 아버지 로드리고는 1503년 죽었다. 독살을 당했다는 설도 있고, 임종의 순간에 일곱 악마가 그의 방에서 목격되었다는 이야기가 꽤 설득력 있게 전해 내려오고 있다. 그로부터 몇 년 후 만사가 엉망이 되어 버린 오빠 체사레는 에스파냐에서 죽었다. 그는 방탕한 사생활로 나폴리에서 매독에 걸려 평생 고생했다.

루크레치아는 1505년 늙은 에르콜레 공작이 죽고, 알폰소가 작위를 이어받자 페라라 공국의 공작 부인이 되었다.[19] 완벽하게 사회적인 성공을 이룬 셈이었다. 그녀를 도울 일이 생기면 올케 이사벨라 후작부인마저 달려왔다는 사실만 봐도 알 수 있다. 알폰소가 좀 활달한 성격이었으면 더 좋았을 것이다. 그는 진지하고 침착한 성격으로 언제나 대포 주물 공장에서 쉴 틈이 없는 나날을 보내거나 전쟁터에 나갔다. 그는 하찮은 일에 시간을 낭비하고 싶어 하지 않았다. 그럼에도 루크레치아는 다섯 명의 자식을 낳았는데, 아들 넷과 딸 하나를 두었다.

루크레치아는 남는 시간에 무엇을 했을까? 그녀는 르네상스 문화에 심취해 있었다. 페라라 공국은 비록 최고라고는 할 수 없지만, 르네상스 문화가 화려하게 꽃핀 곳이었고 그녀는 싫든 좋든 그 한복판에 있었다.[20]

---

[19] 에르콜레 공작은 페라라 공국에 자신의 흔적을 남겨 놓고 죽었다. 그는 죽기 얼마 전 제빵사들이 발로 밀가루 반죽을 하는 행위를 금지한다는 칙령을 선포했다.
[20] 올케 이사벨라는 배운 것이 많은 여자로 루크레치아를 지적인 면에서 인간 이하로 취급했을지 모르지만, 루크레치아도 일자무식은 아니었다. 루크레치아는 금과 은으로 장식한 벨벳 표지 책을 열일곱 권이나 소장하고 있었다.

많은 시인이 자주 궁전을 방문하여 루크레치아를 찬미했다. 특히 식사 시간에는 장문의 시를 낭송해 주었다. 내가 알기로 그 시인들은 언제나 똑같은 시를 끊임없이 낭송하곤 했다. 하나같이 그녀의 아름다움, 지성, 자비심, 겸손함 등을 격찬하는 시였고, 마치 전날에는 제대로 하지 못했다는 듯이 매일 똑같은 시를 열을 올리며 낭독했다. 게다가 그 시들은 너무 길었다. 그 시인 중 독살된 자가 한 사람도 없었다는 사실에 주목할 만하다. 언제라도 마음만 먹으면 누구든 독살할 수 있었을 텐데.

루크레치아의 훌륭한 성품을 찬양한 사람 가운데 루도비코 아리오스토[21]라는 대시인이 있었다. 그가 지은 『성난 오를란도』는 많은 사람이 그런 시를 좋아하는 한, 세상에 발표된 위대한 시 가운데 영광스러운 자리를 계속 차지하고 있을 것이다. 아리오스토는 자신의 서사시 42편 83절에서 루크레치아를 모든 여성의 본보기로 그리면서, 먼 옛날의 루크레치아[22]보다도 높게 평가했다. 이 시인과 루크레치아 사이에 추문은 알려지지 않았기에 두 사람이 복잡한 관계는 아니었던 것으로 추측된다.

루크레치아가 당대 가장 잘생긴 시인이자 페라라 공국에서 남의 기분을 잘 맞추기로 소문난 아첨꾼 피에트로 뱀보[23]를 여러 차례 만

---

21) Ludovico Ariosto(1474-1533): 이탈리아 르네상스 후기를 대표하는 서사 시인이다.
22) 강간당했던 루크레치아를 말한다. 고대 로마의 스푸리우스 루크레티우스 트리시피티누스의 딸로 집정관 루키우스 타르퀴니우스 콜라티누스의 아내다. 로마 왕 타르퀴니우스의 아들 섹스투스에게 능욕당하고 스스로 목숨을 끊었다. 바로 이 사건이 로마 왕정 붕괴의 동기가 되었다.
23) Pietro Bembo(1470-1547): 베네치아 귀족 집안 출신 학자이자 시인이었다. 페라라 공국을 수차례 방문하면서 루크레치아와 사랑에 빠졌다. 페라라를 떠난 후에는 우르비노에 머물다가 1539년 교황 바오로 3세에 의해 추기경에 임명되었다.

났던 것은 사실이다. 그는 모든 면에서 알폰소보다는 나은 인물로 이따금 공작을 언짢게 했다. 벰보가 서둘러 도시를 떠났지만, 공작이나 공작 부인과 관계가 나빠져서 떠났다는 증거는 없다. 아마 그는 페라라 남쪽에 있는 우르비노 궁전으로 갔을 것이다. 알폰소가 집을 비울 때마다 루크레치아가 이 미남 작가와 함께 은밀하게 시간을 보냈다는 소문이 들리기는 했지만, 그가 페라라 공국을 훌쩍 떠난 일을 들어 그 소문이 사실이었다고 단정해서는 안 될 것이다.

물론, 루크레치아는 에르콜레 스트로치[24]도 좋아했다. 에르콜레는 그녀를 장미에 비유한 풍자시를 라틴어로 썼다. 물론 그녀가 미칠 정도로 좋아하진 않았지만, 그는 여자를 한순간 우쭐하게 할 만큼 찬미했다. 나는 논란의 여지가 있는 그의 시를 검토한 적이 있기에 확신하고 있는 바, 그가 그녀에 대해 느꼈던 정열은 모두 그의 상상력에서 나온 것이었다. 그는 조심스러운 문체로 시를 썼으며, 적재적소에서 비너스를 암시했다.

어느 날, 에르콜레와 루크레치아는 평소처럼 팔짱을 끼고 꽤 오랜 시간 공작령의 정원과 숲 속을 거닐었다. 그리고 다음 날 아침 에르콜레는 궁전 근처에서 피살된 채 발견되었다. 그가 궁전 안으로 들어오고 있었는지, 궁전 밖으로 나가고 있었는지는 확실하지 않다. 질투심에 눈이 뒤집힌 알폰소 공작의 칼을 맞았다고 주장하는 사람도 있다. 알폰소 공작은 라틴어는 고사하고 이탈리아어로도 시를 짓지 못하는

---

[24] Ercole Strozzi(1473-1508): 이탈리아 시인으로 페라라 궁정시인이었던 티도 베스파시아노 스트로치의 아들이다.

사람이었다. 하지만 내 생각에 에르콜레와 루크레치아, 두 사람 사이에는 아무 일도 없었다. 물론 여러분이 내게 무엇을 물어보실지는 나도 잘 알고 있다. "그렇다면 그 두 사람은 숲 속에서 그토록 오랫동안 무엇을 하고 있었답니까? 데이지 꽃을 따고 있었나요?"

More Info.

1. Rodrigo Borgia 로드리고 보르자 1431~1503

숙부인 교황 카리쿠스투스 3세의 도움으로 추기경으로 추대되었고, 발렌시아 대주교로 승진하여 이노켄티우스 8세가 선종하자 뇌물과 술수를 써서 로마교황으로 선출되어 알렉산데르 6세가 되었다. 그는 성질이 교활하고 잔인하여 사상 최악의 교황으로 불렸으나 학문과 예술을 사랑하여 라파엘로나 미켈란젤로 등을 비호하기도 했다. 그는 세속적인 군주와 같은 생활과 호화로운 궁정을 영위하면서 자기의 사생아 체사레와 짜고 교황령을 확대하기 위한 음모를 꾸몄다. 이러한 그의 정책은 네포티즘(Nepotism, 조카의 정치)이라고 불렸는데, 이는 자기의 사생아를 조카(nepos)라 하여 중용한 데서 나온 말이다. 그는 불안이 끊이지 않는 이탈리아 문제를 해결하기 위해 성 마르코 동맹을 결성하여 밀라노와 베네치아에서 교황 통제권을 강화하게 했고, 나폴리 왕을 달래기 위해 자신의 두 아들 중 한 명은 아라곤 왕가의 딸과 혼인시키고 또 한 명은 나폴리 왕가의 딸과 혼인시켰다. 또한, 날이 갈수록 팽창하는 오스만제국 문제를 해결하고자 술탄과 일종의 암묵적인 동맹을 맺음으로써 긴장을 완화했다. 그는 또한 신대륙 발견에도 개입하여 땅의 소유권을 두고 다투는 스페인 왕국과 포르투갈 왕국 사이의 갈등을 해결하고자 교황 자오선(식민지 분계선)을 설정하여 신대륙을 양분했다. 또한, 이단 사상의 제거에 힘썼고, 서적 검열제를 만들었으며, 피렌체의 종교개혁자 G. 사보나를 교수형에 처하고 시체를 불태우기도 했다. 1503년 8월 11일 그는 체사레와 함께 열병으로 앓아누웠다가 1주일도 채 되지 않아 선종했다. 그날은 날씨가 매우 더워 시신이 금세 부패하여 심하게 부풀어 올라 관에 들어가지도 않았기에 관리들은 시신을 낡은 카펫으로 둘둘 말아 관 위에 걸친 다음, 쑤셔 넣어야 했다. 일설에는 그가 반대파인 추기경 아드리아노를 독살하려다 오히려 독살당했다고도 한다.

2. Cesare Borgia 체사레 보르자 1475~1507

로드리고 보르자와 그의 정부(情婦)였던 반노차 데 카타네이 사이에서 태어났다. 로드리고는 교황으로 즉위하여 알렉산데르 6세가 되면서 마침내 체사레를 공식적인 아들로 공표했다. 그는 아버지의 배려로 서출임에도 관면장을 받아 후일 추기경이 될 수 있는 기반을 마련했다. 7세 어린 나이에 교황 식스투스 4세에 의해 고위 성직자로 임명되었으며 부주교, 수도원장, 재무관 등의 직책에 임명되었다. 15세 때 나바라 공화국 팜플로나 교구의 주교에 임명되었으며, 이후에 발렌시아 대주교와 추기경으로 임명되었다. 1494년 나폴리 공국의 왕위 임명을 두고 불만을 품은 프랑스 샤를 8세가 로마를 침공하자 산탄젤로 성에 갇혀 위기에 몰리기도 했으나 프랑스군이 퇴각하자 프랑스 잔류군을 소탕하고 나폴리 왕 대관식에 대리 참석하기도 했다. 하지만 이 시기에 방탕한 사생활로 나폴리에서 매독에 걸려 평생 고생했다. 1498년 그는 추기경직을 포기하고 로마냐에 왕국을 세워 군주가 되려는 야심을 키웠다. 프랑스 국왕의 도움이 필요했기에 교황 특사로서 프랑스에 갔으며, 국왕 루이 12세와 친숙해져 발렌티누아 공작이 되었고 그가 추천하는 여자와 결혼했다. 프랑스의 지원으로 중부 이탈리아의 영주들을 정벌했으며 1501년까지 로마냐 지방을 정복하여 지배 영역으로 만들었다. 또 나폴리왕국에도 침입했고, 밀라노와 피렌체 공화국을 위협하여 항복과 동맹 서약을 받아냈다. 그는 목적을 위해서는 수단과 방법을 가리지 않는 냉혹한 처사로 사람들을 떨게 했고, 마키아벨리는 그를 이상적 전제군주로 보고 이탈리아 통일의 가능성을 내다보았다. 마키아벨리가 『군주론』을 집필할 때 모델로 삼았던 인물이 바로 체사레 보르자였다. 그러나 알렉산데르 6세가 죽고, 보르자 가문의 숙적인 율리우스 2세가 교황으로 즉위하자 그는 실각하여 산탄젤로 성에 감금되었다가 에스파냐에 있는 라 모타 요새에 이감되었다가 탈출하여, 나바라왕국 팜플로나로 갔다. 나바라 왕국의 총사령관으로 임명되어 스페인 아라곤의 페르디난드와 전쟁을 벌일 예정이었다. 하지만 나바라왕국 내 페르디난드 일파인 루이 드 뷰몽 백작이 배신하여 내전이 일어났다. 1507년 3월 12일 체사레는 드 뷰몽 백작의 라히아쥐 성을 공격하다가 포위되어 스물다섯 군데나 자상을 입고 죽었다.

펠리페 2세

　에스파냐의 펠리페 2세는 최초의 근대적 국왕으로 알려졌다. 그는 동맥경화증으로 고생했다. 그리고 놀기를 좋아하지 않았던 왕으로 유명했다. 노는 것은 소중한 시간을 낭비하는 것으로 생각했기 때문이다. 그래서 꼬박 하루 열두 시간을 집무실에 앉아 작은 종이에 메모하며 보냈다.[1]

　펠리페 2세는 카를 5세 황제[info1]와 포르투갈의 이사벨 사이에서 태어났다. 카를 5세는 생선을 매우 좋아했는데, 1556년 황제 자리에서 물러나고 이베리아 반도의 에스트레마두라로 가서 양념한 멸치, 뱀장어 파이, 연어 오믈렛, 양념하지 않은 생선을 실컷 먹으며 지냈다.

---

[1] 펠리페 2세 사후, 그가 작성한 메모들을 조심스럽게 모아 분류한 뒤 리본으로 묶어 쓰레기통에 버렸다.

Felipe II 펠리페 2세 1527~1598

합스부르크가의 카를 5세의 황태자로서 1554년 영국 여왕 메리 1세와 정략결혼하여 구교 반동을 주도했다. 여왕이 죽고 나서 1559년 프랑스와의 전쟁을 종결하고 프랑스 왕녀와 결혼하여 프랑스 종교전쟁에 개입했다. 중세(重稅)와 종교재판으로 네덜란드 독립 전쟁을 도발했고, 국내 이슬람교도의 반란을 진압하는 한편, 1571년 레판토 해전에서 투르크 해군을 격파하는 등 가톨릭적 군사행동은 라틴아메리카 식민지에서 얻은 부(富)를 낭비하게 했다. 영국의 해적 행위와 대결, 1588년 네덜란드 파견군과 무적함대에 의한 영국 상륙작전을 폈으나 실패했고, 재정적으로도 곤란하여 평화를 찾게 되었다. 열렬한 가톨릭 신자로서 수도원을 겸한 에스코리알 궁전을 세웠으며 미술품을 보호하여 에스파냐 문화의 황금시대를 이룩했다.

카를 5세는 재위 기간에 지상에서 가장 강력한 군주였다. 그는 거의 유럽 전역과 아메리카의 상당 부분을 다스렸지만, 나는 그에게 열광하는 사람을 본 적이 없다. 우리에게 그는 그저 생선에 환장한 노인네에 불과하다.

그는 1558년 세상을 떠나면서 괘종시계 네 개, 회중시계 열여섯 개, 가죽 베개 받침 열네 개, 베개 서른일곱 개, 저장한 레몬 껍질이나 설탕 조림한 호박을 담는 작은 상자 한 개, 전염병 치료에 좋다고 하여 초식동물의 위에서 추출한 결석 네 개, 노새 여섯 마리, 애꾸눈 조랑말 한 마리, 안경 스물일곱 개, 낡은 단추 몇 개, 그리고 펠리페 2세를 남겼다.

펠리페는 어린 시절 침착하고 말수가 적은 소년이었다. 피부는 불그레하고 머리칼은 황금빛이며 눈동자는 푸른색이었는데, 단지 두 눈 사이가 너무 좁았다. 그는 공부를 좋아했고, 특히 수학 과목에서 재능을 보였다.[2]

성인이 된 펠리페는 돌출한 아랫입술과 밝은 노란색 턱수염, 작은 체구 등 외모에서 그가 합스부르크 왕가의 후손임을 분명히 드러냈다. 당대 최고의 화가 티치아노는 그의 초상화를 세 차례나 그렸지만, 세 그림 사이에 차이가 별로 없었다.[3]

펠리페는 단순한 검은 벨벳이나 흰 벨벳 천에 다이아몬드 무늬가

---

[2] 이 대목에서 짐작하시는 바가 없는지? 그는 제국의 수입과 지출에 관한 모든 서류를 직접 검토했다.
[3] 여러분이 티치아노였다 해도 뾰족한 수가 없었을 것이다.

있는 옷을 좋아했다. 양 손목에 해 모양의 보석 팔찌를 차고 목에는 황금 목걸이를 걸었으며 진주 장식으로 구석구석 포인트를 주었다. 물론, 타조 깃털 장식도 빼놓지 않았다.[4] 말년에는 옷을 차려입는 일마저 귀찮아해서 검은색 벨벳 옷만 입었고, 장식이라고는 흑옥 구슬, 황금 가두리 장식, 은색 술뿐이었다. 그러고는 다른 사람들도 멋을 부리지 못하게 하는 법령을 공포했다. 그는 장식용으로 옷에 박음질한다거나, 장식 끈, 조각 장식 등으로 옷을 화려하게 꾸미는 것을 엄격하게 금지했다. 하지만 이러한 법률의 시행 결과는 신통치 못했다.

펠리페는 재정을 철저히 관리하고자 이듬해 예상 수입과 이미 지출된 금액을 꼼꼼히 계산했다. 물론, 아무 소용 없는 일이었다. 그래도 그는 밤을 새워가면서 수많은 서류를 검토하고 메모했다. 어디에 문제가 있는지를 꼭 찾아내겠다는 강한 의지에 차 있었다.[5] 그러나 문제점을 밝히지 못해 늘 난감해하며 투덜대곤 했는데, 실제로 제국은 재정상 큰 문제가 있었다.[6]

펠리페는 거만한 태도로 사람들을 대했다. 그는 자신을 찾아온 사람은 누구든 무릎을 꿇게 했다. 또한, 어떤 말을 할 때 흐지부지 끝내는 버릇이 있었기에 신하들은 그가 말하려던 바를 알아서 추측해야 했다.[7]

---

4) 펠리페는 새들을 좋아했다. 그는 한여름 밤 나이팅게일 울음소리를 듣고 감동의 눈물을 흘렸다고 한다.
5) 그게 그리 쉽게 되지 않았다.
6) 프랑스의 계몽주의자 볼테르는 펠리페 2세를 가리켜 '참견하기 좋아하는 왕'이라고 했다. 남의 일에 참견하기로는 볼테르도 빠지지 않는 인물이었다.
7) 그는 자신이 내린 명령이 왜 제대로 시행되지 않는지, 끝내 이해하지 못했다.

펠리페는 에스파냐와 네덜란드를 관리하는 일뿐 아니라 모리스코인들[8] 때문에 골치를 앓았다. 그들은 아랍인들의 오랜 관습인 목욕을 계속해야겠다고 고집했다. 펠리페는 목욕을 무척 싫어했다. 그는 모리스코인들이 목욕 금지하는 명령을 한 번 어기면 30일 구금과 무거운 벌금을 물게 했고, 두 번 어기면 형량도 두 배로 올렸다. 세 번 위반한 모리스코인은 영구 추방되었다. 하지만 추방당한 모리스코인은 다시 에스파냐 영토로 몰래 돌아와 목욕하곤 했다. 여러분 같으면 이런 사람들을 어떻게 하시겠는가?[9] 결국, 펠리페 3세[info2]가 모리스코인들을 추방했다. 데리고 있어 봤자 소용없는 사람들이었다.

펠리페 2세는 비록 마음이 내키지는 않았지만, 의무 때문에 네 번 결혼했다. 그의 첫 아내는 포르투갈의 마리아 마누엘라였는데 그녀는 일찍 세상을 떠났다. 두 사람 사이에는 '돈 카를로스'라는 끔찍하게 잔혹하고 저능한 아들이 하나 있었다. 그는 토끼들을 못살게 구는 일밖에 할 줄 몰랐고, 결국 비참하게 삶을 마감하고 말았다.[10] 두 번째 부인이 된 여자는 펠리페 2세보다 열한 살이나 많은 잉글랜드의 메리 1세 여왕이었다. 그녀는 즉위 5년 만에 죽었는데 펠리페 2세와 마찬가

---

8) Morisco: '작은 무어인'을 의미하는 에스파냐어로 그리스도교도 치하의 이베리아 반도에 거주하던 이슬람교도를 가리킨다. 원래는 이슬람으로 개종한 에스파냐 사람의 호칭이었다. 레콩키스타(국토회복운동) 후에도 그리스도교도의 땅에 머물렀던 이슬람교도를 '무데하르'라고 불렀는데, 1492년 그라나다 함락 이후 그들을 '모리스코'라고 부르게 되었으며 이후 그들의 역사는 박해·반란·추방의 연속이었다. 1609년 펠리페 3세는 모리스코 추방령을 포고하고, 그 결과 50만 명의 모리스코가 북아프리카로 건너갔다. 그들은 그때까지 겉으로 그리스도교로 개종해도 실제로는 이슬람의 신앙·관습을 준수하거나 박해에 대항했는데 에스파냐에서 이주한 모리스코는 약 300만 명에 이르렀다고 한다.
9) 에스파냐의 여왕 이사벨 1세는 평생 목욕을 딱 두 번 했다고 자랑한 적이 있다. 태어나던 날과 아라곤의 왕 페르난도와 결혼하던 날이었다. 죽은 후 그녀의 시신을 씻어 염했으니 평생 세 번 목욕한 셈이다.
10) 한번은 돈 카를로스가 구두장이에게 구두를 삶아서 먹으라고 명령했다. 구두장이가 자기 구두를 너무 작게 만들었다는 것이 이유였다.

지로 '유머'라는 것이 없는 여자였다.[11]

펠리페 2세와 결혼한 또 다른 행운녀는 프랑스 발루아 왕가의 공주로 열네 살밖에 되지 않은 엘리자베스였다.[12] 그녀는 스물세 살 젊은 나이에 세상을 떠나고 말았다. 그 후 펠리페는 후일 펠리페 3세의 어머니가 되는 오스트리아 출신의 조카딸 안나와 결혼했는데 그녀는 아들 돈 카를로스의 약혼녀였다. 펠리페는 좋은 남편이었던 것으로 전해진다. 그는 저녁만 먹으면 곯아떨어졌다.

1588년, 잉글랜드의 엘리자베스 1세 여왕이 일을 저질렀다. 그녀는 '스패니시 메인'이라고 불리는 카리브 해 연안 지역에 쳐들어가 펠리페의 황금을 빼앗고 그의 부하 몇 명을 참수했다. 그녀는 펠리페 2세를 깔보고 조롱했다. 이 일로 펠리페는 크게 화를 냈고, '메모 왕자'답게 미친 듯이 메모를 해댔다.

펠리페 2세는 배에 관해 아는 바가 전혀 없었지만, 무적함대를 만들어 메디나 시도니아 공작을 사령관으로 임명했다. 그는 펠리페 2세보다 배에 대해 더 모르는 행정가였다.[13] 메디나 시도니아 공작은 해전 경험이 전혀 없었지만, 자기가 해보겠다고 나섰다.

펠리페는 자신이 역작 무적함대를 잉글랜드로 출병시켰지만, 무서운 강풍이 몰아치는 가운데 잘 훈련된 잉글랜드 함대를 만나 대패

---

11) 메리 여왕의 이복동생이자 그녀의 뒤를 이어 여왕이 된 엘리자베스 1세는 농담을 즐겼다. 그래서 펠리페 2세의 청혼을 거절했다.
12) 발루아 왕가의 엘리자베스는 그녀의 어머니가 메디치 가문의 카트린이라는 사실만 제외하면 괜찮은 여자였다.
13) 두 사람은 정말 바람직하지 못한 짝이었다.

하고 말았다.[14] 메디나 시도니아 공작은 매우 화가 났고 뱃멀미를 심하게 했다고 전해진다.[15]

공작이 돌아오자 사람들이 그에게 비난을 퍼부었지만, 그는 조금도 개의치 않았다. 그는 군인이 아니었기 때문이다.

펠리페는 외교술, 즉 거짓말하는 기술에 탁월한 능력을 발휘했다.[16] 그는 이따금 몇 사람을 바보로 만들었다.

---

14) 아우스부르크의 푸거 가문이 무적함대를 만드는 데 자금을 지원했다. 합스부르크 가문을 지원한 것이 푸거 가문을 망쳐놓았다.
15) 무적함대의 배를 해안에 댈 수 없는 때가 잦아서 공작은 너무 오랜 시간 배에 타고 있었기 때문이었다.
16) 그의 증손자가 루이 14세이다.

MORE INFO.

1. Charles V 카를 5세 1500-1558

에스파냐 왕으로는 카를로스 1세. 황제 막시밀리안 1세의 아들 펠리프 1세와 에스파냐 왕 페르난도의 상속녀 후아나와의 사이에서 태어나 아버지 쪽에서 네덜란드를, 어머니 쪽에서 에스파냐·나폴리와 신대륙의 에스파냐 식민지를 상속받았다. 막시밀리안 황제가 죽자 그는 경쟁자인 프랑수아 1세를 누르고 신성로마 황제에 선정되었다. 당시 독일은 루터의 종교개혁운동이 격렬하게 벌어지고 있었으나 그는 작센 선제후들의 비호를 받고 있는 루터주의 세력를 억제하지 못했다. 왜냐면 그는 프랑스와 만성적인 전쟁에 돌입해 있었고, 동방에서 이에 호응하는 오스만튀르크제국의 공격을 받고 있었으므로 독일 제후들의 지지가 필요했기 때문이었다. 이탈리아의 지배를 둘러싼 프랑수아 1세와의 전쟁 중에 그는 프랑스군에게 승리를 거두고 왕을 포로로 잡았으나, 이 때문에 교황과 적대 관계에 놓이게 되었다. 프로테스탄트의 제후들은 슈말칼텐 동맹을 체결하여 무력 투쟁에 대비했다. 이윽고 프랑스와의 싸움이 일단 종결되었고, 오스만튀르크제국과도 휴전이 성립하여 간신히 분쟁에서 벗어나 슈말칼텐 전쟁에서 프로테스탄트를 격파했다. 그러나 카를의 전제적 태도는 가톨릭 제후들의 반감을 샀기에 프로테스탄트 제후가 프랑스 왕 앙리 2세의 지원을 얻어 재차 봉기하자 그는 고립되어 루터주의의 정치적 권리를 승인할 수밖에 없었다. 실의에 빠진 그는 이듬해 제위를 동생 페르디난트 1세에게, 에스파냐 왕위는 아들 펠리프 2세에게 이양하고, 자신은 에스파냐의 한 수도원에 은거하며 여생을 보냈다. 그는 중세적인 황제 이념의 마지막 대표자라고 할 수 있다.

2. Felipe III 펠리페 3세 1578-1621

에스파냐의 국왕 겸 포르투갈의 국왕이다. 포르투갈에서는 필리프 2세로 불린다. 에스파냐 펠리페 2세와 그의 네 번째 아내이자 조카딸인 안나의 아들이다. 그는 자신과 같은 합스부르크 왕가의 일족이자 신성로마제국의 페르디난드 2세 황제의 누이인 오스트리아의 마르가리타와 혼인했다. 그는 펠리페 2세와 달리 정치를 싫어했고 대부분의 업무를 총신 레르마 공작에게 맡기고 자신은 사치스러운 궁정 생활을 즐겼다. 레르마 공작은 선왕의 수석 대신을 리스본으로 쫓아내고 자신의 삼촌을 톨레도 대주교로 앉히는 등 전횡을 일삼았다. 왕은 네덜란드와 휴전협정을 맺은 날 모리스코들에 대한 추방령을 내렸다. 발렌시아 인구의 3분의 1에 달하는 12만 명, 아라곤에서 7만 명, 안달루시아에서 8만 명, 카스티야에서 3만 명 총 30만 명에 달하는 인구가 에스파냐에서 빠져나갔는데 이들 대부분이 농민이었기에 에스파냐의 농업은 엄청난 타격을 받았다. 이때부터 에스파냐는 쇠퇴의 길을 걷기 시작했다.

PART VI
프랑스의 군주

루이 14세
Louis XIV

루이 15세
Louis XV

Louis XIV루이 14세 1638-1715

루이 13세와 에스파냐 출신 왕비 안 도트리슈 사이에서 태어났다. 5세 때 왕위를 계승하여 재상 마자랭의 보필을 받았다. 9세 때 귀족들과 파리 고등법원의 반란 '프롱드의 난'이 일어나 그는 모후와 함께 각지를 유랑하는 치욕을 겪었다. 친정(親政)하면서 왕권을 중심으로 관료 조직망을 확대하여 귀족과 파리 고등법원의 세력을 제압했다. 특히 재무 총감으로 콜베르를 중용하여 중상주의를 채택하고 프랑스를 강국으로 만드는 데 일조했다. 절대군주로서 유럽 열강을 상대로 여러 차례 전쟁을 일으켜 유럽의 주도권을 장악했고 문화 예술 분야를 적극 지원하여 전성기를 이루었다. 그러나 낭트칙령의 폐지, 상공업 신교도들의 이탈, 귀족들의 방탕, 전쟁 등으로 그의 말년에는 국력이 쇠퇴했다.

루이 14세

1638년, 뜻밖에 태어난 아기가 있었으니, 바로 루이 14세였다. 그의 부모인 루이 13세info1와 에스파냐 왕 펠리페 3세의 장녀 안 도트리슈info2는 22년 전에 결혼했지만, 아기가 없었다.[1] 오랫동안 기다려온 아기였기에 그는 '신의 선물 루이'라는 칭호를 받았다. 그리고 후일 '태양왕 루이'로 알려지게 되었다. 어린 시절부터 꽤 둔한 아이였고, 그런 우둔한 성품은 자라면서 차츰 몸에 배게 되었다. 그는 성인이 되면서 다양한 분야에 걸쳐 여러 가지 지식을 쌓았지만, 어느 분야도 확실하게 아는 것이 없었다.

어떤 학자들은 '왕'이라는 그의 지위 때문에 루이 14세가 명석해지지 못했다고 설명한다. 하지만 비록 왕은 아무도 건드릴 수 없는 존

---

1) 루이 13세는 15년간 부인과 떨어져 있었다. 그는 왕비에게 별 관심이 없었던 것으로 보인다.

재이기는 하나, 그것만으로는 설명이 부족하다. 귀족들이 일으킨 반란 때문에 이곳저곳을 전전하면서 혼란스러운 어린 시절을 보낸 탓에 교육을 제대로 받지 못했다고 주장하는 사람들도 있다. 하지만 학생이 천부적으로 미련하다면, 아무리 훌륭한 선생도 뾰족한 방법이 없다. 가르치기가 어려워지자 선생들은 못하겠다고 나자빠져 버렸을 것이다.[2] 루이 14세는 어쩌다 가끔은 똑똑한 면을 보여주긴 했지만, 이내 멍청한 상태로 다시 돌아가곤 했다.

루이 14세는 '루이'라는 이름으로 불리는 사람 중 으뜸이었다. 그래서 그에 관해 글을 쓴다는 것은 쉬운 일이 아니다. 그는 아주 오래 살았고, 늘 뭔가 일을 꾸미느라 분주했다. 그의 취미 중 하나는 여자들을 사귀는 일이었다. 그는 여자 때문에 북해 연안의 저지대 지역으로 쳐들어가 알자스와 로렌 지방을 합병하거나 굴복시켰고, 낭트칙령[3]을 철회했다. 알자스와 로렌은 여자들이 좋아하는 거위 요리를 만들 수 있는 스트라스부르산 거위가 풍부해서 누구나 욕심을 내는 지역이었다.

루이 14세는 재위 기간에 하루 여덟 시간 일했다. 다른 왕들은 신하들 때문에 실수를 저질렀지만, 루이 14세는 본인이 직접 큰 실수를 여러 차례 저질렀다. 그는 본래 판단을 빨리는 성격이었다. 그는 거의 자동으로 판단을 내리다시피 했다. 그러다 보니 엉망진창으로 만든

---

2) 어린 시절부터 멍청해서 평생 멍청했던 유명 인사들에 관해 책을 한 권 쓰는 일은 어렵지 않을 것이다. 요즘도 그런 사람들이 꽤 있다.
3) Edit de Nantes(1598): 앙리 4세가 프로테스탄트에게 신앙의 자유를 인정한 칙령이다. 이로써 약 30년간 지속한 신교와 구교 간의 종교전쟁(위그노 전쟁: 1562-1598)은 종식되었다. 그러나 종교적 대립은 계속되어 루이 14세는 절대왕정을 강화하고자 종교적 통일을 목적으로 이 칙령을 폐지함으로써 약 40만의 프로테스탄트가 프로이센, 영국, 폴란드 등으로 망명했다.

일이 워낙 많아 전문가들을 불러 세부적인 사안들을 해결하는 데 도움을 받았다. 장 바티스트 콜베르[4]는 제조업, 농업, 그리고 재정 관련 분야의 전문가로 루이의 업무 시간보다 두 배 많은, 하루에 16시간을 국사에 매달렸다. 그는 소금에 부과하던 세금은 철폐했다. 이 염세(鹽稅) 때문에 불만을 품은 사람이 많았다. 그 대신 다른 모든 상품에 세금을 부과했다. 그리고 나중에 염세도 다시 부활했다. 그가 모든 산업 분야에서 엄격한 규제 정책을 적용한 바람에 제조업자들은 파산했고, 농부들은 풀을 뜯어 먹거나 진흙으로 만든 빵을 먹고 살았으며 누더기 옷을 입어야 했다. 콜베르는 수요와 공급의 원칙을 신뢰하지 않았기에 이 원칙을 무시한 법률을 제정하여 경제개혁을 단행했다. 그의 경제 정책은 후일 미시시피 버블[5] 사태로 이어졌다.

루이는 가정마다 아이를 열 명씩 낳으라고 명령했다. 그 아이들은 자라나 북해 연안의 저지대 지역 전쟁터에서 죽었을 것이다. 결과적으로, 프랑스 사람들이 그 당시 너무 많은 아이를 낳아 오늘날에는 프랑스인들이 아이를 거의 낳지 않게 되었나 보다. 콜베르가 죽고 나서

---

[4] Jean-Baptiste Colbert(1619-1683): 루이 13세 때 상인 가정에서 출생하여 리옹의 상점에서 일했으나 재상 마자랭에게 발탁되어 당시 재무상 푸케의 횡령죄를 적발하여 루이 14세의 신뢰를 얻었다. 특히 중상주의 정책을 추진하여 프랑스의 국부를 증대시키는 데 기여했다.

[5] Mississippi bubble: 1717년 스코틀랜드의 사업가 존 로(John Law)는 미시시피 회사를 세우고 프랑스 정부의 빚을 대신 갚아주는 대가로 프랑스의 미국 식민지 루이지애나의 개발권과 교역권을 요구했다. 거래는 성립되었고 그는 정부 채권 소유자들에게 현금 대신 자사 주식을 지급했다. 그리고 정부 채무를 추가로 인수하면서 정부로부터 화폐 주조권과 세금 징수권 등 특별한 이권을 확보하고 정부의 채무를 변제할 자금은 주식 발행을 늘려 충당했다. 사람들은 미시시피가 높은 수익을 내리라고 기대하고 투자를 확대했으며 존 로는 자신의 은행인 방크 루아얄(Banque Royale)에서 찍은 지폐로 주식을 매입할 돈까지 대출해 주었으며 500리브르이던 주가는 1만 5천 리브르까지 치솟았다. 그러나 신용 경색이 일어나고 투자자들의 주식 현금 전환이 시작하면서 거품이 꺼졌고 투자자들은 엄청난 손해를 보았다. 그 파장으로 프랑스 정부는 이후 150년 동안이나 주식회사 설립을 엄격히 제한했고, 중앙은행 외에는 어떤 곳에도 '은행(Banque)'이라는 명칭을 사용할 수 없게 했다.

루이 14세는 낭트칙령을 철회함으로써 그의 노고에 보답했다. 결국, 대체로 신교도들이었던 수공업자들이 외국으로 망명하면서 프랑스의 산업은 큰 타격을 받았으며, 프랑스 혁명의 견고한 토대가 마련되었다.

루이 14세가 수행한 장기간의 전쟁으로 나라는 황폐해졌다. 이것을 사람들은 '영광'이라고 부른다.[6] 30년 전쟁[7]이 끝났을 무렵 루이 14세는 열 살이었다. 그는 아무리 애를 써도 30년 전쟁 같은 긴 전쟁은 치를 수 없었지만, 플랑드르 침공을 시작으로 해서 네덜란드를 상대로 대규모 전쟁을 일으켰다. 이 전쟁에서 그는 '루이 대왕(Louis le Grand)'이라는 칭호와 함께 오라녜 공 빌럼[info3]을 패배시키지 못한 탓에 '얼간이 루이(Louis the Chump)'라는 칭호도 얻었다. 대동맹 전쟁[8]은 십 년 동안 계속되었다. 전쟁에 참여했던 여러 나라는 그들이 과거에 얻었던 것을 모두 잃었다. 모든 사람이 나이를 열 살 더 먹었다는 사실 이외에는 예전과 달라진 것이 거의 없었다.[9] 전쟁의 주요 쟁점 중 하나는 청어에 부과하는 관세였다. 그러고 보면 1492년 청어 전쟁[10]이

---

6) 루이 14세는 '사랑'보다 '영광'을 좋아했다.
7) Guerre de 30ans: 1618~1648년 신성로마제국이 있던 독일을 무대로 신교(프로테스탄트)와 구교(가톨릭) 간에 벌어진 종교전쟁으로, 최초의 국제 전쟁이기도 했다. 시작은 종교전쟁이었으나, 점차 영토 및 통상 등 각국의 이해관계가 얽히면서 상호 적대 관계 및 동맹이 이루어지는 무력 대결로 변질했고, 스웨덴이 참전한 1630년 이후에는 합스부르크 왕가, 부르봉 왕가, 바사 왕가 등이 지배하는 강대국 간의 파워 게임으로 변했다. 대표적으로 프랑스는 가톨릭 국가임에도 자국의 이해관계에 따라 개신교 연합으로 참전하면서 사실상 종교전쟁의 성격을 희석했다. 이 전쟁은 유럽의 지도 및 종교, 문화 등을 크게 변화시켰다.
8) War of the Grand Alliance(1689-1697): 영국·네덜란드·에스파냐·신성로마제국의 4개국이 동맹을 맺고 프랑스와 싸운 전쟁으로 '아우구스부르크 동맹 전쟁'이라고도 부른다.
9) 제독 슈발리에 드 투르비유(1642-1701)에게 프랑스 함대를 망친 책임이 있다. 그는 1692년 영국·네덜란드 연합 함대와의 해전에서 대패했다.
10) 시간을 거슬러 올라가면 1429년에도 청어 전쟁이 일어났다. 프랑스 오를레앙을 포위하고 있는 영국 군대에 보급하기 위해 청어를 잡아가는 영국의 수송선 때문에 일어난 전쟁이었다. 한자동맹도 청어와 깊은 관련

나 한자동맹[11]의 결성 등 청어는 우리가 대체로 아는 것보다 역사에 훨씬 더 큰 영향을 끼쳤다.

에스파냐 왕위계승 전쟁(1701~1714)[12]은 13년간 계속되었다. 영국의 말버러 공작만 없었어도 멋지게 이길 수 있는 전쟁이었을 것이다. 하지만 상황은 점점 나빠져 마침내 어느 나라든 프랑스를 패배시킬 수 있었다. 루이 14세는 비록 직접 전투에 참가한 적은 없지만,[13] 자기 군대에서 발생하는 일뿐 아니라 일반 병사의 복지 문제까지 모든 세부 사항에 관심이 지대했다. 그는 부상당한 병사들을 잘 보살펴 주라고 명령했다. 뭐, 병사들이 예뻐서가 아니라, 전쟁을 계속하려면 그들이 필요했기 때문이었다. 이따금 왕은 마차를 타고 전쟁터에 나가보곤 했는데 그럴 때면 정부 몇 명이 그를 따랐고, 큰 도시락이 마차에 가득 실려 있었다. 루이는 여자들의 안전을 고려해서 전투 현장과는 일정한 거리를 유지했다. 이런 이유로 어떤 부대에서는 그를 '짜증 나는 왕 루이'라고 불렀다.[14]

이 있었는데 동맹 회원 도시들이 축적한 부의 근원이 청어였다. 그러나 청어의 산란지가 내해인 발트 해에서 북해로 갑자기 바뀌면서, 동맹의 결속력도 약해졌다.
11) Hanseatic League: 12~13세기 유럽에는 '한자(Hansa)'라고 불리는 편력상인(遍歷商人)들의 단체가 많이 있었는데, 14세기 중반 그들 사이에서 '독일 한자' 또는 '한자동맹'이라는 도시동맹이 성장하여, 중세 상업사상 커다란 역할을 하게 되었다. 즉, 독일 본국의 도시 사이에는 자치의 확보, 치안의 유지 등의 필요성에서 도시 상호 간의 정치적·군사적 동맹을 결성하는 사례가 많아졌다. 14세기 전반 플랑드르에서 압박을 받은 독일상인이 대항책으로서 본국 도시에 연합적인 지원을 요구한 것이 직접적 계기가 되어 한자동맹이 성립되었다. 또, 1358년 플랑드르에 대한 상업 봉쇄 선언을 할 때 라인 강부터 북해·발트 해에 면한 많은 도시가 '독일 한자'라는 도시동맹을 결성했다. 그리고 1366년부터 외지에서의 한자 무역의 특권은 동맹에 가입한 도시 시민에 한하게 하여 그 기초가 더욱 견고해졌다. 한자동맹의 실체는 극히 탄력성 있는 경제적·정치적 연합이었기에 한자 특권을 보유한 도시의 수는 당시 사정에 따라서 증감했다. 최성기에는 100개 도시가 넘었다.
12) 에스파냐의 샤를 2세는 1700년에 사망했는데 자신이 마법에 걸렸다고 믿었다. 어쩌면 정말 그랬을지도 모른다.
13) 그는 총을 만지는 데 익숙하지 않았다.
14) 루이 14세는 전쟁터보다는 사냥터에서 매우 용감했기에 적을 죽인 적은 없지만, 자고새를 수천 마리나 죽였다.

여러분도 잘 아시다시피 루이 14세는 베르사유 궁전을 지었다. 루이 14세 식의 화려한 가구들이 가득 들어차 있고 통풍이 잘되는 큰 궁전이었다. 그런데 몽테스팡[info4] 부인에게 푹 빠진 루이 14세는 그녀가 눈에 띄게 살이 찌자, 몸을 편히 움직일 수 있도록 베르사유 궁전에서 멀지 않은 곳에 별도의 궁전을 지어 주었다. 베르사유 궁전에는 수백 개의 작은 방이 있었는데 그 안에서 벌어졌던 일들이 역사책에 모두 기록되어 있지는 않다. 날씨가 더울 때면 정원에서, 특히 '왕의 숲', 그리고 '여왕의 숲'이라고 부르던 장소에서 파티가 열렸다.

   루이 14세는 궁정 예절(Étiquette)이라는 것을 개발했다. 매일 아침 여덟 시가 되면 왕의 침실 구석에서 잠을 자는 시종이 왕을 깨웠으며 그 이른 시각에 시종은 이미 옷을 다 입고 있었다.[15] 왕이 옷을 입을 때면 귀족들이 참관해야 하는 등 온종일 궁정 예절에 따라 행동해야 했다. 베르사유 궁전에는 지켜야 할 예절이 너무 많아 정작 중요한 사안을 처리하기가 어려울 정도였다. 중요한 사안들이 있기는 했을까?

   공정하게 말하자면 옷을 입고 벗을 때의 완벽한 격식을 루이 14세가 도입했다고 할 수 있겠다. 그런 것들을 왜 '예절'이라고 불렀는지는 이 글에서 다룰 일은 아닌 듯싶다. 어쨌든 이 글을 읽는 독자 중에는 오늘날 사회가 개인에게 요구하는 것이 너무 많다고 생각하시는 분도 계실 것이다. 하지만 요즘은 왕이 침대에서 나와 바지 입는 모습을 지켜보기 위해 아침 일곱 시 삼십 분에 일어날 필요는 없다는 사실

---

15) 그 시종은 누가 깨웠는지 궁금하다. 그에게 알람 시계가 있었을까?

을 기억해야 한다.16)

　루이 14세는 에스파냐의 공주였던 마리 테레즈info5와 스물한 살 때 결혼했지만, 이전에 이미 많은 여자와 관계를 맺었다. 애꾸눈에 나이도 많은 보베 부인info6이 그의 첫 여자였는데 그녀는 열여덟 살 루이를 유혹했다. 그녀는 루이의 모후가 데리고 있던 수석 시녀였다. 요즘으로 치자면 아마 대학교 가정학과의 대학원생 정도였을 것이다. 루이가 첫 여자를 잘못 만난 것은 아니었나, 하는 생각이 든다. 다음 여자는 마자랭 추기경의 어린 조카딸 올랭프 만시니info7로 두 젊은이는 '왕의 숲'에서 함께 산책을 즐겼다. 정원사의 딸이 루이의 아이를 낳았다

---

16) 폴 르부(Paul Reboux)는 당시 궁정 예절에 머리카락에 붙어 있는 이를 떨어 버리기 위해 아침에 머리를 빗는 일도 포함되어 있었다고 전한다. 공식 만찬에서 바닥에 침을 뱉는 것은 나쁜 태도라고 보았지만, 냅킨으로 입을 가리고 침을 뱉는 것은 용납되었다.

는 이야기도 있다. 루이는 매일 정원을 거닐었다.

이 시점에서 루시 드 라모트[info8]를 언급해야겠는데, 유감스럽게도 그녀에 대한 신빙성 있는 자료가 별로 없다. 어쩌면 그녀와의 추문은 떠도는 소문에 지나지 않을지도 모른다. 올랭프의 동생인 마리 안 만시니[info9]와도 염문을 뿌렸다. 그녀는 프랑스의 왕비가 되기를 바랐고, 루이도 그런 유혹을 느꼈다.[17] 그러나 루이는 정치적인 이유로 마리 테레즈와 결혼해야 했다.[18]

피레네 평화조약[19] 덕분에 마리 테레즈는 루이 14세와 결혼하게 된 것이다. 그녀는 땅딸막한 키에 이중 턱에다 얼굴빛은 창백하고 치아는 새까맣게 썩어 있었다. 왕이라고 원하는 모든 것을 다 가질 수는 없었다.[20]

그리고 얼마 후 루이 14세는 오를레앙 공작이자 자신의 나약한 동생이기도 한 필립의 아내인 잉글랜드의 안 앙리에트[info10]와 친밀한 사이가 되었다. 하지만 곧 눈물이 많은 또 한 명의 여자 루이즈 드 라 발리에르[info11]에게 관심을 돌렸다. 그녀와의 사이에서 아이 몇이 태어났지만, 루이는 몽테스팡 부인과 가까이 지내면서 아홉 명의 아이를 낳았다.[21] 몽테스팡 부인은 무슨 일이든 끝까지 포기하지 않는 성격이

---

17) 두 사람은 함께 시를 읽었다.
18) 마리 테레즈는 마늘을 먹었다. 하지만 루이도 마늘을 먹었고, 그래서 문제 될 것은 없었다.
19) Traité des Pyrénées(1659): 프랑스의 재상 마자랭은 1653년 콩데 공이 에스파냐군을 끌어들여 일으킨 프롱드의 난을 진압하고 영국의 크롬웰과 동맹하여 에스파냐를 압박했다. 이렇게 맺어진 조약으로 프랑스는 루시옹, 아르투아 등 영토를 에스파냐로부터 탈취하고 에스파냐 왕녀 마리 테레즈는 지참금 50만 에퀴를 가지고 루이 14세에게 출가했다. 에스파냐가 몰락하고 프랑스에 종속되는 계기가 되었다.
20) 그녀는 아랫입술을 앞으로 쭉 내밀고 줄곧 울기만 했다.

었다. 그녀는 붙임성이 좋은 대단한 미모의 소유자였지만, 사람들을 얕잡아 보는 콧대 높은 여자였다.[22] 게다가 세월이 흐르면서 루이는 그녀를 다루기가 다소 어려워졌다. 그녀는 루이의 와인 잔에 무엇인가를 넣어 그의 살아 있는 기쁨을 증가시켜 주었다. 결국에는 박쥐의 피와 벌꿀을 섞어서 루이에게 마시게 하기까지 했다. 루이는 이것을 마시고 나서 앓아누웠다.[23]

왕비 마리 테레즈는 1683년에 죽었고, 왕의 총애를 잃은 몽테스팡 부인은 1691년 궁정을 떠나 수도원으로 들어갔다. 루이 14세는 왕비에게 자상하지 못했다는 비난을 자주 받지만 매일 밤 그녀의 방에 들렀다. 잘 자라고 인사하기 위해서였다. 한번은 두 명의 정부와 함께 자기 마차에 타도록 허락한 적도 있었다. 그는 서른 살이 되면 행실을 고치겠다고 그녀에게 약속했으나, 왕비가 죽음을 맞이할 때까지도 행실을 고치지 못했다.[24] 그때 그의 나이 45세였다. 그는 자신이 죄인이라는 생각으로 두려워지기 시작했다. 낭만적인 성향의 사람들에게 종말

---

21) 발리에르는 루이의 보호 본능을 일깨웠다. 그렇지 않았으면 그는 그녀를 금세 차버렸을 것이다.
22) 루이 14세는 그런 그녀를 좋아했다. 그는 누구보다도 천부적으로 벌레 같은 속된 인간이었다.
23) 그녀가 퐁탕주 양(Mademoiselle de Fontanges, 1661~1681, 대공비의 시녀로 루이 14세의 정부가 되었으나 공작 부인의 작위를 받고 나서 불과 몇 달 후 사망했는지를 독살했는지는 확실히 알 수 없다. 퐁탕주 양은 매우 아름다운 소녀였는데, 수비즈 부인(Madame de Soubise, 1648~1709, 출신 성분은 낮으나 부유한 수비즈 공의 두 번째 아내가 되고 나서 궁정 시녀가 되었고 빼어난 미모로 한때 루이 14세의 애첩이 되었다)과 거의 같은 시기에 활약했다.
24) 루이 14세와 관계를 맺었던 여자들은 다음과 같다. ①카트린 벨리에(1614~1689, 보베 남작 부인, 애꾸눈 카토) ②올랭프 만시니(1637~1708, 수와송 백작 부인) ③마리 안 만시니(1639~1715, 콜로나 공주) ④안 드 로앙-샤보(1641~1709, 수비스 공주) ⑤카트린 샤를로트 드 그라몽(1639~1678, 모나코 공주) ⑥앙리에트 당글르테르(1644~1670) ⑦루이즈 프랑수아즈 드 라 봄 르 블랑(1644~1710, 발리에르와 보주를 공작 부인) ⑧본 드 퐁스(1641~1709, 외디쿠르 후작 부인) ⑨프랑수아즈 아테나이 드 로슈슈아르 드 모르트마르(1640~1707, 몽테스팡 후작 부인) ⑩마담 드 뤼드르(1647~1726, 마리 엘리자베스) ⑪클로드 드 뱅 데죄이에(1637~1687) ⑫프랑수아즈 도비녜(1635~1719, 스카롱의 미망인, 맹트농 부인, 루이 14세의 두 번째 부인) ⑬마리 앙젤리크 드 스코라유 드 루시유(1661~1681, 퐁탕주 공작 부인)

은 늘 그렇게 시작된다. 그는 극단적인 조처를 할 시간이 왔음을 깨달았다. 자살하는 대신 그는 신앙심 깊은 마흔아홉 살의 미망인 맹트농 부인[info12]과 비밀리에 결혼했다.

맹트농 부인은 문제가 많은 여자였다. 그녀는 아버지가 절도, 불법 화폐 주조, 암살 혐의로 투옥되고, 어머니가 감옥에 갇힌 남편 곁에 머물게 되었을 때 태어났다. 게다가 맹트농 부인은 당시에 잘 알려진 풍자 작가 스카롱과 결혼한 경력이 있었다. 그녀의 첫 남편 스카롱은 아주 재미있는 사람은 아니었지만, 루이 14세보다는 재미있었다. 이후 그녀는 몽테스팡 부인이 낳은 루이의 자식 중에서 살아남은 사생아 다섯 명의 가정교사가 되었다. 그러면서 그녀는 차츰 왕의 관심을 받았는데 자신을 믿고 후원해 준 몽테스팡 부인을 배신하여 파멸시키고는 결국 그녀의 자리를 차지했다. 그리고 루이에게는 인간의 영혼에 대해 가르쳤다. 그녀는 신앙심이 매우 깊었고, 고귀한 일에만 관심이 있는 여자였다. 광신적인 가톨릭교도였던 그녀는 위그노 교도들을 사악한 무리로 간주했기에 루이를 꼬드겨 종교의 자유를 보장했던 낭트 칙령을 철회하도록 했다. 이 일로 인해 개신교도들에 대한 박해, 고문, 대량 살상, 기아가 왕국에 만연했다. 좋은 일을 하겠다는 그녀를 말릴 사람은 아무도 없었다.

맹트농 부인의 불행한 과거 때문에 루이는 두 사람 사이의 결혼을 공개적으로는 절대 인정하지 않았다. 아내가 있는 남편이 되었으니 그것으로 충분했다. 게다가 그는 왕으로서 자신의 위치와 자신의 핏줄인 사생아들의 미래를 생각해야 했다.[25] 비록 정식 아내도, 왕비도 되지 못했지만, 맹트농 부인이 자기 신세를 어떻게 생각했는지는 중요하지 않다. 그러나 보통 여자들보다는 머리가 좋았고, 따라서 예리한 비판 능력이 있는 여자였으므로 자신의 처지를 한탄하며 남겼을 말들이 우리에게 전해지지 않는 것이 아쉽기만 하다. 맹트농 부인에 대한 예의는 아니겠지만, 그녀가 루이에게 한두 마디라도 불평을 했다고 생각할 수밖에 없다. 그녀도 인간이 아니겠는가?

두 사람은 처음부터 어울리는 짝이 아니었던 것 같다. 류머티즘에 시달리던 맹트농 부인은 항상 여러 장의 숄로 몸을 감고 다녔고, 늘 감기에 걸리지 않도록 조심했다. 그래서 부인은 바람을 몹시 싫어했는데 루이는 시원한 공기를 좋아해서 항상 창문을 활짝 열어 놓고는 '조금 춥겠지만, 건강에는 좋다'고 부인에게 말했다. 그러나 그는 점점 짜증을 내기 시작했다. 그의 통풍 질환이 더욱 심해졌고 치통에 시달렸으며, 자주 의미 없는 말을 내뱉는 습관이 생겼다.[26] 맹트농 부인은 자수를 놓으면서 몸을 떨고 앉아 있었다. 꿈에도 그리던 남자를 차지하기 위해 온갖 고난을 무릅쓰고 그 자리에 오른 것에 때로 환멸을 느꼈을 것이다. 두 사람은 그렇게 30년을 살았다. 긴 세월이었다. 이 시기를 우리는 '앙시앵 레짐'이라고 부른다.

1715년, 루이 14세는 77번째 생일을 며칠 남겨 놓은 채 세상을 떠났다. 재위 기간은 72년이었다. 그가 나라를 다스리는 기간 동안 세상

25) 그들은 '적자 왕자들'로 선포되어, 누구보다도 훌륭한 혈통을 이어받은 후손으로 인정되었다.
26) 가끔 어린 시절 친구이자 끔찍한 외모를 가졌던 페르 라 셰즈(Père la Chaise) 신부가 말동무가 되어 주려고 방문했다. 그 후 그의 이름을 따서 '페르 라 셰즈'라는 공동묘지가 생겼다.

은 별로 나아진 것이 없었다. 아니, 어떤 면에서는 더 나빠졌다. 그의 수많은 친구가 루이의 죽음을 애도했는지, 나로서는 확신할 수 없다. 그는 친구도 없었고, 친구를 원하지도 않았다. 백성은 그가 죽었다는 소식을 듣고 좋아했다. 그 또한 백성을 좋아하지 않았다. 그의 뒤를 이어 증손자 루이 15세가 왕위에 올랐으나, 그 역시 변변치 못한 인간이었다.[27]

이 군주의 일생은 시간과 돈은 많지만, 분별력이 없는 사람 때문에 어떠한 일이 벌어질 수 있는지를 잘 보여준다. 그가 저질렀던 엄청난 일 몇 가지나 후세 사람들에게 참고가 될 만한 그의 생각들을 살펴보면 참 재미있을 것이다. 에스프리[28]가 넘치던 시대에 살았던 루이는 침묵을 지켰다. 분명히 입을 다문 이유가 있었을 것이다. 그는 에스프리를 싫어했다. 베르사유 궁전 주변에서 나도는 최고 수준의 유머를 들을 때마다 그는 그 유머 뒤에 무언가 다른 의도가 숨어 있으리라는 섬뜩한 느낌이 들었을 것이다.

루이 14세의 이름은 역사적으로 유명해진 어느 명언에 자주 등장한다. 1655년 의회 연설에서 그가 "짐이 곧 국가다!"라고 선포했다는 이야기는 사실이 아닌 것으로 어렵사리 밝혀졌다. 그는 연설을 마친 다음 날에야 그런 생각을 했다.

하지만 나는 그가 1700년 손자인 앙주 공작을 에스파냐의 왕으로

---

27) 루이 14세에게 '철가면을 쓴 사내(the Man in the Iron Mask)'라는 쌍둥이 남동생이 있었다는 소문은 소설이나 영화에 나오는 이야기일 뿐, 사실이 아니다.
28) esprit: 프랑스인들은 세련되고 생기 있는 대화를 좋아하는데 그들 특유의 재치 있는 발상을 '에스프리'라고 한다.

선언하고 "피레네는 이제 없다."라고 말했다는 것은 사실이라고 확신한다. 루이 14세에게 딱 어울리는 말처럼 들린다. 피레네는 프랑스와 에스파냐의 국경을 이루는 산맥으로 루이의 이 말은 이제 국경이 없어지고 피레네 산맥 너머의 땅도 프랑스 영토가 되었다는 뜻이었다. 그러나 이 선언의 효과는 오래가지 못했다. 13년 동안이나 계속되었던 에스파냐 왕위계승 전쟁을 불러왔을 뿐이다. 13년간의 전쟁이 끝난 후에도 피레네 산맥은 전에 있던 곳에 그대로 있었다. 피레네 산맥은 지금도 그 자리에 있다.

MORE INFO.

1. Louis XIII 루이 13세 1601~1643

앙리 4세와 마리 드 메디시스의 아들로 아홉 살 때 즉위했기에 모후가 섭정했다. 에스파냐 왕 펠리프 3세의 딸 안 도트리슈와 결혼하고 나서도 섭정은 계속되었고 모후의 신임을 받은 재상 콘치니의 전횡이 심하자 궁정 쿠데타를 통해 친정 체제를 수립했다. 수년간 내전으로 대립하던 모후와 화해하고 나서 모후가 중용한 리슐리외를 고문으로 등용하여 그의 협력으로 신교도의 반란을 평정했다. 그러나 사부아 원정 때 궁정에서 또다시 모후를 중심으로 대귀족들이 음모를 꾸미자, 관계자들을 처벌하고 리슐리외를 재상에 임명하여 프랑스 절대주의의 기초를 닦았다. 30년 전쟁에 개입하여 독일 황제를 원조하는 에스파냐와 대전했으며, 1642년에는 직접 에스파냐에 원정했다. 리슐리외가 죽은 지 5개월 만에 병사했다.

2. Anne d'Autriche 안 도트리슈 1601~1666

에스파냐의 왕 펠리프 3세의 장녀. 프랑스의 루이 13세와 결혼했다. 유럽에서 손이 가장 아름다운 여인으로 알려졌으며, 피부가 희고 몸집이 큰 여인이었다. 남편이 스웨덴과 결탁하여 에스파냐·독일의 합스부르크가와 적대 관계에 있었기에 부부 사이는 좋지 않았다. 결혼한 지 22년 만에 루이 14세를 낳았고, 루이 13세가 세상을 떠나자 그녀가 섭정이 되지 못하게 하라는 왕의 유언을 파리 고등법원에서 파기시키고, 섭정으로서 전권을 장악했다. 마자랭을 재상으로 기용하고 그와 협력해서 프롱드의 난을 극복했으며 아들인 루이 14세에게 절대왕정의 길을 터 주었다.

3. Willem I 오라녜 공 빌렘 1533~1584

정식 이름은 '나사우 백작 오라녜 공 빌렘(Prins van Oranje Willem, Graaf van Nassau)'이며 '오렌지공 윌리엄' 또는 '침묵공 윌리엄'이라고도 부른다. 신성로마제국 황제 카를 5세의 황제군 사령관이 되어 홀란트·질란트·위트레흐트 3주의 총독에 임명되었다. 에흐몬트·호른과 함께 에스파냐에 대항하여 네덜란드의 독립을 꾀했으나 뜻을 이루지 못하고 독일로 피신했다. 가톨릭교도였으나 루터파로 개종했고 뒤에 다시 칼뱅파에 귀의했다. 이후에 에스파냐에서 파견된 네덜란드 총독 알바 공과 그의 군대에 저항하여 반란을 일으켰으며 위트레흐트동맹을 결성하여 네덜란드 북부 7주의 독립을 선포함으로써, 1579년에 네덜란드연방공화국이 성립되었고 초대 총독에 취임했다. 1584년 가톨릭 광신자인 프랑 콩투아 발타자르 제라르에게 암살되었다.

4. Marquise de Montespan 몽테스팡 후작 부인 1641~1707

루이 14세의 총희(寵姬). 푸아투 출생. 21세 때 파리의 궁정 사교계에 출입하다가 1663년 몽테스팡 후작과 결혼하고 이듬해 왕비 마리 테레즈의 시종이 되었다. 루이 14세의 애첩 라 발리에르에게 접근하여 왕의 정부가 되었고, 약 12년간 궁정 사교계를 주도했다. 루이 14세와의 사이에 여섯 명의 아이를 낳았다. 그러나 1680년경부터 자녀 양육을 맡은 맹트농 후작 부인에게 왕의 총애가 옮겨 가자 세력을 만회하려고 마녀의 '검은 미사'에 참석하여 사건을 일으키기도 했다. 1691년 결국 궁정을 떠나 생 조제프 수도원에 은거하여 여생을 보냈다.

5. Marie-Thérèse d'Autriche 마리 테레즈 도트리슈 1638~1683

아버지는 합스부르크 가의 에스파냐 왕 펠리페 4세, 어머니는 프랑스 왕 앙리 4세와 마리 드 메디시스의 딸인 엘리자베트 드 부르봉이다. 마리 테레즈의 할아버지 펠리페 3세는 같은 합스부르크 가 출신인 오스트리아의 마르가리타와 근친혼을 했고, 펠리페 3세의 아버지인 펠리페 2세 역시 합스부르크 가 출신으로 신성 로마 제국의 황제 막시밀리안 2세와 자신의 친누이인 에스파냐의 마리아의 딸인 오스트리아의 아나와 결혼했으므로 그녀는 중복적인 근친혼에서 태어난 셈이다. 그런 탓인지 에스파냐계의 합스부르크 왕가는 주걱턱에 각종 유전성 질환을 앓은 것으로 유명했고, 그녀 역시 보기 싫게 불거진 합스부르크 특유의 입술과 작은 키, 둔한 지능을 가지고 태어났다. 프랑스와 에스파냐 사이의 평화 조약인 피레네 조약의 일환으로 그녀는 자기 사촌인 프랑스의 젊은 왕 루이 14세와 결혼했다. 이 결혼은 아들이 자기 집안인 합스부르크 왕가와 결합하기를 원하는 모후 안 도트리슈의 희망에 따른 것이기도 했지만, 마자랭 추기경의 정치적인 의도이기도 했다. 두 사람의 결혼 조건 중의 하나로 에스파냐는 마리 테레즈가 에스파냐의 왕위 계승권을 포기하는 대신 막대한 지참금을 주기로 되어 있었는데, 재정에서나 생식력에서나 몰락의 길을 걷던 에스파냐 왕실은 도저히 지참금을 완불할 능력이 없었을뿐더러 오래지 않아 남자 왕손의 대가 끊어져 마리 테레즈 같은 여성 후손에게 왕위가 돌아갈 가능성이 컸다. 마자랭 추기경의 노림수는 그대로 맞아떨어져 에스파냐의 합스부르크 왕가는 결국 카를로스 2세를 끝으로 단절되고 이후 에스파냐의 왕위는 마리 테레즈를 거쳐 오늘날까지 부르봉 왕가가 잇게 되었다. 신앙심이 독실했던 그녀는 하루 대부분을 시어머니이자 고모이고 외숙모인 안 도트리슈와 함께 기도하며 보냈고, 정치나 문학에는 관심이 전혀 없었다. 같은 에스파냐 출신이었던 안 도트리슈는 처음에 며느리를 여러모로 도와주려 했지만, 나중에는 다른 궁정 사람들처럼 그녀를 무시하게 되었다. 루이 14세는 결혼 첫 해에는 아내에게 충실했으나 이내 바람기를 참지 못하고 마음이 떠났다. 정력적이었던 왕은 평생 수많은 정부와 염문을 뿌렸는데 그의 아내는 궁정에서 가장 늦게 왕의 정부가 누구인지를 알아채곤 했다. 신앙심이 매우 독실했던 그녀는 남편의 정부들을 참고 견뎠지만, 그의 무신앙에 대해서는 항상 분개했고, 지나치게 세속적인 궁정을 혐오하게 되었다. 루이 14세는 중년에 이르러 사악한 저주 사건에 휘말린 마담 드 몽테스팡을 버리고 독실한 마담 드 맹트농의 충고로 비로소 왕비에게 눈을 돌리기 시작했다. 그녀는 여러 자녀를 낳았지만, 장남 루이만을 제외하고 모두 일찍 요절했다. 루이 왕세자도 여러 아들을 두긴 했지만, 천연두로 사망했고, 다른 아들들 역시 대부분 이른 나이에 사망했다. 루이 14세가 사망할 당시 그와 마리 테레즈의 살아 있는 직계 자손은 나중에 에스파냐 왕 펠리페 5세가 된 필립과 루이 왕세자의 손자로 후일 루이 15세가 되는 앙주 공작 루이 단 둘뿐이었다.

6. Catherine-Henriette Bellier 보베 부인 1614-1689

루이 14세를 성에 눈뜨게 해준 것으로 유명하다. 직물 상인의 딸로 태어나 피에르 보베 남작과 결혼했다. 궁에 들어가 안 도트리슈 왕비의 시녀가 되었으며 파리 마레 지구에 명소가 된 '보베 저택'을 지었다. 생시몽은 카트린 벨리에를 이렇게 평했다. "꾀가 많고, 응큼하며 대담하다. 모후에게 착 달라붙었으며 행실이 헤펐다." 실제로 그녀에게는 상스 대주교를 포함하여 수많은 애인이 있었다. 자기보다 스무 살 가까이 어린 루이 14세를 궁전 복도에서 처음 만나 한동안 성관계를 맺었으며 실제로 왕의 어머니인 안 도트리슈에게서 2천 리브르를 받고 루이에게 성애의 기술을 가르쳤던 것으로 전해진다.

7. Olympe Mancini 올랭프 만시니 1638-1708

루이 14세의 정부였다. 이탈리아 출신으로 프랑스 재상이 되었던 마자랭(마자리니)은 그녀의 외숙부였다. 아버지 로렌초가 죽자 어머니는 다섯 자매를 파리로 데려왔다. 둘째 딸 올랭프는 특별히 미인은 아니었지만, 당시 열여섯 살로 그녀보다 한 살이 어렸던 루이 14세의 마음을 사로잡아 왕은 그녀와 결혼하기를 원했다. 그러나 루이 14세는 에스파냐와 맺은 피레네 평화조약에 따라 에스파냐 펠리페 4세의 장녀인 마리 테레즈와 정략적으로 결혼해야 했다. 그녀는 올랭프는 수아송 백작과 결혼하고 나서도 왕의 총애를 받고자 했으며 왕과 연인 관계에 있었던 왕의 이복동생 앙리에트를 견제했고, 왕이 그녀의 시녀인 루이즈 들라 발리에르와 사랑에 빠지자, 왕비 마리 테레즈에게 이 사실을 알려 루이즈를 곤경에 빠뜨렸다. 그녀는 심지어 루이즈가 카르멜 수녀원에 들어갔음에도 왕이 또다시 그녀를 총애할까 봐 독살하려다가 실패했다. 그녀는 심지어 남편 수아송 백작과 앙리에트 당글르테르의 딸까지도 독살하려고 했다. 1680년 올랭프는 마침내 프랑스에서 추방되어 브뤼셀로 가서 28년 동안 프랑스로 돌아가지 못하고 에스파냐와 영국을 오가다가 브뤼셀에서 사망했다.

8. Lucie de La Motte-Argencourt 루시 드 라모트 다르장쿠르

루이 14세의 정부. 루이 14세가 올랭프 만시니에게 싫증을 내기 시작했을 때 그의 시선을 사로잡았다. 그녀는 특별히 재능 있는 여인은 아니었지만, 외모가 아름답고 우아했으며 금발에 푸른 눈이었고 기분 좋은 말투로 왕의 마음을 사로잡았다. 특히 루이 14세가 좋아하는 춤에서 뛰어난 재능을 드러냈다. 모후는 왕에게 문란한 여자관계에 대해 경고했지만, 젊은 왕은 어머니의 말을 듣지 않았다. 결국, 마자랭이 왕에게 그녀가 리슐리외와 샤마랑트의 애인이라는 사실을 알리고 나서야 루이는 그녀와 멀어졌다. 그녀는 샤이오의 생트 마리 수녀원으로 들어가 평생을 그곳에서 지내야 했다.

9. Marie Anne Mancini 마리 안 만시니 1639-1715

루이 14세의 정부. 젊은 왕은 그녀와 순수한 사랑에 빠졌지만, 모후 안 도트리슈와 마자랭은 그들의 결합을 인정할 수 없었다. 마리는 이탈리아로 보내져 로렌초 오노프리오 콜로나와 결혼했다. 로렌초는 첫날밤 프랑스 왕의 연인이었던 신부가 순결을 지키고 있었다는 사실에 몹시 놀랐다고 한다. 두 사람은 세 명의 자식을 두었으나 점차 사이가 나빠졌고, 남편에게 암살당할 것이 두려웠던 그녀는 언니 오르탕스와 함께 로마를 떠나 남편 로렌초가 죽을 때까지 돌아가지 않았다. 그녀는 피사에서 사망했다.

10. Henrietta Anne Stuart 안 앙리에트 1644-1670

루이 14세의 정부. '헨리에타 앤 스튜어트' 혹은 '안 앙리에트 당글르테르(Anne Henriette d'Angleterre)'라고 불린다. 오를레앙 공 필립 1세의 첫 번째 아내로 잉글랜드와 스코틀랜드, 아일랜드의 국왕 찰스 2세와 제임스 2세의 여동생이다. 1661년 프랑스의 필립과 결혼했으나 동성애자인 필립과의 결혼 생활은 순탄하지 않았고 앙리에트는 시아주버니인 루이 14세와 가까워졌다. 두 사람의 밀회를 들키지 않기 위한 위장에 나선 것은 잉리에트의 시녀 루이즈 드 라 발리에르였다. 그러나 그녀는 루이 14세의 애첩이 되었고, 이를 알게 된 앙리에트는 루이 14세에 대한 마음을 접었다. 필립과의 사이에서 아이들이 태어났지만, 남편과의 사이는 좋아지지 않았다. 앙리에트는 견디다 못해 루이 14세에게 고통을 호소했고, 영국 공주의 심기를 거스르는 것은 양국의 외교에도 악영향을 미치리라 판단한 루이 14세는 필립의 동성 애인 로렌 공을 마르세유의 외딴 섬에 가두었다. 1668년 루이 14세는 그녀에게 프랑스-영국 간의 동맹을 위한 협력을 부탁했다. 왕의 요청을 받고 영국으로 향한 그녀는 오빠 찰스 2세를 만나 무사히 도버 밀약을 맺는 데 성공했다. 프랑스로 돌아온 해에 그녀는 치커리가 든 물을 마시고 갑자기 쓰러져 괴로워하다가 이튿날 새벽 의문의 죽음을 맞았다. 필립의 애인 로렌 공이 그녀의 찻잔에 독을 탔다는 소문이 돌았으나 그녀의 시신을 부검한 의사들은 독살의 흔적을 찾지 못했다고 증언했다. 필립은 아내가 죽은 이듬해 팔츠의 엘리자베트 샤를로트와 재혼했다.

11. Louise de La Vallière 루이즈 드 라 발리에르 1644-1710

루이 14세의 정부. 아버지 사후 어머니가 생 레미 후작과 결혼하면서 블루아에 있는 오를레앙 공 가스통의 궁정에 출입하게 되었다. 오를레앙 공이 죽자 그 아내인 로렌의 마르그리트가 딸들을 데리고 뤽상브르 궁전으로 이사할 때 그녀도 동행했다. 그리고 루이 14세의 아우 필립에게 시집온 오를레앙 공작 부인 안 앙리에트의 시녀가 되었다. 앙리에트는 루이 14세와 가까운 사이가 되었고 두 사람의 관계를 숨기고자 앙리에트는 루이 14세와 밀회할 때마다 루이즈를 비롯한 측근들로 하여금 사람들의 주의를 따돌리게 했다. 이것이 계기가 되어 그녀는 루이 14세의 눈에 띄어 그의 애첩이 되었다. 두 사람의 관계는 프랑스 궁정에서 공공연한 비밀이었고 왕비인 마리 테레즈도 이를 알고 있었다. 1663년 12월 19일 그녀는 안 앙리에트의 시녀 자리에서 물러나 비밀리에 아들 샤를을 낳았다. 이후에도 그녀는 루이 14세의 아이들을 낳았고 그중 두 명이 살아남았다. 루이 14세의 애정은 점차 식었고, 그 무렵 그가 가장 총애하던 상대는 마담 드 몽테스팡이었다. 그녀는 궁을 떠나 수도원에 들어갔고 아들 루이는 남편 오를레앙공 필립과 그의 두 번째 아내 팔츠의 엘리자베트 샤를로트가 맡아 양육했다. 그녀는 30년 넘게 수녀원에서 지내며 경건한 생활을 보내다 죽었다.

12. Madame de Maintenon 맹트농 부인 1635-1719

루이 14세의 정부. 본명은 프랑수아즈 도비녜(Françoise d'Aubigné). 시인 아그리파 도비녜의 손녀로 프로테스탄트 교육을 받고 자랐으나 아버지가 죽고 나서 가톨릭으로 개종했다. 어머니도 죽고 가난 속에 고아가 되어 17세에 시인 스카롱과 결혼했다가 1660년 사별했다. 몽테스팡 부인의 인정을 받아 루이 14세와의 사이에 태어난 왕자의 양육을 맡고 있다가 왕의 총애를 얻어 맹트농의 토지와 후작 부인의 칭호를 받았다. 1684년 왕비 마리 테레즈가 죽자 왕과 비밀 결혼식을 올렸으며, 생 시르 학원을 창설하여 가난한 귀족의 자녀를 기숙생으로 수용하고 스스로 경영과 교육을 맡았다. 이때의 교육 방침과 경험은 저서 『서간집』(1752-1756)에 고전적인 명문(名文)으로 기록되어 있으며, 이로써 그녀의 이름은 프랑스 문학사에 남아 있다. 왕이 죽고 나서 생 시르로 은퇴하여 생애를 마쳤다.

루이 15세

　대부분 요절한 다른 왕족과 달리 오래 살아남은 루이 15세는 나라를 통치하면서 백성에게 사랑을 받아 '친애왕(Le Bien Aimé)'이라는 칭호를 얻었다. 그러나 세월이 흐르면서 도덕적 결함이나 정치적 무기력, 외교 정책의 실패 등이 드러나자 루이는 인기 없는 다른 왕들과 똑같은 신세가 되었다.

　증조부 루이 14세가 화려한 궁중 문화를 꽃피우며 강력한 군주로서 위용을 과시하는 데 온갖 수단을 동원했다면, 루이 15세는 사생활에 몰두한 왕이었다. 어린 나이에 여읜 어머니 마리 아델라이드[info1]와 같은 존재를 늘 갈망했던 그는 여러 여인을 가까이하여 국정을 소홀히 하고 재정에도 큰 손실을 끼쳤기에 말년에는 백성의 원성을 샀다.

　그는 부르고뉴 공작 루이[info2]와 사보이의 마리 아델라이드 사이에서 태어나 어린 나이의 왕위 계승자가 관례에 따라 받는 직위인 '앙주

Louis XV 루이 15세 [1710~1774]

루이 14세의 증손. 5세 때 왕위에 오르자 오를레앙 공 필립이 1723년까지 섭정했다. 섭정이 죽자 친정하기 시작했으나 소심하고 방탕하여 정치를 싫어했고, 정사를 플뢰리에게 맡겼다. 플뢰리는 재정 질서의 회복, 통화 안정, 무역 확대에 힘을 기울였으나 폴란드와 오스트리아 왕위계승 전쟁 등에 휘말렸다. 왕은 7년 전쟁 때 애인 퐁파두르의 진언을 받아들여, 숙적 오스트리아와 손을 잡고 영국과 싸웠으나 대패하여 신대륙과 인도의 광대한 영토를 잃었다. 그는 새로운 애인 뒤바리의 책략으로 추방당한 재상 슈아죌의 뒤를 이어 르네 드 모푸를 기용했고, 모푸는 고등법원을 폐지하고 새로운 재판소를 만들며 연금의 난발을 막고 부동산세와 염세 등의 징수로 재정적자를 메우려 했다. 그러나 사회 모순은 다음 시대로 이어져 프랑스를 혁명으로 몰아갔다.

공작'이 되었다. 아버지 루이와 어머니 마리 아델라이드는 당시 왕실 간 결혼에서는 보기 드물게 서로 진심으로 사랑했으며 루이 14세는 젊고 활발한 마리 아델라이드를 무척 귀여워했다.

1700년 루이의 숙부인 앙주 공 필립이 에스파냐의 공주이자 루이 14세의 아내인 오스트리아 출신 마리 테레즈의 요구에 따라 왕권을 물려받아 에스파냐의 펠리페 5세가 되었다. 이처럼 프랑스-에스파냐 연합이 확정되자 온 유럽이 긴장했으며 결국 에스파냐 왕위계승 전쟁에 휘말리게 되었다. 펠리페 5세가 에스파냐의 왕좌에 앉아 있는 한, 유럽의 평화는 요원해 보였다.

그러던 중 왕세자 루이가 갑자기 세상을 떠나고 아버지의 뒤를 이어 부르고뉴 공작이 왕세자가 되었다. 그리고 1년 후에 마리 아델라이드가 천연두에 걸려 세상을 떠나자 밤을 새워 아내를 간호하던 왕세자 부르고뉴 공도 곧바로 아내의 뒤를 따랐다. 게다가 일주일 만에 그들의 큰아들 역시 세상을 떴다. 같은 병에 걸렸던 그의 동생 앙주 공작, 후일 루이 15세는 방타두르 부인[1]의 정성 어린 간호로 간신히 목숨을 구했다. 그리하여 부르봉 왕조의 운명과 유럽의 평화는 네 살 어린아이, 후일 루이 15세에게 달렸다.

루이 15세가 국정을 책임지기에는 나이가 너무 어렸기에 오를레앙 공 필립 2세[info3]가 섭정을 맡아 통치했다. 오를레앙 공은 자신의 섭

---

1) Charlotte-Eléonore Magdeleine de la Mothe-Houdancourt(1654-1744): 방타두르 공작 부인. 루이 15세의 보모였던 그녀는 천연두에 걸린 왕세자비 마리 아델라이드와 왕세자 부르고뉴 공, 그리고 그들의 맏아들이 왕실 의사들의 사혈 치료로 목숨을 잃는 것을 보고 루이 15세에게 사혈 치료를 하지 못하도록 문을 걸어 잠그고 직접 간호하여 어린 왕세자의 목숨을 건졌다.

정권을 공고히 하고자 파리 고등법원의 도움을 받았고 그 대가로 왕권을 제한하는 고등법원의 권리를 회복시켜 주었으며 국왕 참사회의 의견을 존중하여 귀족들의 권력도 확대해 주었다. 또한, 루이 14세가 탄압했던 얀선주의자들에게 자유를 주었으며 프랑스와 적대 관계에 있었던 오스트리아와도 화친했다. 한마디로 그는 루이 14세와 정면으로 대치된 정책을 펼쳤다. 강력한 왕권의 지배에서 벗어난 귀족들은 도덕적 해이에 빠졌고, 궁정에서는 온갖 치정 사건이 일어났으며, 오를레앙 공 자신도 수많은 애첩을 거느렸다.

루이 15세는 성년이 되어 국사를 맡게 되자, 추기경 플뢰리[2]를 중용하여 오를레앙 공을 축출하고 콜베르의 중상주의 정책을 채택해서 프랑스의 경제 부흥을 꾀했다. 또한, 그는 왕위에서 물러난 폴란드의 스타니스와프 레슈친스키의 딸 마리 레슈친스카[info4] 공주와 결혼했는데 1733년 폴란드의 왕이 사망하자 러시아와 오스트리아는 폴란드 새로운 왕의 후보로 작센 선제후를 지지했고, 프랑스는 왕비의 아버지인 스타니스와프 레슈친스키를 지원했다. 이러한 분쟁은 결국 1738년 빈 조약으로 마무리되어 마리아 테레지아[info5]와 로렌 공 프랑수아의 결혼이 성립되었고 로렌 지방이 프랑스의 영토로 편입되었다.

그러나 1740년 신성로마제국의 카를 6세가 사망하자, 프랑스는

---

[2] André Hercule de Fleury(1653-1743): 루이 14세의 유언에 따라 오를레앙 공의 섭정기에 어린 루이 15세의 교육을 담당했고 루이 15세가 친정을 시작하자 추기경이 되었다. 그는 리슐리외나 마자랭과는 달리 재산도 없이 오직 국록으로만 살았다. 그는 지혜롭게 국정을 돌보았으며 국가 재정을 건전한 상태로 유지하고 화폐를 안정시켰으며 콜베르의 경제 정책을 따랐다. 얀선파에 대해서도 친화 정책을 폈다. 외교에서도 평화 정책을 추진하여 왕이 폴란드 왕위계승 전쟁에 휘말렸을 때 빈 조약을 체결하여 로렌과 바루아 지역을 프랑스 영토에 포함시켰다.

오스트리아 왕위계승 전쟁에 휘말렸다. 황제는 자신의 딸 마리아 테레지아에게 제위와 영토를 상속하려 했기에 생전에 국사 칙령을 선포하고 제후들의 동의를 얻어 둔 적이 있었다. 하지만 황제가 서거하고 마리아 테레지아가 그 뒤를 계승하자 제후들은 그 칙령을 인정하지 않았으며 특히 프로이센은 칙령을 무시하고 슐레지엔을 점령했다. 오스트리아는 영국의 지원을 받아 프로이센에 저항했고, 프랑스와 에스파냐는 프로이센을 지지하면서 전쟁이 일어났다. 결국, 전쟁은 오스트리아와 영국의 승리로 끝났고, 마리아 테레지아의 제위가 인정되었으며 프로이센은 패전국이었음에도 슐레지엔 지방에 대한 점유를 그대로 유지했다. 오스트리아 왕위계승 전쟁에서 슐레지엔을 획득한 프리드리히 2세의 프로이센은 강력한 국가로 발전했다. 이에 불안을 느낀 프랑스는 적대 관계에 있던 오스트리아와 화해하여 프로이센을 견제하려 했다. 오스트리아는 프로이센에 슐레지엔 지역을 빼앗겼기에 이 화의에 응했으며 프랑스는 러시아도 끌어들였다. 이에 프로이센은 영국과 결탁하여 맞서면서 전쟁은 7년 동안 계속되었다. 그러나 프랑스는 이 전쟁에서도 패하여 캐나다를 영국과 에스파냐에 양도해야 했다. 이로써 프랑스는 루이 14세 시대에 정점에 달했던 영광을 잃어버린 나라가 되었다.

    루이 15세가 친정을 시작했다고는 하나, 실제로 20여 년간 프랑스 정치를 좌우한 사람은 그의 애첩 퐁파두르 후작 부인[info6]이었다. 그녀는 정부 고관의 임명에 결정적인 영향력을 행사했다. 슈아죌[3]이 총리대신으로 임명된 것도 그녀 덕분이었다. 슈아죌은 대외적으로 파리

조약에서 프랑스의 이익을 지키려고 애썼으며 국내적으로는 예수회를 억압하고 얀선주의자, 계몽주의자들을 지원했다. 그러나 고등법원이 일으키는 각종 정치적 혼란과 왕권에 대한 도전을 해결하지 못하고 1770년 해임되었다.

루이 15세는 그 와중에도 퐁파두르 후작 부인 외에 뒤바리 백작 부인[info7]과 관계를 맺었다. 잔 뒤바리 부인은 1768년부터 1774년 루이 15세가 죽음을 맞이할 때까지 약 6년간 함께했다. 그들의 관계는 잔과 루이 두 사람의 사생활일 뿐, 다른 사람들과는 상관없는 것으로 생각할 수도 있다. 그러나 그것은 지울 수 없는 역사의 한 대목으로 당시 인간들이 얼마나 어리석게 살았는지를 보여주는 상징적인 사례이다. 그들은 인생을 즐기기 위해 세상에 태어났다는 신념으로 살았다.

잔의 어머니인 안 베퀴는 남의 집 바느질을 맡아 품삯을 받고 사는 여자였는데, 매우 부지런하고 솜씨가 좋았다.[4] 안 베퀴는 음식 만드는 솜씨도 좋아서, 나중에 요리사로 일하기도 했다.

그래서 비록 가난하기는 했지만 털 코트 몇 벌 정도는 집에 가지고 있었다. 그녀는 보통 남자들과 별로 다를 바 없는 '장 바티스트 고마르 드 보베르니에'라는 수도사와 부적절한 관계를 맺고, 1743년 8월 19일 잔을 낳았다고 전해진다. 사생아로 태어난 이 아기의 별자리

---

3) Étienne François de Choiseul(1719-1785): 프랑스 외교관 겸 정치가. 외무 장관으로서 7년 전쟁 시기 외교 문제를 담당하여 에스파냐와 '가족 동맹'을 맺었으며 육군 장관 겸 해군 장관으로 해군력의 충실화를 피했으나 식민지 전쟁에서 패하여 1763년 영국과 굴욕적인 파리조약을 체결했다. 1770년 루이 15세의 애첩 잔 뒤바리와 반목하여 정계에서 축출되었다. 철학을 애호하고 디드로, 달랑베르 등의 계몽운동에도 호의적이어서『백과전서』간행에 원조했으나, 또한 예수회를 해산시켰다.
4) 안 베퀴는 음식 만드는 솜씨도 좋아서, 나중에 요리사로 일하기도 했다.

는 처녀자리(Virgo)의 기운이 조금 있는 사자자리(Leo)였다.

잔은 어린 시절부터 빈둥거리면서 시간을 보내지는 않았다. 그녀는 하녀로 일했는데, 가는 곳마다 오래 있지 못했다. 여주인이 잔의 귀를 잡아 집 밖으로 끌어내기 일쑤였기 때문이다. 잔은 집이 가난했기에 상류사회 사람들처럼 올바른 예의범절을 익힐 기회가 없었다.[5] 하지만 잔은 금빛 곱슬머리, 푸른빛이 감도는 크고 아름다운 눈, 흠 잡을 데 없는 예쁜 몸매를 지닌 아름다운 소녀였다.

그녀에게도 경쾌한 걸음으로 돌아다니던 시절이 잠시나마 있었다. 잔은 열다섯 살 무렵, 한 젊은 이발사의 조수로 일하면서 그와 사귀었다. 그런데 어느 날, 그가 잔에게 미용 기술을 가르쳐주면서 시시덕거리고 있을 때 그의 어머니가 나타나 불같이 화를 내며 잔의 어머니에게까지 지독한 욕설을 퍼부었다. 안 베퀴는 명예를 훼손당했다면서 그 여자를 법정으로 끌고 갔지만, 판사는 안 베퀴를 설득해서 고소를 취하하게 했다.

잔이 파리에서 가장 고약한 노파였던 구르당 부인[6]의 업소에서 일했다는 소문도 들리지만, 경찰에는 그런 기록이 남아 있지 않다. 잔이 출세하여 유명해지자, 한 남자가 나타나서 구르당 부인 집에서 일하던 그녀를 자기 눈으로 똑똑히 보았다고 주장했다. 그 말이 사실이라

---

[5] 그녀는 환경이 좋지 않은 어린이들, 즉 '파멸의 위험에 처할 수 있는' 어린이들을 교육하는 수녀원에 보내졌지만, 오래 견디지 못하고 뛰쳐나왔다.
[6] Madame Gourdan: 18세기 말 파리에서 가장 유명한 포주였다. 일설에 의하면 그녀는 옷 가게에서 일하던 잔을 화류계로 끌어들였다고 한다.

면 그 친구는 거기에서 뭘 하고 있었던 것일까?

잔은 열일곱 살에 메종 라빌르에 취직했다. 그곳은 여성용 모자를 파는 가게로 젊고 발랄한 아가씨들은 물론이고 그런 아가씨들에게 추파를 던지는 남자들이 들락거리던 장소였다.[7] 이 시기에 그녀는 해군에서 말단 사무원 자리에 있던 '뒤발'이라는 남자와 사귀었다.[8] 그 후 그녀는 어느 해군 재무관을 만나면서 뒤발과의 관계를 정리했다. 그때부터 잔의 관심은 줄곧 금융계에 있는 나이 지긋한 신사들에게 쏠렸던 것으로 보인다. 나이 든 남자들은 잔에게 흥미진진한 이야기를 들려주었고, 잔은 언제나 그들의 이야기를 경청했다. 그들이 들려주는 이야기는 그녀에게 출세를 위한 좋은 정보가 되었다.

그녀는 이 시기에 백작 행세를 하고 다니는 '장 뒤바리'라는 자를 만났다. 그는 귀족과 부유층을 상대로 도박장을 운영하는 난봉꾼이었다. 그 후 잔은 장 뒤바리의 도박장으로 직장을 옮겨 거기서 몇 년을 지낸 듯하다. 하지만 그녀를 비방하는 사람들도 인정하듯이, 잔은 이 가짜 백작과 그저 친구 사이일 뿐이었다. 그가 잔과 사랑을 나누기에는 건강이 너무 나빴기 때문이다. 무엇보다도 그는 눈에 염증이 생겨 고생했는데 치료를 위해 머리 위에 구운 사과 두 개를 올려놓고 모자를 쓰고 다녔다. 그런 치료법이 효과가 있었는지는 나도 모르겠다.

장 뒤바리가 잔에게 시킨 일은 아주 간단했다. 옷을 단정하게 차려

---

7) 유감스럽게도 18세기 이후 여자들에게 추파를 던지는 남자들이 거의 멸종되었다. 세상이 너무 급박하고 각박하게 돌아가다 보니 낭만이 사라졌다. 씁쓸하다.
8) 누구나 시작은 보잘것없다.

입고, 도박장에 오는 중요한 손님들이 마음 편하게 놀다가 가도록 해 주면 그것으로 충분했다. 천성적으로 친절하고 동정심이 많았던 그녀에게 그 일은 적성에 잘 맞았다. 그녀는 구석에 앉아 슬프고 외로운 표정을 짓고 있는 백만장자 노인들을 보고만 있지는 않았고, 정성을 다해 그들의 용기를 북돋아 주었다. 이윽고 잔은 노신사들을 어떻게 다루어야 하는지를 잘 알게 되었고, 이때의 경험이 오래지 않아 그녀에게 크게 도움이 되었다. 그러면서 잔은 대단한 사람을 알게 되었다.

 루이 15세와 잔이 어떻게 만났는지는 정확히 알려지지 않았다. 다만, 잔이 스물다섯 살이 되었을 때 루이가 결혼의 속박에서 벗어나 자유를 되찾은 1768년 6월 두 사람이 처음 만났다는 사실만 알려졌을 뿐이다. 그해 6월은 루이에게 행복한 달이었다. 왕비가 6월 24일에 죽었기 때문이다.[9] 루이 15세는 왕비가 죽기 얼마 전에 잔을 알게 되었고, 잔은 곧 루이 15세의 집무실 바로 위층으로 짐을 옮겼다. 이 일은 몇몇 귀부인에게는 기절초풍할 충격적인 사건이었다. 왜냐면 그 여자들은 1764년 퐁파두르 부인이 죽고 나서 루이 15세의 집무실 위층을 탐내며 국왕의 마음을 사로잡으려고 혈안이 되어 있었기 때문이다. 퐁파두르 부인은 루이와 20년을 함께했는데, 그렇게 오랜 기간 루이의 곁에 머문 정부는 그녀밖에 없었다.[10] 퐁파두르 부인을 먼저 떠나

---

[9] 폴란드 출신의 마리 레슈친스카 왕비는 1725년 루이 15세와 결혼하면서 베르사유 궁전에서 지냈다. 그 후 루이 15세는 궁정을 파리로 옮겼는데, 남편과 관계가 소원해진 그녀는 죽기 전까지 30여 년의 기간을 베르사유 궁전에서 보냈다.
[10] 20년이면 생각이 많이 바뀔 수 있는 세월이다. 아니 생각이 완전히 바뀔 수 있는 세월이다.

보내고 나자 루이 15세는 견디기 어려운 공허감을 느꼈다. 물론, 그는 이후에 여러 젊은 여성을 만났다. 그중에는 스미스 양도 있었으나 루이의 텅 빈 마음을 채워 주지는 못했다.[11] 루이는 4년 동안 공식적인 첩을 들이지 않았다.[12] 하지만 그런 상태로 계속 있을 수는 없었다. 루이 15세는 잔의 비천한 사회적 신분 때문에 어떤 조치가 없이는 그녀가 궁전에 드나들 수 없다는 사실에 주목하고는 잔을 장 뒤바리의 동생인 기욤 뒤바리와 결혼하게 하고 백작 부인의 칭호를 내려 왕실에 머물게 했다.[13] 이들 형제의 작위가 조작된 것이기는 하지만, 그들에 관한 기록을 아무리 뒤져 봐도 한낮에 땀을 흘리며 일했던 조상은 없었던 것으로 봐서 신사 집안 출신임은 분명하다. 위장 결혼으로 잔은 귀부인으로 변신했고, 공석에든 사석에든 루이와 함께 나타날 수 있게 되었다.

그렇게 잔은 '뒤바리 백작 부인'이라는 이름으로 역사의 한 페이지를 장식하게 되었다. 법률상의 남편인 기욤 뒤바리는 '마들렌느 르므앙'이라는 여자와 함께 마을 떠나버렸기에 일은 더욱 순조롭게 풀렸다. 하지만 실망한 귀부인들과 도덕적 규범을 따지는 귀족들이 들고일어났다. 요즘도 마찬가지이지만, 당시에도 비천한 신분의 첩을 거느리는 것은 몹시 비도덕적인 처사라고 생각하는 사람이 많았다. 고귀한 신분의 첩을 들이면 괜찮고, 비천한 신분의 첩을 들이면 왜 부

---

11) 머피 양이 있었지만, 그녀도 별로 도움이 되지 못했다.
12) 전문용어로는 이 자리를 '공식 정부(maitresse déclarée 혹은 maitresse en titre)'라고 부른다. 요즘은 이런 용어를 쓰지 않는다.
13) 그녀의 이름이 '잔 드 보베르니에'라고 기록된 최초의 자료는 그녀의 결혼 증명서인데, 이는 위조된 서류다.

도덕한 일이 되는지, 나는 잘 모르겠다.[14] 루이 15세를 차지하려고 애썼던 슈아죌의 여동생 그라몽 공작 부인은 불같이 화를 냈고, 루이 15세의 손자인 왕세자의 아내로 베르사유 궁전에 들어온 마리 앙투아네트[info8]는 뒤바리 부인 생각만 해도 몸서리를 쳤다. 후일 루이 16세[info9]가 된 그녀의 남편은 시할아버지 루이 15세와는 여러 면에서 영 딴판으로 첩도 두지 않았기에 마리 앙투아네트는 얼마든지 뒤바리 부인과 루이 15세에 대해 쑥덕공론을 할 수 있었다.[15] 궁정에 뒤바리 부인을 반대하는 사람들이 점점 늘어났고, 이 행복한 한 쌍을 못마땅해하는 신하도 한둘이 아니었다.

어떤 역사학자들은 루이 15세가 왜 예의범절이 몸에 밴 갸름한 얼굴의 우아한 귀부인들을 모두 마다하고 천박한 여자 잔을 애첩으로 삼았는지 궁금하게 여긴다. 한 가지 이유는 비록 그가 쉰여덟 살의 노인이었음에도 시력이 나쁘지 않았다는 점이다. 루이 15세는 자신에게 불리한 국면을 타개하고 논란을 잠재우고자 총리대신이었던 슈아죌 공작에게 다음과 같은 내용의 편지를 썼다. "그녀는 정말 예쁘다. 그리고 짐에게 기쁨을 준다. 그것만으로 충분하다." 이 말을 전해 듣거나 편지를 읽은 사람들은 모두 당혹감을 감추지 못했다.[16]

---

14) 내가 보기에 사리에 맞지 않는 일화이지만, 뒤바리 부인이 입궁하던 날 그녀의 드레스에 새겨진 문장(紋章)을 보고 궁정 사람들이 눈살을 찌푸렸다고 한다. 거기에는 "진격하라!"라는 문구가 새겨져 있었다. 이는 옛날에 전쟁이 일어났을 때나 쓰던 구호였다.
15) 마리 앙투아네트는 후일 오스트리아의 황제 요제프 2세가 되는 오빠에게 보낸 편지에 "내 남편은 불쌍한 놈"이라고 적었다. 당시 궁정의 상황을 대변하는 한마디인 듯하다.
16) 루이 15세가 했던 이 말을 다각적으로 해석해서 논문을 쓰면 언제든 역사학 박사 학위를 받을 수 있다. 지금까지 그 의미를 똑같이 해석한 박사 논문은 없었다.

솔직히 말하자면, 루이 15세의 세상 보는 안목은 지극히 제한적이었다. 그는 한 가지만 생각하는 인간형이었다. 그는 가치 있는 일이라면 사람의 힘으로 할 수 있는 한, 자주 실천해야 한다고 믿었다. 그는 40년 동안 그렇게 살았고, 세상에 존재하는 사물 중에서 아름다운 것들만 보려고 했다. 여러분은 그렇다면 그가 새나 꽃에 관심을 보였어야 했다고 생각하실 것이다. 그렇다. 실제로 그는 새나 꽃에 관심을 보이려고 했다. 그는 뒷방에 새장을 몇 개 들여놓고, 책, 고지도, 그리고 엄청나게 많은 사탕을 종류별로 수집했다. 그리고 한동안 베르사유 궁 정원에서 나무와 꽃에 심혈을 기울이기도 했다. 그런데 성과가 좋지 못했다. 여자 사귀는 일이 훨씬 더 쉬웠던 것이다.[17]

루이는 다른 사람들 눈에 띄지 않게 자기 집무실 위층에 있는 잔의 방으로 몰래 들어갈 수 있도록 비밀 계단까지 만들어 놓고 그녀와 밤낮없이 황홀한 시간을 보냈다. 하지만 내 생각에 두 사람이 방 안에서 향락에만 빠져 있었다는 이야기는 과장된 것 같다. 루이가 당대 최고의 정력가였다는 사실은 의심할 여지가 없지만, 말재주가 시들기 시작했고, 셀러리를 넣은 강장제도 별로 도움이 되지 못했다고 사람들이 수군거렸다. 예를 들어 데스파르브 백작 부인은 루이 15세가 자기와 만나기 전에 강장제를 복용했지만, 별로 효과가 없었다고 친구에게 털어놓았다. 루이는 그녀를 궁정에서 내쫓고 보복했다. 아마도 루이는 잔과 함께 있으면 마음이 편안했다고 생각하는 편이 옳을 것이

---

17) 그는 식물학자인 린네에게 딸기 씨를 보낸 적도 있었다.

다. 그가 대단한 정력가라는 명성에 걸맞은 관계를 잔과 유지하려고 했던 것은 아니었을 것이다.

잔은 언제나 생기발랄했으며, 루이는 비록 그녀와 같은 젊은 활력을 되찾지는 못했지만, 그런 그녀를 사랑했다. 한번은 힘이 넘치는 모습을 보여주겠다며 춤을 추다가 통풍을 앓고 있던 신하의 발등을 밟았다. 그런데 웃는 사람이 아무도 없었고, 그는 위트와 유머가 생명인 사교계에서 물러났다.[18] 하지만 잔은 변함없이 국왕을 즐겁게 해주었다. 그녀는 루이의 얼굴에 화장 파우더 상자를 집어던지고 나서 그를 방앗간 주인 같다고 놀려댔다. 그러면 루이도 큰 소리로 웃곤 했다. 또

---

18) 그 신하는 화가 나서 베르사유 궁을 나가서 아무리 설득해도 돌아오지 않았다. 그런 실수를 웃어넘기려면 두 사람 마음이 서로 맞아야 한다.

한, 그녀는 일상적인 대화를 할 때에도 격식을 차리지 않고 생뚱맞은 표현을 사용하곤 했으므로 루이는 배꼽을 잡고 웃었다. 바로 이런 것들이 루이에게는 행복이었다.

커피에 관한 일화도 있다. 루이가 잔이 일하는 조그만 부엌에서 직접 커피를 준비했다는 이야기는 여러분도 들어보셨을 것이다. 루이가 실수하여 물이 끓어 넘치면 잔은 국왕을 놀려댔고, 그들은 행복이 넘치는 방에서 함께 커피를 마셨다. 루이는 여러 해 동안 커피에 중독되다시피 했는데 커피 생각이 나면 언제든지 마실 수 있게 준비해 놓도록 했다. 루이가 예순 살이 넘어 가끔 현기증을 일으키자, 국왕의 주치의는 루이에게 커피를 너무 많이 마시면 위험하다고 경고했다. 그런데 사실 현기증의 원인은 커피 때문이 아니었다. 잔의 방으로 가기 위해 뻔질나게 오르내리던 망할 놈의 계단이 문제였다.

아름다운 외모와 밝은 성격 외에 뒤바리 부인이 지닌 매력의 비밀은 무엇이었을까? 추문과 음모로 뒤숭숭하고, 젊고 예쁜 여자들이 끊임없이 궁전으로 들어오는 상황에서 잔은 어떻게 끝까지 정력왕 루이를 붙잡고 있었을까? 그리고 어떻게 왕이 자신을 진심으로 믿게 했을까?[19] 어쩌면 그녀가 루이를 가끔은 혼자 있게 내버려 둔 것이 그의 사랑을 잃지 않은 이유일 것이다. 그가 오후에는 밖에 나가 취미로 코담뱃갑을 만든다고 해도 그녀는 잔소리하지 않았다.[20] 왕이 집무실에

---

[19] 뒤바리 부인은 퐁파두르 부인보다 더 깊은 신뢰를 루이에게서 받았다. 퐁파두르 부인이 루이의 신임을 얻은 것은 단지 머리가 영리한 덕분이었다.

서 늦게까지 일해야 한다고 하면, 성가시게 굴지 않고 내버려 두었다. 그녀는 자기 인생의 황금기를 그에게 바쳤다며 불평하지 않았다. 그리고 왕이 자기에게만 관심을 둘 이유는 없다고 생각했다. 물론, 이것은 내 추측일 뿐이다.

그러나 옷과 보석을 향한 잔의 열정만은 여기서 언급해야겠다. 그녀는 돈 때문에 루이를 사랑했을까? 나로서는 뭐라고 말할 수 없다. 하지만 분명한 것은 그녀가 옷이나 다이아몬드를 하루가 멀다고 사들였다는 사실이다. 그녀는 원하기만 하면 언제든 아무런 간섭도 안 받고 자기 방을 다시 꾸밀 수 있었다. 루이는 관대한 영혼의 소유자였다. 그것이 남자의 진정한 매력이 아니겠는가? 그는 잔이 변덕스럽게 이것저것 사겠다고 하면 한순간도 주저하지 않고 국고에서 거금을 내주었다. 국가의 재정 상태가 좋지 않을 때도 마찬가지였다. 그가 유일하게 반대한 것은 그녀가 순금 변기를 사겠다고 했을 때였다. 그것도 어느 궁정 관리가 왕실의 과소비에 이의를 제기하며 참견했기에 잔은 순금 변기를 포기하고 은 변기를 망가질 때까지 사용해야 했다. 어쨌든 루이는 심지어 잔이 마음대로 은행에서 돈을 꺼내 쓸 수 있게 조처해 주었다. 루이는 이로 말미암아 자신이 가장 싫어하는 일이었던 돈 문제에 시간과 수고를 들이지 않아도 되었다.[21] 잔은 국고에 돈이 얼마가 남아 있든 간에 급하게 필요한 비용 외에는 절대 돈을 쓰지 않았

---

20) 그녀는 어쩌면 무척 좋아했을 것이다.
21) 돈 이야기만 나오면 루이 15세는 골치가 아팠다. 그것은 나도 마찬가지다.

다. 그런데 한 통계를 보면, 그녀는 5년 동안 6,240만 9천 달러를 소비했다고 한다. 그만한 액수면 어떤 여자라도 마음속 깊이 감사했을 것이다. 그 정도의 돈이면 신 앞에서도 당당할 수 있는 진정한 사랑을 살 수 있을지 나도 잘 모르겠다. 사람들은 아니라고 대답할 것이다. 나는 그런 의문을 제기하는 자체가 치졸한 발상이라고 생각한다.

세상에 영원한 것은 없다. 루이 15세도 1774년 5월 천연두로 세상을 떠났다. 죽기 닷새 전 루이는 잔을 떠나보냈다. 불사의 영혼을 위해 병자성사를 받기 전에 정부를 두었던 것을 회개하고 정부와의 관계를 청산했음을 증명해야 했기 때문이다. 루이는 기쁠 때나 슬플 때나 늘 그녀 곁에 있었다. 하지만 이제 그녀를 놓아주지 않는다면, 자신은 죽어서 지옥에 갈지도 모른다는 두려움에 그녀를 보낸 것이다. 그는 잔을 사랑했지만 어쩔 수 없었다. 그가 만약 병에서 회복했더라면 분명히 그녀를 다시 불러들였을 것이다. 희망 사항이기는 하지만, 그랬으리라고 믿는다. 루이가 사망하고 잔이 추방되자 베르사유의 귀족 부인들은 기뻐 날뛰었고, 마리 앙투아네트는 어머니인 마리아 테레지아에게 보낸 편지에 다음과 같이 썼다. "그 인간이 수도원으로 추방되었습니다. 스캔들과 관련 있는 자들도 모두 궁정에서 쫓겨났습니다."

루이 15세의 장례 행렬을 지켜보면서도 아무도 그의 죽음을 애도하지 않았다. 오래전 루이가 메츠에서 중병에 걸려 앓아누웠다가 돌아왔을 때 군중은 "친애왕 루이께서 돌아오셨다!"라고 외쳤다. 그때만 해도 사람들은 그가 전쟁터에 나가 혼자 힘으로 싸우다 이겼으며, 그래서 병이 났다고 믿어 의심치 않았었다. 그런데 사실 그는 샤토루 공작 부인과 놀아나다가 지쳐 쓰러졌고 백성은 그런 사실을 알지 못했다. 이제는 사람들이 루이의 장례 행렬을 향해 비웃으며 야유를 퍼부었다 "저기 여자들을 즐겁게 해주었던 자가 지나간다!" 감히 국왕에게는 함부로 할 수 없는 말이었다.[22]

잔은 루이 15세보다 거의 20년을 더 살았다. 호사를 누리면서도 적극적으로 선행을 베풀었고, 애인도 몇 명 있었다. 다소 살이 찌긴 했지만 쉰 살의 나이에도 여전히 그림처럼 아름다웠다. 그녀는 더 나은 세상을 만들겠다고 나선 사람들이 일으킨 프랑스 혁명의 제물이 되었다. 그 사람들은 모든 프랑스인이 자유롭고 평등하며 행복하게 살기를 꿈꾸었다. 그들은 되도록 많은 사람의 목을 쳐서 그 이상을 실현하려 했다. 잔은 왕당파에 동조했다는 이유로 1793년에 단두대에서 처형당했다.[23] 그녀의 죄목은 분명했다. 잔은 평민들을 좋아하지 않았다. 그들의 삶에 대해 너무 잘 알고 있었기 때문이었다.[24]

뒤바리 부인 때문에 프랑스 혁명이 일어났다고 생각하는 사람이 있는데 이는 정말 터무니없는 주장이다. 그녀는 그런 혁명이 일어날 줄은 상상도 못했을 것이다. 부인은 단지 장신구를 사기 위해 많은 돈이 필요했을 뿐이다. 궁정에서 잘나가던 시절에도 그녀는 아무에게도 해를 끼치지 않았다. 다만, 은행 잔액 문제로 그를 자주 방해했던 슈아죌 공작만은 예외였다. 그녀는 슈아죌 공을 해고시키고 퇴직금을 두

---

22) 백성은 도덕군자가 아니다. 그들은 과중한 세금 때문에 화가 난 것이다.
23) 마리 앙투아네트는 두 달 먼저 참수되었다.
24) 난봉꾼 장 뒤바리는 비록 서류상이기는 하지만, 유한계급이라는 이유로 처형당했다. 잔의 법률상 남편이었던 기욤 뒤바리는 용케 무죄 판결을 받고 애인 마들렌과 결혼했다.

둑하게 주어 위로했다.[25] 잔은 프랑스의 마지막 내연의 왕비였다.

    나는 뒤바리 부인을 생각할 때면 단두대에서 목이 잘린 그녀의 모습을 떠올리지 않는다. 베르사유 궁전 왕의 집무실 위층 작은 방에 다소곳이 앉아 있는 그녀의 모습을 그려본다. 그리고 동맥경화증이 있는 셔츠 차림의 루이 15세가 한밤에 얼굴이 벌겋게 상기된 채 계단을 헐떡거리며 올라가는 모습도 눈에 선하다. 그가 문을 열면 예쁜 실내복을 입은, 언제나 천사 같은 모습의 잔이 나타난다. 향기 좋은 커피 한 잔을 곁들이면 방 안 분위기는 더없이 좋다.

---

[25] 슈아죌 공은 뒤바리 부인이 국정에 관여하게 될까 봐 우려했고, 그래서 그녀에게 항상 인색하게 굴었다. 하지만 잔은 쇠약해져 가는 국가에 대해서는 아는 것도 없었고, 관심도 없었다. 그녀는 자기 일만 하고자 했다.

More Info.

1. Marie Adélaïde de Savoie 사보이의 마리 아델라이드 [1685-1712]

토리노에서 사르데냐 왕국의 초대 군주 비토리오 아메데오 2세와 그 왕비 오를레앙의 안나 마리아의 큰딸로 태어났다. 여동생 마리아 루이사는 펠리페 5세와 혼인하여 에스파냐의 왕비가 되었다. 1697년 루이 14세의 손자이자 왕세자 루이의 장남 부르고뉴 공작 루이와 결혼했다. 두 사람은 정략결혼으로 맺어진 부부였지만, 금실이 좋았고 세 명의 아들을 두었다. 1711년 아버지의 죽음으로 부르고뉴 공작 루이는 프랑스의 왕세자가 되었다. 그러나 이듬해 천연두(또는 홍역)로 그녀가 죽고, 6일 후에 남편 부르고뉴 공작 루이가 죽었으며 며칠 후에는 부부의 차남 브르타뉴 공작 루이가 차례로 죽었다. 가족 중에서 유일하게 살아남은 루이는 훗날 루이 15세로 즉위했다.

2. Louis, duc de Bourgogne 부르고뉴 공작 루이 [1682-1712]

프랑스 왕국의 왕세자다. 루이 14세의 손자로 루이 왕세자와 바이에른의 마리 안 사이에서 장남으로 태어났다. 아버지와 마찬가지로 국왕으로 즉위하지 못하고 죽었기에 아버지를 그랑 도팽(Grand Dauphin), 그를 프티 도팽(Petit Dauphin)으로 부르기도 한다. 1697년 사보이의 마리 아델라이드와 결혼해 세 명의 아들을 두었지만, 성인이 될 때까지 살아남은 아들은 막내 루이(루이 15세)뿐이다. 1712년 궁정에 유행한 홍역으로 아내가 죽은 지 며칠 되지 않아 그도 목숨을 잃었다.

3. Duc d'Orléans, Philippe II 오를레앙 공 필립 2세 [1674-1723]

오를레앙 공 필리프 1세와 그의 두 번째 아내 팔츠의 엘리자베트 샤를로트의 차남으로 태어나자마자 샤르트르 공작의 작위를 받았다. 1676년 그의 형 알렉상드르 루이가 죽자 오를레앙 가의 후계자가 되었다. 1692년 루이 14세가 몽테스팡 부인과의 사이에서 낳은 딸 프랑수아즈 마리 드 부르봉과 결혼했다. 평소 몽테스팡 부인을 경멸하던 어머니 엘리자베트 샤를로트는 이 혼담을 싫어했고 부부의 사이도 원만하지 않았다. 필리프 2세는 아버지와 마찬가지로 뛰어난 군인이었고 예술 애호가였다. 루이 14세는 동생 필리프 1세와 그 아들 필리프 2세의 세력이 커지는 것을 꺼렸고 특히 조카의 야심을 경계했다. 1701년 아버지의 죽음으로 오를레앙 공작이 되었고,

1715년부터 다섯 살의 나이로 왕위에 오른 루이 15세의 섭정이 되었다. 1723년 친정을 시작한 루이 15세는 섭정을 그만둔 그에게 재상직을 주었으나 필리프 2세는 그로부터 몇 달 후에 죽었다.

4. Marie Leszczyńska 마리 레슈친스카 1703-1768

1709년 폴란드가 스웨덴군의 침략을 받아 부왕인 스타니슬라우스는 권좌에서 쫓겨나고 일가족이 망명자 신세가 되었다. 스웨덴, 오스만 제국 등을 떠돌던 그들은 프랑스 알자스의 작은 마을에 정착했다. 당시 프랑스에서는 섭정 오를레앙 공이 죽고 나서 실권자가 된 부르봉 공이 열여섯 살이던 루이 15세의 아내로 후손을 많이 생산할 수 있는 나이 든 왕녀를 물색하다가 그녀를 최종적으로 선발했다. 그러나 유럽에서 가장 부유한 왕과 가장 가난한 공주의 혼인은 당시 세인들의 빈축을 샀다. 궁중에 들어온 그녀는 수군거림과 비아냥을 견뎌야 했지만, 처음 9년 동안 부부의 금실은 매우 좋았다고 한다. 조용하고 상냥하고 독실한 로마 가톨릭교도였던 그녀는 매년 한 명 꼴로 아홉 번 출산하여 왕비의 소임을 충실히 이행했다. 그러나 아내에게 싫증을 느낀 루이 15세는 정부를 여러 명 두었다. 마지막 아이를 낳고 나서 그는 다른 사람들과 같이 있을 때 나누는 형식적인 말 몇 마디 외에는 평생 아내에게 한 마디의 말도 건네지 않았고, 사실상 두 사람은 별거 상태에 들어갔다. 궁정의 일상적인 행사에서 제외된 그녀는 자신의 처량한 신세를 별로 불평하지도 않고 매일 시녀들을 거느리고 미사에 참례했고 자기 방에서 그림과 자수와 악기 연주로 소일하며 시간을 보냈다. 그녀는 궁정의 음모에 연루되지 않고, 죽을 때까지 조용하고 평화로운 삶을 살다가 65살에 루이 15세보다 6년 앞서 죽었다.

5. Maria Theresia 마리아 테레지아 1717-1780

카를 6세의 장녀이며, 토스카나 대공 프란츠 슈테판과 결혼했는데 아버지가 갑자기 사망함으로써 합스부르크가의 모든 영토를 상속했다. 그러나 아버지의 생존 당시 상속법인 프라그마티셰 장크치온, 즉 국본조칙(國本詔勅)이 이미 각국의 승인을 받고 있었는데도 각국이 그 상속에 대해 이의를 제기하여 오스트리아 왕위계승 전쟁(1740~1748)이 일어났다. 이 전쟁으로 프로이센에 슐레지엔을 넘겨주었으나, 숙적(宿敵) 프랑스와 대립하는 영국과 손을 잡아 아헨 조약(1748)에서 프라그마티셰 장크치온에 대한 각국의 승인을 얻어냈다. 전쟁 중에 남편을 황제(프란츠 1세)로 세워 공동 통치자가 되었으나, 남편에게는 정치적 능력이 없어 그녀가 모든 국정을 담당했다. 그 후 재정의 재건과 군사력 증강에 주력하여 슐레지엔 수복을 목표로 프로이센과 7년 전쟁(1756~1763)을 일으켰으나 프랑스와의 동맹으로 영국이 등을 돌려, 뜻을 이루지 못하고 강화했다. 남편이 사망하자 아들 요제프 2세와의 공동통치했다. 내정 개혁에는 급진주의적인 요제프 2세를 견제하면서 부역의 경감, 수도원 영지의 몰수, 교육제도의 개혁 등에 성과를 거두었다. 원래 아들의 탄생을 기대하여 딸의 제위 상속은 생각하지 않았던 카를 6세는 그녀에게 가정교육만 베풀어 얌전한 여성으로 자라게 했으나 그녀는 정치에 비상한 재능을 발휘했다. 자녀를 16명이나 두었으며, 프랑스 왕 루이 16세의 왕비 마리 앙투아네트도 그녀의 딸이었다.

6. Marquise de Pompadour 퐁파두르 부인 1721-1764

부유한 실업가인 아버지 덕분에 어린 시절부터 문학과 미술을 애호했고, 미모와 재치를 겸비한 여성이었다. 1741년 사촌 르 노르망 드 티올과 결혼했으나 가끔 사냥하러 오던 루이 15세와 알게 되어 총애를 받게 되었다. 1745년 '후작 부인'의 칭호를 받고 정치에도 참여하면서 왕정의 인사(人事)마저 결정하는 등 권세를 누렸다. 오스트리아 왕위계승 전쟁 후에는 프로이센의 프리드리히 2세의 권세를 견제하고자 숙적(宿敵) 오스트리아와 제휴하여 '외교 혁명'이라고까지 일컬은 국가 외교의 전환을 추진했다. 또한, 계몽철학에도 관심을 보여 디드로와 달랑베르가 공동으로 편찬한 『백과전서』에 대해 지원을 아끼지 않았다. 그리고 사치스러운 저택을 각처에 건립하고 동양풍으로 장식하며 공예품을 수집했다. 그것이 미술의 발전에 공헌한 바도 있으나, 그녀의 외교 혁명이 7년 전쟁의 실패로 끝났고 오랜 세월 사치스러운 생활에 소모한 막대한 재정 낭비 등이 후일 프랑스혁명을 유발한 원인의 하나가 되었다.

7. Jeanne Bécu, comtesse du Barry 뒤바리 백작 부인 1743-1793

프랑스의 루이 15세의 정부. 본명은 잔 앙투아네트 베퀴(Jeanne Antoinette Bécu)였다. 퐁파두르 부인이 세상을 떠나 실의에 빠져 있던 루이 15세는 그녀를 우연히 만나 미모와 지성이 마음에 들어 뒤바리 백작과 이혼하고 정부가 되기를 권유했다. 그러자 그녀는 이혼 후에도 바리 백작 부인의 칭호를 사용한다는 조건으로 남편과 이혼했다. 그녀는 퐁파두르 부인처럼 정치에 관여하지는 않았지만, 지체 높은 귀족들이 자신에게 머리를 조아리는 것을 즐기게 되었다. 그러나 어머니를 사랑했던 루이 15세의 딸들과 그녀와 친하게 지냈던 마리 앙투아네트는 대놓고 그녀를 무시했다. 루이 15세의 병세가 악화하자, 그녀는 왕이 하사한 루브시엔 성에서 머물게 되었다. 루이 15세가 사망하고 루이 16세가 즉위하고 나서 곧 프랑스 혁명이 일어났고, 당시 런던에 있던 그녀는 프랑스로 돌아왔다가 공화주의자들에게 붙잡혀 단두대에서 처형되었다.

8. Josèphe-Jeanne-Marie-Antoinette 마리 앙투아네트 1755-1793

오스트리아 여왕 마리아 테레지아의 막내딸로 열네 살 때 정략결혼으로 프랑스의 루이 16세와 결혼했다. 베르사유 궁전의 트리아농관에서 살았으며, 사교 모임에 아름다운 모습을 나타내어 '작은 요정'이라고 불렸다. 검소한 국왕 루이 16세와는 대조를 이루어 빈축을 사기도 했으며, 1785년의 '다이아몬드 목걸이 사건'은 그녀의 명성에 상처를 입혔다. 가난하고 사기성이 있는 드 라 모트 백작 부인이 앙투아네트의 환심을 사려는 추기경 드 로앙을 속여 어두운 베르사유 궁전 정원에서 가짜 왕비를 은밀히 만나게 해주고 보석상에서 160만 루블의 다이아몬드 목걸이를 사게 하여 왕비에게 헌상한다고 하고 중간에서 횡령하여 막대한 재산을 챙겼다. 이 사기극은 전모가 드러났으나 왕비가 드 로앙을 파리 고등법원에 고소함으로써 사건이 확대되었다. 법원은 드 로앙은 무죄를 선고하여 왕비는 체면이 손상되었다. 또, 그녀는 스웨덴의 미남 무관 페르센을 비롯하여 몇 사람의 연인이 있었다. 1789년 프랑스혁명이 일어나자 왕과 그 일족은 파리의 왕궁으로 연행되어 시민의 감시를 받았고, 1792년 8월의 시민 봉기로 그녀는 탕플탑에 유폐되었으며 국고를 낭비한 죄와 오스트리아와 공모하여 반혁명을 시도했다는 죄로 1793년 10월 16일 단두대의 이슬로 사라졌다.

9. Louis XVI 루이 16세 1754-1793

루이 15세의 손자이며, 황태자 루이의 셋째 아들이다. 16세 때 오스트리아의 왕녀 마리 앙투아네트와 결혼하고, 1774년 루이 15세의 뒤를 이어 왕위에 올랐다. 선량하고 성실했으나 의지가 약하고 결단력이 부족했으며 정무에는 열심이었으나 난국을 타개할 만한 기량이 없었다. 즉위하자 튀르고·네케르·칼론·브리엔 등을 차례로 재무 총감으로 등용하여 재정적 위기를 타개하고, 국정의 개혁을 도모하고자 면세 특권을 폐지하고 과세의 평등을 실현하려 했으나 사제와 귀족 등 특권층의 격렬한 반대에 부딪혔다. 그는 국민의 협력과 동의를 얻기 위해 삼부회를 소집했다. 그러나 신분제 의회를 인정하지 않는 제3신분의 대의원들은 특권층의 반대를 누르고 1789년 6월 국민의회의 성립을 의결하고 7월에는 그 명칭을 '헌법 제정 의회'로 바꾸어 절대왕정에 대신하는 입헌군주제의 수립을 추진했다. 그러는 사이에 7월 14일 파리 시민의 바스티유 감옥 습격으로 프랑스혁명의 막이 올랐다. 10월 6일 왕은 베르사유에서 파리로 옮겨져 민중의 감시하에 놓이게 되었다. 그 후 미라보 백작의 중개로 의회와 궁정 사이가 안정되는 듯했으나 1791년 6월 왕은 일족과 함께 파리를 탈출하여 국외로 도망하려다가 바렌에서 체포되었다. 1791년의 헌법 성립과 동시에 입헌군주제의 원수의 지위가 보장되었으나, 1792년 8월 10일 파리 시민의 재차 봉기로 체포되어 탕플탑(塔)에 유폐되고 왕권은 정지되었다. 12월부터 열린 재판에서 사형이 확정되고, 1793년 1월 처형되었다.

PART VII
러시아·프로이센의 황제

표트르 대제
Pyotr I

예카테리나 여제
Ekaterina II

프리드리히 대왕
Friedrich II

Pyotr I 표트르 1세 ¹⁶⁷²⁻¹⁷²⁵

알렉세이 차르의 열두 번째 아들이며 그의 두 번째 부인 나탈리아 나리슈키나 황후 사이에서 태어난 장남이다. 서자였던 그는 어린 시절 크렘린 궁에서 쫓겨나 모스크바 근교 마을에서 자랐다. 어린 시절 정규교육을 받지 못했지만, 총명하고 건강했다. 1676년 차르가 죽자 그의 이복형인 표도르 알렉세예비치가 왕위에 오르지만 병약했던 그가 죽고 나서 이복형 이반, 소피아 공주와 왕위를 두고 혼란을 겪었다. 그러나 어머니 측근의 도움으로 왕위에 올랐다. 이후 병약한 이반과 소피아 공주를 축출하면서 왕권을 강화했고, 네덜란드, 영국, 독일 등지를 순회하면서 조선술, 포술을 배우는 한편, 각국의 풍속, 제도를 연구하고 귀국한 뒤 귀족들에게 서유럽식의 풍속 관습을 강요했으며 율리우스력을 채용하는 등 적극적인 개혁에 착수했다. 발트 해 진출을 기도하여 북방전쟁을 벌였고, 투르크와의 싸움에 패했으나 뉘스타트 조약에서 발트 해 연안을 획득하여 숙원을 풀었다. 페르시아에 원정하여 카스피 해 서안을 병합하기도 했다. 그러나 전쟁은 백성에게 무거운 부담을 지워 농민 반란이 일어났고 그는 내외의 곤란을 극복하기 위하여 강력한 행정 조직의 확립을 목표로 절대주의 국가를 확립했으며, 교육 문화에도 힘을 기울여 러시아의 근대화에 큰 역할을 했다.

표트르 대제

표트르 대제는 러시아의 차르인 알렉세이 미하일로비치 로마노프와 그의 두 번째 황후인 나탈리아 키릴로브나 나리슈키나의 아들로 태어났다. 그의 부모는 후일 로마노프 왕조의 제4대 왕이 될 아들을 한동안 무척 자랑스러워했다.

어린 시절 표트르는 후일 총명한 인물이 되리라는 칭찬을 자주 들었다.[1] 그의 선생인 니키타 모이세이에비치 조토프는 아이의 개성을 살려야 한다며 철부지 표트르를 엄하게 가르치지 않고 제멋대로 하도록 내버려 두었다. 여러분도 그렇게 해서 개성이 살아 있는 아이를 보신 적이 있다면 나도 할 말은 없지만, 나중에 조토프 선생은 궁정에서 바보라고 손가락질을 받았다.[2]

---

1) 누구나 어린 시절에는 그런 말을 듣고 자란다.
2) 그도 자신이 바보 같은 생각을 했음을 깨달았다.

그렇게 자란 표트르가 1682년 불과 열 살 나이에 차르의 자리에 올랐다. 그는 몇 년 동안 표도르 키릴로프, 가브릴로 골로프킨, 이반 이바노비치 골로친, 이반 이바노비치 이바노프 등 신하들에게 짓궂은 장난을 하면서 시간을 보냈다. 그는 아주 못된 짓을 즐겼다. 예를 들어 곡괭이로 신하들의 이를 부러뜨린다든지, 불꽃놀이 하는 도구로 머리통을 날려버린다든지, 이런 엉뚱한 짓을 장난 삼아 저질렀다. 그는 대중이 무엇을 원하는지를 알고 있었다.

러시아는 한동안 표트르의 이복 누나인 소피야[info1]가 다스렸다. 소피야는 매우 가정적인 여자였지만, 여성해방운동을 옹호했다. 그녀는 표트르를 제거하려 했기에 표트르는 그녀를 수도원에 가두어버렸고 그녀는 자신이 잘못 생각했음을 깨닫게 되었다.[3]

어느 목요일 아침, 갑자기 표트르 대제는 러시아를 개혁하고 서양 문명의 장점들을 받아들여야겠다고 결심했다. 후일 이를 가리켜 '검은 목요일(Black Thursday)'이라고 불렀다. 그는 러시아의 개혁에 관해 설득해야 할 명청이들이 많을수록, 자신이 더 많은 것을 알아야겠다고 생각하고는 외국으로 떠났다.

그는 황제의 신분을 숨긴 채 '표트르 미하일노프'라는 이름의 목수로 위장했다. 그렇게 해야 오히려 사람들의 주의를 끌 수 있다고 생각했기 때문이다.[4] 키가 2미터가 넘는 껑다리 러시아 황제가 신분을

---

3) 그녀는 코바늘로 윤기 나는 양털로 레이스 두건을 뜨면서 여생을 보냈다. 하지만 때는 너무 늦었다.
4) 요즘도 여배우들은 자신을 홍보하기 위해 흔히 이런 방법을 쓰고 있다. 이런 잔꾀에 넘어가는 대중이 어리석을 뿐이다.

숨기기는 지극히 어려운 일이다.

그는 서양의 사정이 어떤지 직접 두 눈으로 봐야겠다며 잉글랜드로 간 적이 있었다.[5] 그는 잉글랜드에서 존 에벌린의 집에 머물렀는데 벤보 제독이 빌린 이 집을 에벌린이 표트르에게 빌려 주었던 것이다. 표트르는 이 집에서 판유리 300여 장을 산산조각 냈고, 가죽 침대를 갈기갈기 찢었다. 그 집은 엉망진창이 됐다.[6]

그가 처음 찾아간 나라는 네덜란드로 조선술에 관해 배우기 위해서였다. 그는 잔담에 있는 조선소에서 평범한 목수로 일주일 내내 일했다. 물론 그는 점심을 먹는 데 세 시간이 걸렸고, 늦게 출근해서 일찍 퇴근했지만, 아무도 그것을 눈치채지 못하기도 했다.[7] 그래서 사실상 아무것도 배우지는 못했지만, 그가 일주일간 머물렀던 작은 통나무집에는 요즘도 관광객들의 발길이 끊이지 않는다.[8]

표트르는 자기 나라로 돌아가 사람들에게 들려줄 충분한 얘깃거리를 얻고자 했다. 독일 하노버 가문의 선거후(選擧侯) 미망인 소피아는 표트르를 만나고 나서 일기에 다음과 같은 글을 썼다. "표트르는 코르셋 속에 있는 고래 뼈를 사람 뼈로 착각한 모양이다. 그는 독일 여자들이 뼈가 무척 단단하다고 했다." 프랑스에서는 어린 루이 15세를 자기 무릎 위에 앉히고 흔들기도 했고, 루이 14세의 정부 맹트농 부인

5) 그렇게 하면 좋은 아이디어가 떠오를 것이다.
6) 그는 외바퀴 손수레를 몰고 가시나무 산울타리로 돌진하기도 했다.
7) 역사적으로 차르가 조선소에 와서 직접 일한 적은 한 번도 없었다. 그것은 배를 위해서도 그러지 않는 편이 나았기 때문이었다.
8) 그곳을 다녀온 관광객들에게 표트르 대제가 머물렀던 잔담의 오두막에 대해 설명해 달라고 하면, 그들은 풍차만 보고 왔다고 대답한다.

이 잠들어 있는 방을 엿보기도 했다. 한번은 표트르가 파리에서 러시아에 있는 가족에게 편지를 쓴 적이 있었다. "보드카가 딱 한 병 남았다. 어찌해야 좋을지 모르겠다." 그 이야기를 들은 사람들은 곧바로 표트르에게 왜 러시아로 돌아가지 않았느냐고 물었다. 그제야 그는 사람들이 자신을 어떻게 생각하고 있었는지를 눈치챘다.

서양 문명을 가까이에서 둘러보고, 캔터베리 대주교를 만나고 나서 옥스퍼드 대학에서 명예 법학 박사 학위를 받고 귀국한 표트르는 스트렐치[9] 개혁 작업에 착수했다. 이 과정에서 많은 사람이 참수되거나 교수형 당했고, 불에 타 죽거나 생매장되었다.[10] 약 2천 명의 친위대 병사가 반역죄로 처형되었고, 그 시신들이 겨우내 공공장소에 방치되었다.[11] 죽은 병사들의 가족은 크게 분노했고, 표트르에 대한 추악한 소문을 퍼뜨리기 시작했다. 그 소문의 일부는 사실이 아니었다.

그가 그다음으로 단행한 조치는 귀족들에게 세균이 득실대는 긴 수염을 잘라버리게 한 일이다. 보수적인 귀족들을 견제하기 위한 방책이었는데 귀족들은 세균이 우글거리는 긴 수염에 대한 애착이 대단했다. 따라서 수염을 자르게 하는 것은 두 가지 효과가 있는 유용한 조치였다. 그는 모든 귀족에게 수염을 자르라고 명령했다.[12]

오랜 세월이 흘렀지만, 왜 표트르 대제가 수염을 깎으라고 명령했

---

9) Streltsi: '저격수'라는 의미로 16~18세기 러시아에 있었던 친위대. 이들은 기본적으로 머스켓과 같은 화약 무기로 무장했다.
10) 스트렐치 소속 병사들을 처형한 첫날 표트르는 2백 명을 직접 참수했다. 그는 자신의 부하들을 죽이는 것이 좋은 본보기가 되리라고 믿었다. 연회장에서 20명의 친위대 병사가 처형당했다.
11) 대중에게 경각심을 불어넣으려는 조치였다.
12) 그는 귀족들이 입는 품이 넓고 긴 겉옷도 길이를 짧게 줄이라는 명령을 내렸다.

는지, 그 이유를 알아낸 사람이 아무도 없었다.[13] 이따금 표트르 대제는 깎고 난 수염을 모아서 옷 속에 간직했다. 사람들은 그의 행동이 재미있다고 생각했다.[14]

IMF 같은 기관이 존재하지 않던 시절, 러시아의 재정은 몹시 어려웠다.[15] 이에 표트르 대제는 새로운 코펙 주화를 주조하게 했다. 이 돈은 이전 코펙 주화보다 마흔다섯 배나 더 컸다. 돈이 커지면 재정도 확대되리라 믿었던 모양이다. 그는 재정상의 개선책을 수없이 도입했다. 그런데 그 개선책이라는 것을 시행해보니 비용이 더 많이 들었

---

13) 표트르 대제의 수염이 자라지 않기 때문이라는 악평이 돌았다. 유명인 중에는 수염이 별로 없는 사람이 많다.
14) 후일 한 귀족이 1백 루블을 내고 수염을 길렀다. 농부들은 수염을 기르는 데 1코펙(1/100루블)을 내야 했다. 수염 기른 남자들은 수염세를 납부했다는 인증표를 달고 다녀야 했다. 돈만 많으면 구레나룻을 길게 기를 수도 있었다.
15) 한때 러시아의 외국 대사 월급은 돈이 아니라 대황(大黃, 약용으로 쓰이는 풀)으로 지급되었다.

다.[16] 뇌물 수수 행위가 금지되었지만, 적절한 절차를 거친 경우는 예외였다.

표트르 대제는 모스크바처럼 낡은 것은 무엇이든 싫어했다. 그는 건강에도 좋지 않은 발트 해 습지대에 새 도시를 건설하여 거기에 자기 이름을 붙였다. 4만 명의 농부를 동원하여 수년간의 공사 끝에 만든 도시, 상트페테르부르크였다.[17] 표트르 대제는 이곳에 자연사 박물관을 건립하고, 위스키를 좋아하는 신하들을 초대해서 방문객 전원에게 브랜디를 한 잔씩 돌렸다. 모두가 만족했다.

표트르 대제는 스웨덴의 칼 12세를 대패시킨 인물로도 유명하다. 또 수많은 스웨덴 사람을 죽인 것으로도 유명하다. 폴타바 전투[18]에서 칼 12세는 발뒤꿈치에 관통상을 입었고 표트르는 머리에 총을 맞았다. 칼 12세는 우크라이나의 부크 강을 건너 도망쳐 그곳에서 5년을 머물러야 했다.

이 전쟁에서 이긴 표트르 대제는 리보니아와 에스토니아, 그리고 탐내는 나라가 거의 없을 것 같은 지역의 땅들을 차지했다. 리보니아는 현재 '라트비아'라고 부르는 지역의 땅이었다. 라트비아에는 주로 리투아니아인을 닮은 레트인들이 살고 있다.[19]

---

16) 차르에 대한 예포를 쏘는 데 드는 비용을 비롯해 포병 부대의 훈련 비용, 불꽃놀이 등에 많은 돈이 필요했다. 러시아에는 변화가 일어날 조짐이 좀처럼 보이지 않았다.
17) Saint Petersburg: 이 도시는 제정 러시아 때 '페테르부르크'라는 이름으로 불리다가 1914년 '페트로그라드(Petrograd)'로 개칭되었다가, 1924년 레닌이 죽자 그를 기념하여 '레닌그라드'라고 불렀다. 그 후 1980년대의 개방화가 진전되면서 1991년 다시 옛 이름인 상트페테르부르크로 정해졌다.
18) Battle of Poltava: 1709년 6월 지금의 우크라이나에 있는 폴타바에서 러시아 제국과 스웨덴 왕국 사이에 벌어진 전투로 이 전투의 패배로 스웨덴은 발트 해에서 군사적 우위를 상실했다.
19) 레트인에 대해 잘 아는 사람이 흔치 않다.

이 대목에서 이반 스테파노비치 마제파[20]에 대해 설명해야겠다. 그는 폴란드 국왕 얀 카지밀의 궁정에서 일하던 시종이었다. 한가한 시간을 이용해 '팔보브스키'라는 귀족 부인과 밀회를 즐겼는데 이 사실을 알게 된 그녀의 남편이 그를 야생마에 묶고는 말을 초원으로 달리게 했다.

마제파는 우크라이나 카자크족[21] 사람들의 도움으로 간신히 목숨을 건졌다. 마제파는 열심히 노력한 결과 카자크족의 수장이 되었다. 카자크족은 금욕적인 사람들이었다.[22] 그는 크리미아 전쟁과 아조프를 차지하기 위한 전투에서 두각을 나타냈다. 그다음엔 칼 13세를 위한 동맹에 참여했다.[23] 표트르는 그를 저주하기 위해 그의 모습을 재현한 인형을 만들게 해서 공개적으로 처형식을 거행했다.[24]

표트르는 첫 번째 부인인 예브도키아 로푸히나를 황후의 자리에서 폐위시키고, 정교회 수녀원으로 강제 추방했다. 남편을 제외하면 그녀를 싫어하는 사람은 아무도 없었다.[25] 그 후 표트르는 자신의 수하 장군인 멘시코프와 자주 흥청대면서 술을 마셨다. 멘시코프는 과자 장수의 아들로 태어나 장군의 자리에 오른 인물이었다. 어느 날 밤

---

[20] Ivan Stepanovitch Mazeppa(1644-1709): 키예프의 신학교에서 수학한 후 폴란드 왕을 섬겼으며, 다시 표트르 대제에게 접근하여 그의 신임을 받았다. 그러나 북방전쟁에서 표트르의 형편이 나빠지자 처음에는 폴란드, 다음에는 스웨덴을 의지하여 러시아로부터 이탈하려고 했다. 1708년 스웨덴의 카를 12세와 함께 러시아군과 싸웠으나, 폴타바 전투에서 패배하여 터키로 피했다.
[21] 표트르 대제는 카자크족을 개혁하고 싶었지만 성공하지 못했다.
[22] 팔보브스키 부인 같은 사람들이 없었다.
[23] 그는 잘못 판단했다.
[24] 그런데 바이런 경은 그에 대한 시를 썼다.
[25] 표트르는 플레스체이에프 호수에서 뱃놀이하는 것을 더 즐겼다.

만찬에서 표트르는 멘시코프 옆에서 노닥거리고 있는 '마르타'라는 리투아니아 농부의 딸을 보았다.[26] 그녀는 외팔이가 된 스웨덴 하급장교와 리투아니아에서 결혼하기로 되어 있었다. 며칠 후 러시아 병사 몇 명이 그녀의 집으로 찾아와 화덕에 숨어 있던 그녀를 끌어내 궁전으로 데려갔다.[27]

어쨌든 표트르와 멘시코프는 서로 협력하는 관계였다. 결국, 표트르는 1707년 마르타와 비밀리에 결혼식을 올렸다. 그리고 그녀는 예카테리나로 이름을 바꿨다. 4~5년 후 두 사람은 다시 공식적으로 결혼식을 거행했다. 두 사람 사이에서 태어난 두 딸이 들러리를 섰다. 표트르는 해군 제독 제복을 입었고 예카테리나는 러시아 함대 해군 중장 제복을 입었다. 결혼식이 끝난 후 표트르는 "정말 의미 있는 결혼이 될 것으로 생각한다. 봐라. 결혼식 올린 지 겨우 세 시간밖에 안 되었는데 벌써 다섯 명이나 되는 자식이 있다."라고 말했다.

표트르는 예카테리나를 집에서 애나 낳아 기르게 했다.[28] 두 사람은 열두 명의 자식을 보았고 그중 하나가 후일 옐리자베타 여황제[info2]가 되었다.

표트르는 러시아 여자들을 해방했다. 물론, 자기 가족 여자들은 예외여서 그들을 수녀원으로 보냈다. 언젠가 예카테리나에게 애인이 생긴 적이 있었다. 표트르는 그 남자를 참수형에 처했다. 그러고 나서 그

26) 역사학자들은 그녀의 젖가슴은 하얗고 풍만했다고 말한다. 나로서는 자신 있게 말할 수 없는 내용이다.
27) 그녀의 신랑은 어찌 되었는지 알려지지 않았다.
28) "마누라를 패면 팰수록, 수프 맛이 좋아진다."라는 러시아의 옛 속담이 있다.

남자의 목을 병에 담아 예카테리나의 침실 창문 위에 올려놓게 했다. 예카테리나는 아무 말도 하지 못했다.

표트르의 아들이자 황태자인 알렉세이[29]는 좋은 아들이 되지 못했다.[30] 그는 만사를 귀찮아했고 침울한 성격이었다. 그는 단추가 다 떨어진 낡은 실내복을 입고, 식초에 절인 버섯과 소금을 뿌린 오이를 먹으면서 온종일 화덕 위에 앉아 있곤 했다.

표트르는 이따금 알렉세이를 두들겨 팼다. 그러면 알렉세이는 아프다고 난리를 쳤다. 그래서 술에 잔뜩 취한 표트르가 알렉세이를 때려죽였다고 주장하는 사람도 있다.[31]

1721년, 스웨덴과의 평화조약을 맺은 이후 러시아 의회는 그에게 '표트르 대제', '조국의 아버지', '러시아 제국 황제'라는 칭호를 부여했다. 그는 그런 칭호들을 거부할 수 없었는데 무엇보다도 강대국 스웨덴을 물리쳤기 때문이었다.

누구나 표트르 대제를 대단한 인물로 평가한다. 그런 평가가 거짓이 아님은 분명하다. 사실, 술에 취하지 않았을 때나 발작을 일으키지 않을 때에는 괜찮은 사람이었다. 그는 백성에게 추운 겨울에 궁전 앞을 지날 때에는 모자를 벗지 않아도 된다고 했다. 누구나 담배를 다시 피워도 된다고 공포했다.[32]

---

29) Alexei Petrovich, Tsarevich of Russia(1690-1718): 황태자에 책봉되었으나, 아버지인 표트르의 정책에 반대하는 일이 잦았고, 1718년에는 반란에 가담하여 황태자 직분을 박탈당한 뒤 고문 후유증으로 옥중에서 죽었다.
30) 그는 도스토예프스키가 생각해 낸 인물과 비슷했다.
31) 이런 일은 가문의 오래된 전통이다. '차르'라는 호칭을 처음으로 사용했던 폭군 이반 4세(Ivan the Terrible)도 자기 아들 이반을 때려죽였다.
32) 1634년, 미하일 1세 때부터 흡연이 금지되었다. 이를 위반하면 사형에 처했다.

그는 러시아 해군을 창설했고, 훌륭한 교육제도를 도입했다.[33] 그뿐 아니라 작은 업적을 몇 가지 남기기도 했는데, 바다코끼리 이빨로 샹들리에를 만들었고, 비록 실패하긴 했지만 5파운드짜리 로켓을 만들었다. 그 로켓은 어느 신사의 머리 위에 떨어졌고, 로켓에 맞은 그 신사는 그 자리에서 즉사했다.

표트르는 러시아가 구태에서 벗어나 바깥 세계와 소통하기를 원했다.[34] 1710년, 그는 러시아 전역에 있는 난쟁이들을 상트페테르부르크로 불러들였다. 황제는 그들을 위해 얼어붙은 네바 강 가장자리에 눈 마을을 만들어 주었다. 난쟁이 둘이 그곳에서 호화로운 결혼식을 올렸고, 나중에 화가 베레시차긴이 「난쟁이들의 결혼식」이라는 그림을 그려 그 결혼식을 기념했다. 표트르는 난쟁이들을 사랑했지만, 난쟁이들보다 키가 훨씬 커서 대화하는 데 문제가 있었다.[35]

표트르는 급진적인 개혁 정책을 추진했는데 때로는 보드카에 만취된 상태로 업무를 보았다. 그는 틀에 박힌 것을 싫어했다.

그는 결국 지나친 폭음으로 방광이 파열되어 숨을 거두었다. 대제는 사망 직전에 "나는, 내가 이룩한 모든 것을……."이라며 말을 끝마치지 못했다. 말년에 표트르는 자신이 이루었던 모든 업적이 모두 잘못되었다고 생각했던 듯하다. 그 점에서는 그가 옳았다.

---

33) 표트르 대제 자신은 공부를 제대로 마치지 못했지만, 남들에게는 공부를 끝까지 하라고 했다.
34) 네덜란드 출신 역사학자 반 룬은 '슈늅스'라는 티롤 사람의 일화를 전한다. 그는 티롤 주교를 위한 자연탐험대의 대장으로 여행 중이었는데 1492년 소개장과 신임장을 가지고 전설적인 도시 모스크바에 들어가려다가 외국인이라는 이유로 거절당했다. 그래서 그는 콘스탄티노플에 있는 이교도 국가인 투르크를 방문했다.
35) 그는 신발을 신었을 때 키가 208센티미터였다고 한다. 그는 신발을 벗는 일이 거의 없었다.

MORE INFO.

1. Sophia Alekseyevna 소피아 알렉세예프나 1657~1704

17세기 러시아 황국의 섭정. 알렉시스와 어머니 마리아 밀로슬라브스카야의 셋째 딸로 태어났다. 동생 표도르가 죽은 뒤, 재상인 갈리친을 앞세워 섭정으로 군림했다. 섭정 7년 동안 소 상공인과 농민에 대해 유화정책을 폈고 군대 조직을 강화했으며, 러시아 고등교육기관인 슬라브-그리스-라틴 아카데미를 창설했다. 그리고 대외 정책으로 폴란드와 영구 평화조약을 맺고, 중국과 네르친스크조약을 맺었으며 터키에 대해서는 크리미아 원정을 시도하기도 했다. 1689년 이복동생 표트르가 17세가 되면서 나리쉬킨 가족들이 그녀의 하야를 요구하자, 그녀의 추종 세력인 샤클로비티는 그녀를 차르로 추대하려 했으나 실패했다. 그녀는 체포되어 강제로 노보데비치 수도원으로 보내졌다. 1698년 서부 국경의 총사대를 동원하여 쿠데타를 일으키려다가 음모가 발각되어 약 800명의 총사가 처형되었고, 그녀 자신은 수녀원에서 생애를 마쳤다.

2. Petrovna Elizabeta 엘리자베타 여제 1709~1762

표트르 1세와 예카테리나 사이에서 태어났다. 아름답고 지적이며 재능이 뛰어났다. 4대 황제 안나의 서거 이후 안나의 언니의 딸 레오폴도브나가 자신의 아들 이반 6세의 섭정을 맡고 그녀를 수녀원으로 추방하겠다고 위협하자, 그녀는 동지들과 함께 쿠데타를 일으켜 어린 황제와 그의 어머니와 측근들을 체포하고, 관료들과 고위 성직자들을 소집하여 자신을 러시아의 황제로 선포하게 했다. 이를 계기로 로마노프 왕조의 남자 계보는 끊어졌다. 그녀는 이전 황제들이 채택했던 내각회의를 폐지하고 원로원을 정식으로 재구성하는 등 아버지 표트르 1세의 통치 원칙으로 복귀했으나 실제로는 총신들이 국정을 돌보았다. 그녀는 정치에 주력하기보다는 무도회나 연극 등 화려한 궁정 생활과 교회 활동 등에 열중했다. 또한, 교육과 예술의 발전을 장려해 러시아 최초의 대학교인 모스크바 대학과 예술 아카데미를 세웠으며 엄청난 비용으로 겨울 궁전을 지었으므로 재정 상태가 악화했다. 그러나 대외 정책에는 적극성을 보여 친오스트리아·반프로이센 외교정책을 강력히 고수했고, 핀란드 남부를 병합했으며, 영국과 관계를 개선했다. 7년 전쟁에서는 프로이센에 대항해 베를린을 침공하여 프리드리히 2세를 패배 직전으로까지 몰아붙여 성공적으로 전쟁을 수행했으나 프로이센이 붕괴하기 직전, 갑자기 서거하여 제위는 그의 조카 표트르 3세에게 돌아갔다. 엘리자베타는 결혼하지 않았으며 남성 애인들을 거느렸다고 하지만, 첫사랑의 죽음을 애도하여 평생 상복만 입었다는 이야기는 유명하다.

Ekaterina II 예카테리나 2세 1729-1796

프로이센 슈테틴 출생. 독일의 작은 공가(公家)에서 태어났다. 후에 제위에 오른 표트르 3세에게 출가하고 남편의 평판이 나빠지자, 그를 폐위시키고 스스로 제위에 올랐다. 계몽주의 사상에 감명하여 볼테르 등과도 문학으로 교유했고, 학예와 교육에 관심을 쏟았으며 사회 각층의 대표로 구성된 법전(法典) 편찬 위원회에서 새로운 정치 원리를 해설하는 등 계몽 군주로서 평판을 얻었다. 그녀는 법치주의의 원칙을 도입함과 동시에 귀족들과의 협력 체제도 강화했다. 만년에 프랑스혁명이 발발하자 반동화하여 자유사상을 탄압했다. 두 차례 투르크와의 전쟁과 세 차례에 걸친 폴란드 분할 등으로 러시아의 영토를 남쪽과 서쪽으로 크게 확대했다.

예카테리나 여제

러시아의 예카테리나 여제가 러시아인이었다고 잘못 알고 있는 사람이 많다. 그녀는 독일 출신으로 어린 시절에는 드레스 세 벌과 속옷 열두 벌밖에 없었지만, 러시아의 황제가 되어 34년 동안 수많은 백성을 다스렸다. 사람은 마음먹기에 따라 무슨 일이든 할 수 있음을 보여주는 사례다.

본래 그녀의 이름은 예카테리나가 아니라, '조피 아우구스테 프레데리케', 줄여서 '피그헨'이었다. 그녀는 아우구스테 크리스티안 폰 안할트-체르브스트 독일 왕자와 홀슈타인 고토르프 가문 요한나 엘리자베트 공주의 딸로서 1729년 5월 2일 포메라니아[1]의 슈테틴에서 태어났다.[2] 그녀의 어린 시절은 불우했다. 그래서 그녀는 기회만 생

---

1) Pomerania: 귀여운 강아지 포메라니안의 원산지이다. 지리적으로는 유럽 중북부 발트 해 남쪽 연안에 자리 잡은 지방으로 현재는 대부분 폴란드에 속하며 서쪽 끝 일부 지역은 독일에 속한다.

기면 인생을 즐겨보리라 마음먹었는데, 나중에 진짜로 인생을 지나칠 정도로 즐겼다.

피그헨이 열네 살이 되던 해, 러시아의 옐리자베타 여제가 그녀에게 러시아로 와서 차르 계승자인 표트르 대공[info1]과 결혼할 것을 청했다. 그녀는 옷가지 몇 벌을 챙겨 고향 사람들에 작별을 고하고 새로운 삶을 시작했다. 다시는 보지 못할 아버지 곁을 떠나면서, 여러 친척에게 마지막 작별 인사를 하면서. 낯선 사람들이 사는 땅으로 떠나면서, 가난한 소녀는 무슨 생각을 했을까? 그녀는 행복하기만 했다.[3]

러시아에 도착한 그녀는 입고 온 낡은 옷을 벗어 던지고 옐리자베타 여황제[4]가 준 비단옷, 모피 옷을 입고 보석으로 치장했다. 그녀는 '피그헨'이라는 이름을 예카테리나 알렉세예브나로 바꾸고, 이듬해 표트르와 성대한 결혼식을 올렸다.[5] 다이아몬드가 박힌 관을 쓰고 금과 은으로 장식된 드레스를 입었다. 신랑이 맘에 들지 않는다는 문제만 제외하면, 참으로 만족스러웠다. 세상일이 다 그렇다.

첫날밤, 예카테리나는 표트르가 이상한 사람이라는 것을 깨달았다. 표트르는 신발을 신은 채 침대 위로 올라와 한 시간 넘게 인형을 가지고 놀면서, 대공비가 된 예카테리나에게 자신이 새로 들인 첩들

---

2) 그녀가 프로이센의 프리드리히 대왕의 사생아라고 말하는 사람도 있지만, 이것은 프리드리히 대왕의 인품을 잘 모르는 사람들이 지껄이는 소리일 뿐이니 신경 쓸 것 없다.
3) 표트르를 만나기 전에는 행복했다.
4) 1741년 나이 어린 차르 이반 6세를 폐위시키고 스스로 황제 자리에 오른 그녀는 체리 브랜디를 즐겨 마셨고, 손바닥으로 발바닥을 문지르면서 귀족들과 잡담하기를 좋아했다.
5) 여기서 말하는 표트르는 표트르 대제의 손자이다. 옐리자베타 여제는 대를 이을 후사가 없어 조카인 표트르를 후계자로 삼았다.

에 관한 이야기만 늘어놓았다.[6] 그러더니 이리저리 뒹굴다가 코를 골면서 잠이 들었다.[7] 이런 생활이 9년간 계속되었다. 결국, 표트르는 자기 침대에서 혼자 잠을 자게 되었다. 표트르로서는 예전에 생각지도 못했던 일이었다. 몇 년 뒤, 죽은 채로 발견된 그의 몸에서 타살의 흔적이 발견되었는데 사람들은 예카테리나가 연루되었으리라고 쑥덕거렸다. 왜 아니겠는가! 충분히 수긍할 수 있는 추측이다.[8]

러시아에는 왕위를 이어갈 후계자가 필요했지만, 부부 관계가 그렇다 보니 궁전에서 아이 울음소리가 들리지 않았다. 표트르는 줄곧 인형만 가지고 놀았다. 그러던 1754년의 어느 날, 예카테리나가 '세르게이 살티코프'라는 젊은 남자를 쏙 빼닮은 아들을 하나 낳았다.[9] 예카테리나가 종종 국정 현안을 함께 논의했던 남자였다. 하지만 역사학자들은 그 아이의 아버지가 분명히 표트르라고 생각한다. 아이가 자라면서 성격으로 보나 아무런 쓸모없는 존재라는 점으로 보나, 점점 표트르와 닮아갔기 때문이다. 부자가 똑같이 바보였다. 물론, 그들이 실제로 부자간이라는 사실을 증명할 방법은 없다.

살티코프가 떠난 뒤 예카테리나는 폴란드에 관심을 두었다. 아니, 폴란드 백작인 스타니스라우스 포니아토프스티에게 관심을 두었다. 그러고는 아이를 낳았는데, 이름은 안나였다.[10] 또한, 잘생기고 기골

---

6) 실제로 그에게는 첩이 없었지만, 그는 머릿속으로 첩이 있다고 생각했다.
7) 그는 바보는 아니었지만, 조금 모자란 구석이 있었다.
8) 표트르의 바이올린 연주 솜씨가 '아주 좋았다'고 알려졌다. 설마 그것이 살해당한 이유였을까?
9) 이 아이가 바로 '미친 차르 파벨(Tsar Paul)'이다. 그는 광인들에게 살해당했고, 역시 미친 차르인 그의 아들 알렉산드르가 제위를 계승했다.
10) 표트르는 어느 날 연회에서 "예카테리나는 대체 어디서 아이들을 만들어내는 거지?"라고 소리쳤다.

이 장대한 친위대 장교인 그레고리 오를로프를 만난 뒤에는 '보브린스키'라는 아들과 딸 몇 명을 낳았다. 그 밖에 또 다른 자식을 낳았는지는 내 관심 사항이 아니어서 잘 모르겠다. 예카테리나는 회고록에 다음과 같이 적었다. "사람의 욕심은 끝이 없다." 게다가 그녀는 어둠을 무서워했다.

1762년, 예카테리나가 러시아에 온 지 18년이 흘렀고 틀에 박힌 생활은 계속되었다. 그때 사고가 발생했다. 옐리자베타 여황제가 체리브랜디를 마시고 죽어 버린 것이다. 그리하여 표트르가 표트르 3세가 되어 왕위를 계승했다. 그리고 6개월 후 예카테리나는 황실 근위대 장교인 그레고리 오를로프와 그 형제들의 도움으로 표트르 3세를 폐위하고 감금한 뒤 스스로 여황제가 되었음을 공포했다.[11] 러시아 사람들은 너무 흥분한 나머지, 예카테리나가 황제가 될 자격이 없는 외국인이라는 사실조차 잊었다. 나중에야 독일 출신 여자의 통치를 받고 있다는 사실을 알고 깜짝 놀랐다.

표트르는 비극적인 종말을 맞이했다. 예카테리나가 황제로 등극했다는 소식을 듣고 피신해 있던 그는 곧 체포되었고, 얼마 지나지 않아 로프샤에서 갑작스럽게 죽었다. 당시 그는 알렉세이 오를로프를 비롯한 예카테리나 심복들의 감시를 받고 있었다. 예카테리나는 그가 설사병으로 죽었다고 발표했다. 그런데 장례식에 온 사람들은 그의

---

11) 표트르는 예카테리나와 이혼하고 그녀를 수녀원에 감금한 다음, 정부 옐리자베타 보론초프와 결혼할 궁리를 하고 있었다. 그러나 예카테리나는 그렇게 호락호락한 여자가 아니었다.

시신에서 이상한 점을 발견했다. 표트르의 목에 커다란 붕대가 감겨 있었던 것이다. 분위기 파악도 못 하고 인형이나 가지고 놀다가는 어떤 꼴이 되는지를 여러 사람에게 알려주는 사건이었다. 얼핏 보면 노는 것이 일하는 것보다 편해 보일 수도 있다. 하지만 실제로는 그렇지 않다는 사실을, 역사는 말해주고 있다.

만약 예카테리나가 그레고리 오를로프와 결혼했다면, 그녀의 여생은 달라졌을까? 어쩌면 별로 달라질 것도 없었을지 모른다. 어쨌든 그녀는 10년을 그와 함께했다. 그리고 마침내 무쇠처럼 튼튼했던 오를로프의 몸도 약해지기 시작했고 국정을 돌볼 수 없게 되었다.[12] 그녀의 다음 남자 친구인 그레고리 포템킨 대공은 16년간 그녀 곁에 있었다. 한동안 느긋하게 지내면서 여제에게 젊은 남자 친구들을 소개해 주었고, 중개료도 두둑하게 챙겼다. 그의 재산은 5천만 루블에 달했다. 여러분이라면 이런 짓을 하실 수 있을까?

그녀의 남자 중에서 얼굴로 한몫하지 못하는 자는 포템킨 대공뿐이었다. 그는 애꾸눈에 매부리코, 안짱다리였고, 술고래였다. 그는 호밀로 만든 술과 생 양파만 며칠 동안 먹으면서 더러운 실내복을 입고 손톱을 깨물면서 맨발로 궁정을 배회했다. 그녀가 그의 어떤 점이 마음에 들었는지 아무도 알 수 없었다. 그는 혼자 있을 때면, 개와 고양이, 그리고 수탉 울음소리를 완벽하게 흉내 냈다. 예카테리나가 진정

---

12) 예카테리나가 알렉세이 오를로프에게 고마워했고, 어쩌면 이반, 테오도르, 블라디미르에게도 고마워했으리라고 생각하는 사람들이 있다. 어쨌든 모두 예카테리나가 좋아하는 타입의 남자들이었다.

으로 좋아했던 것은 바로 그의 그런 면모였을 것이다. 그녀도 고양이 우는 소리를 흉내 낼 수 있었지만, 자랑할 만한 수준은 못 되었다.[13]

그 후 예카테리나는 안정을 찾았다고, 나도 말하고 싶을 지경이다. 하지만 그녀의 나이는 고작 마흔일곱 살이었고, 여전히 새로운 아이디어를 갈구했다.

1776년, 스무 살 난 '표트르 자바도프스키'라는 젊은이가 그녀의 곁에 있었다. 관찰력이 예리한 슈발리에 드 코르베롱은 이 청년에 대해 이런 말을 했다. "그는 자신의 지위를 유지하는 데 필요한 것들을 많이 갖추고 있었다."[14] 이듬해에는 조리치 중위가 있었다. 그리고 예카테리나의 첫 손자가 태어났다. 그녀는 손자를 위해 빨리 입히고 벗길 수 있는 옷을 개발했는데, 아이의 손과 발이 동시에 들어가고, 등 뒤에서 단추를 채우는 옷이었다. 나로서는 이해하기 어려운 옷이지만 좋은 옷이었다고 한다.[15]

예카테리나의 남자들은 이 밖에도 더 있었다. 열다섯 달 동안만 관계했던 얼간이 코르사코프,[16] 정력제 과잉 복용으로 '순직'한 란스코프, 지극히 평범한 사내였던 예르몰로프와 마모노프,[17] 그리고 예카테리나보다 오래 산 플라텐 주노프 등이 있다. 주노프는 예카테리나와

---

13) 참고로, 포템킨 대공에 앞서 '표트르 바실리코프'라는 자가 있었다. 어찌 된 영문인지 여제는 그를 탐탁지 않게 여겼다. 그 이유에 대해서는 여러분의 추측이나 내 추측이나 같을 것이다.
14) 물론 그는 일자리를 얻었다.
15) 예카테리나는 손자들에게 헌신적인 할머니였다. 그녀는 혹시라도 손자들이 타락할까 봐 절대로 사귀는 여자를 데리고 숲 속에 들어가지 말라고 타일렀다. 하지만 손자들은 할머니 말을 듣지 않았다.
16) 스트라호프, 그리고 어쩌면 레바초프와 스티아노프의 도움도 받았을 것이다.
17) 그들 전에 여제 곁을 지켰던 밀로라도비치와 미크라체프스키를 대신했던 남자들이다.

관계했던 시절에 나이가 불과 22세였고, 그와 붙어 다닌 친동생 발레리안은 18세였다. 당시 예카테리나는 60세가 넘었지만, 나이가 무슨 상관인가? 그녀는 1796년 11월 10일, 67세에 뇌졸중으로 사망했다.

예카테리나의 남자들에 대해 수많은 이야기가 나돌았지만, 대부분 떠도는 소문일 뿐이었다. 안타깝게도 이 세상은 한밤중에 어떤 남자가 여자 혼자 있는 침실에서 기어 나오는 장면을 목격하면 무조건 최악의 상황을 상상하는 사람들로 넘쳐난다.

예카테리나의 연인이 300명이었다고 주장하는 사람도 있다. 하지만 그녀는 공식적으로는 10~12명 정도의 정부를 거느렸고, 믿을 만한 기록에 따르면 몇 사람 더 있었을 뿐이다. 그나마 그 가운데 몇 명은 기껏해야 며칠 혹은 몇 주 동안 여제와 관계를 맺다가 사라졌다. 게다가 그녀는 동시에 여러 남자를 만나지 않았다. 한 남자와 관계가 끝나면 다른 남자에게로 넘어가는 식이었다.

예카테리나의 남자관계는 언제나 공개적이었다. 러시아에서는 그녀의 첫 번째 연애 상대부터 마지막 남자까지 모르는 사람이 없었다. 예카테리나는 질서 정연하고 체계적인 것을 좋아하는 성격이었기에 새로운 지원자는 주치의의 건강검진을 거쳐 프로타소프 백작이나 부르스 백작과의 면담을 통과해야만[18] 부관으로 임명되어 여제의 아랫방에 짐을 풀었다. 그러고는 내부 계단으로 출입하면서 업무를 수행했다. 그런 후에야 '브리미엔치크(Vremienchik)', 즉 '그 시기의 남자'가

---

[18] 그들은 면담할 때 제비뽑기를 했다.

되었다. 이런 표현 말고도 아주 재밌게 들리는 다른 말이 더 있었다.

궁전의 밤은 문란한 성행위가 난무했으리라는 우리의 상상과 전혀 달랐다. 요즘 세대의 기준으로 보면 너무 느려터진 것처럼 보일 것이다. 예카테리나는 언제나 카드놀이를 하고 나서 열 시쯤 잠자리에 들었다. 그녀는 아홉 시 삼십 분경부터 시계를 보기 시작해서 열 시가 되면 자리에서 일어나 부관과 함께 은밀한 침실로 향했다. 그러고는 뜨거운 물을 한 잔 마시고 감기에 걸리지 않도록 양모 스카프를 목에 두른 채 침대로 갔다. 그다음 일은 나도 정확히 말할 수 없다. 내가 직접 눈으로 보지는 못했으니까.

예카테리나는 결점이라고 생각될 정도로 관대한 성격이었다. 브리미엔치크에게 가불을 해준 적도 있었다. 우리 시대에는 사실상 이런 풍습이 사라졌는데[19] 아침에 출근한 브리미엔치크의 서랍 안에는 10만 루블이 들어 있었다고 한다. 게다가 매달 초 1만 2천 루블이 추가로 지급되었다. 물론, 이 때문에 황실 재정에 문제가 생기면서 예카테리나 여제는 종종 파산 지경에 이르렀다. 그녀가 이런 취미 생활에 쓴 돈은 브리미엔치크 봉급, 숙식비, 옷값, 기타 잡비 등을 포함해서 9,282만 루블에 달했던 것으로 추정된다. 이것이 얼마나 많은 돈이었는지 정확하게 알 수는 없지만, 1루블은 100코페이카이고, 1코페이카도 결코 적은 돈이 아니었다.[20]

---

19) 어쩌면 우리 시대에 필요한 사람이 예카테리나 여제 같은 인물일 것이다.
20) 예카테리나는 자신이 필요한 만큼 쓸 수 있게 종이돈을 찍어내도록 했다. 참으로 좋은 아이디어였다. 종이돈이 최고로 좋은 수단이기 때문이었다. 코페이카는 그저 잔돈일 뿐이다.

예카테리나의 사생활을 평가할 만한 역사적 근거는 아무것도 없다. 그녀가 부적절한 방법으로 부관 참모들을 유혹하지는 않았을까? 단순히 동물적인 충동에서 비롯된 사랑이었을까, 아니면 시인의 사랑이었을까? 어느 쪽이든 간에 왜 그리도 많은 남자가 필요했을까?[21] 하지만 우선 우리가 기억해야 할 것이 있다. 그녀는 연애 부문에서 세계 신기록을 세우기 위해 나서지는 않았다는 사실이다. 초기 그녀의 애정 행각은 그저 우연히 일어난 일이었다. 그리고 말년에 이르러서는 남자 서너 명 더 있는 것으로 달라질 것은 없다고 생각했던 것 같다.

게다가 여러분이나 나나 같은 생각이겠지만, 그녀가 원했던 것은 오직 친절한 말 한마디였다.[22] 예카테리나는 늘 사람들과 잘 어울렸고, 그럴 때면 즐거운 듯 보였다. 그녀는 러시아의 여황제였지만, 기본적으로 사고가 민주적인 인물이었다. 그리고 상대방을 인정할 줄 알았다. 전문가들은 다르게 생각하겠지만, 진실한 사랑에 관한 한, 나는 그녀의 미심쩍은 점을 좋게 해석하고 싶다. 주 러시아 대사로 와 있던 '맘스베리 백작'이라는 영국 노인네는 예카테리나가 애정이란 것이 무엇인지 전혀 모르고 죽었다고 고향에 보낸 편지에 쓴 적이 있다. 어떤 전기 작가는 그녀가 사랑을 전혀 알지 못했다고 장황하게 쓰고 있다. 그러나 적어도 그녀는 사랑을 알기 위해 노력했다고, 나는 믿는다.

---

21) 예카테리나가 만나 보지도 못한 남자들이 러시아에는 수없이 많다는 사실을 사람들은 생각하지 못한다.
22) 그녀는 매일같이 새들에게 빵 부스러기를 던져 주면서 시간을 보냈다.

More Info.

1. Poytr III, Fedorovich 표트르 3세 [1728~1762]

아버지는 홀스타인 고트로프 공작 카를 프리드리히, 어머니는 안나 페트로브나다. 1739년 아버지가 죽자 작위를 물려받아 홀슈타인-고트로프 공작이 되면서 러시아와 스웨덴의 후계자로 간주되었다. 또한, 러시아·스웨덴 전쟁 중 러시아가 핀란드를 점령했을 때 핀란드의 왕이 되었다. 후사가 없는 이모 엘리자베타 여제는 그를 황태자로 책봉했다. 그는 열네 살 때 안할트제르프스트 공국의 공녀인 조피 프리데리케와 결혼했다. 같은 독일 태생이었던 두 사람은 금방 친해졌으나 조피가 이름을 러시아식으로 예카테리나로 바꾸는 등 러시아인이 되어 국민적 지지를 얻을수록 독일에 강한 애착을 보였던 그는 그녀와 멀어졌다. 엘리자베타 여제가 서거하여 황제로 등극한 그는 표트르 3세로 선포되었다. 그는 장례 기간 내내 웃고 떠들며 술을 마시는가 하면, 프로이센에 국가 기밀 정보를 제공했다는 사실을 공공연히 떠들고 다니기도 했다. 또한, 러시아는 프로이센과 7년 전쟁에서 승리를 눈앞에 두고 있었지만, 그는 프로이센의 프리드리히 2세를 우상처럼 숭배했기에 프로이센이 원래의 영토를 유지하게 했다. 게다가 러시아군의 제복을 프로이센과 비슷한 제복으로 바꾸어버리는 등 러시아의 국익보다는 프로이센의 안위를 더 염두에 두었다. 또한, 루터교의 교육을 받고 자란 그는 러시아 정교회로 개종했음에도 신앙심을 보이지 않았으며, 황제가 된 후에는 교회의 재산을 몰수해 국유화했고, 성직자들에게 수염을 깎고 루터교의 목사처럼 옷을 입으라고 강요했다. 그는 아내인 예카테리나에게 폭력을 휘두르거나 사람들이 보는 앞에서 모욕을 주었고, 심지어 감옥에 가두는 등 악행을 저질렀다. 1762년 여름 예카테리나는 황실 근위대의 도움을 얻어 남편을 폐위하고 스스로 제위에 올라 예카테리나 2세라고 선포했다. 국민적 지지를 얻은 그녀는 페테르부르크 주위의 모든 성문과 다리를 봉쇄할 것을 지시했다. 그의 측근들은 크론슈타트 해군 기지로 피신할 것을 권했지만, 그는 음식, 술, 의상 등을 배에 싣는 데 시간을 낭비했고, 예카테리나는 민첩하게 크론슈타트 군 지휘관들에게 전갈을 보내 그들의 지지를 얻어냈다. 그의 측근들은 그에게 레벨항으로 가자고 했으나 그는 기진맥진하여 낮잠을 잤다. 결국, 그는 예카테리나 2세가 제국에 대한 모든 권리를 영원히 포기하라고 작성한 문서에 순순히 서명했다. 이후 예카테리나 2세는 그를 상트페테르부르크 근교의 여름 별장으로 보내 오를로프 백작 형제로 하여금 감시하게 했다. 그러나 예카테리나 2세는 왕권의 정통성이 있는 그가 살아 있는 한 자신의 제위가 결코 안전하지 않다는 것을 알았기에 알렉세이 오를로프로 하여금 그를 교살하게 했다. 그러나 대외적으로는 그가 심한 복통으로 인한 출혈로 사망했다고 공표했다.

프리드리히 대왕

 1712년 1월 24일 아침, 베를린은 지극히 평화롭고 조용했다. 여느 때와 다를 바 없는 날이었다. 이날 정오 무렵, 프리드리히 대왕이 세상에 태어났다.

 나중에 '프리드리히 대왕'이라고 불리게 될 프리드리히 2세는 프로이센의 세 번째 왕이었다. 그는 프리드리히 빌헬름 1세[info1]의 아들이자, 유모가 실수로 떨어뜨려 머리를 다치고, 후일 구두 쇠를 삼키고도 프로이센의 왕이 되었던 프리드리히 1세[info2]의 손자였다.[1]

 독일에는 '프리드리히'라는 이름으로 불리는 사람이 많았다. 하지만 그중 일부는 내가 지금부터 말하고자 하는 호엔촐레른 왕가[2] 출신

---

1) 구두 쇠를 삼킨 사람이 프리드리히 빌헬름 1세였나? 아무튼, 프리드리히 1세는 코담배 애호가였다.
2) Hohenzollern: 프로이센의 왕가(1415~1918)이자 독일제국의 왕가(1871~1918)이다. 1871년 빌헬름 1세가 독일제국의 황제에 즉위했고, 그의 손자 빌헬름 2세가 제1차 세계대전에서 패배하면서 1918년 독일 황제와 프로이센 왕의 지위를 잃고 네덜란드로 망명해 왕가의 종말을 맞았다.

Friedrich II 프리드리히 2세 1712~1786

독일 연방 국가의 하나인 프로이센의 국왕(재위 기간: 1740~1786). 스스로 '계몽 군주'라 칭하며 여러 가지 제도를 개혁하고 산업을 중흥시켰다. 오스트리아 왕위 계승 전쟁을 벌여 슐레지엔을 병합하고, 산업을 장려하고 농민을 보호했으며, 잔혹한 형벌 제도를 폐지했다. 오스트리아, 러시아와 관계가 악화하자 영국과 프랑스의 식민지 전쟁에서 영국과 동맹을 체결했다. 이후 7년 전쟁이 일어나자 결국 오스트리아와 후베르투스부르크 화약을 맺었다.

의 프리드리히와는 다른 사람들이다. 붉은 수염왕 프리드리히와 그의 손자인 프리드리히 2세(여기서 말하는 프리드리히 2세와는 다른 사람이다)는 호엔슈타우펜 왕가[3] 사람들이다. 역사가들은 호엔촐레른과 호엔슈타우펜, 두 가문 중 어느 집안이 더 훌륭했는지, 정확한 판단을 내리지 못하고 있다. 두 가문 모두 할 말이 많기 때문이다.[4]

그에 앞서 '오토'와 '루돌프'라는 이름의 왕이 많이 있었다. 물론, 당시에 '독일제국'이라는 것은 존재하지 않았지만, 그들은 독일의 황제들이나 다름없었다. 독일 사람이 아니고는 이해하기 어려운 내용이다. 독일 사람이라도 이해하지 못할 수 있다.

1713년에 왕위에 오른 프리드리히 빌헬름 1세는 근검절약하는 정부를 표방해 국민의 신임을 얻었다. 이후 많은 왕이 그와 똑같은 경제 정책을 적용했고, 심지어 그런 정책 외에 다른 아이디어는 생각하지 못했던 왕도 있었다.[5]

프리드리히 빌헬름 1세는 직접 실업 문제를 해결하기도 했다. 그는 베를린 시내를 걸어 다니다가, 일하지 않고 빈둥거리는 백성이 눈에 띄면 육중한 대나무 지팡이로 뒤통수를 후려갈겼다. 과학적인 방안은 아니었지만, 효과는 좋았다.[6]

---

3) Hohenstaufen: 신성로마제국을 지배한 독일의 왕조(1138~1208, 1212~1254)로 1079년 프리드리히 1세가 슈바벤의 공작이 되면서 역사에 등장했다. 1194년부터는 시칠리아 왕도 이 가문에서 배출되었다.
4) 호엔촐레른 가문은 원래 슈바벤 출신이지만, 그런 사실을 절대로 입 밖에 내지 않는다.
5) 그런 노력은 매우 힘들고 피곤한 일이었을 것이다.
6) 그는 사과 파는 가게 노파들이 뜨개질을 하지 않는다고 두들겨 패기도 했다. 무슨 이유에선지 그는 사과 파는 노파들은 항상 뜨개질을 해야 한다고 생각했다. 불쌍한 노파들은 왕이 너무 무서워서 긴장한 나머지 뜨개질하는 순서를 잊어버리기도 했다.

프리드리히 빌헬름 1세는 구닥다리 같은 소리밖에는 할 줄 몰랐다. 그는 자식을 열네 명 두었는데 철없는 아이들이 항상 얌전하게 행동하기를 기대했다.[7] 그는 아들딸들이 하는 행동을 지켜보면서, 이거 하지 마라, 저거 하지 마라, 하고 잔소리를 반복했다. 그는 왕실 식구들에게 양배추를 많이 먹도록 했다. 한 푼이라도 아껴야 한다고 생각했기 때문이다. 그래서 그는 늘 가족들에게 말했다. "와, 봐라, 이 정말 먹음직스러운 양배추가 아니냐, 더 먹어라!"

그는 이런 식으로 아끼고 아껴서 모은 돈으로 키가 큰 병사들을 모집해서 포츠담 근위대를 구성했다. 그리고도 돈이 많이 남자, 스웨덴령 포메라니아 지역을 대부분 사들였다. 키가 큰 병사들은 작은 병사들보다 멀리서도 적을 잘 관찰할 수 있다는 장점이 있었지만, 거꾸로 적에게 쉽게 노출된다는 단점도 있었다. 하지만 프리드리히 빌헬름은 이 같은 사실을 보고한 부하의 말을 무시하면서 허튼소리 하지 말라고 호통을 쳤다.

프리드리히 빌헬름은 당시 프로이센의 경제 상황을 잘 이해한 왕이었다. 그는 왕실에서 사용하는 경비를 대폭 삭감했다. 그리고 길거리에서 백성을 만나면 위협적인 태도로 "너는 뭘 하는 녀석이냐?"라고 묻곤 했다. 또한, 잠을 많이 자면 사람이 멍청해진다고 믿었다.[8] 그는 프랑스에 관한 것이라면 뭐든지 싫어했다. 특히, 프랑스 사람들이

---

[7] 그는 아이들이 원래 얌전하게 행동하지 않는다는 사실을 몰랐다.
[8] 그래서 그는 절대 잠을 길게 자지 않았다.

머리에 쓰는 가발은 그의 취향에 전혀 맞지 않았다.

후일 프리드리히 대왕이 되는 프리드리히는 난폭하고 교양 없는 아버지와 닮은 점이 별로 없었다. 자기 아버지를 닮을 가능성이 컸지만, 그에게는 세련된 면모가 있었다. 그는 어린 시절부터 배운 프랑스어로 말하고 읽고 쓰고 생각할 수 있었다. 적어도 자신이 프랑스어로 생각하고 있다고 믿었다. 그러나 프랑스어로 생각한다고 해서 달라지는 것은 없을 것이다.[9)]

그는 또한 플루트를 배웠고, 그다음에는… 뭘 배웠던가? 그렇다. 그는 시작법을 배워 시인이 되었다. 그런데 그가 지은 시는 시라고 하기에는 너무 엉성했다. 그는 엄격한 아버지를 피해 영국으로 도망가려다 붙잡혀서 감옥에 갇혀 빵과 물만 먹으며 지낸 적도 있었다. 그의 아버지는 그를 걷어차서 계단 아래로 구르게 하거나 커튼 줄로 목을 졸라 죽이려 하기도 했지만, 그는 살아남았다. 그는 어떤 어려운 일이 있어도 살아나는 불사신이었나 보다.

프리드리히 빌헬름은 프리드리히에게 옷을 더럽힌 채 입고 다니지 말라고 명령했다. "옷 좀 깨끗하게 입고 다녀라!" 하고 버럭 소리를 질렀지만, 아들은 전혀 개의치 않았다.

결국, 프리드리히 빌헬름은 두 손 들고 말았다. 그는 "내 아들 프리츠(프리드리히의 애칭)는 플루트 연주자이자 시인이다!"라고 선포했다.

---

9) 프리드리히는 프랑스어 맞춤법을 잘 몰랐던 것 같다. 'à cette heure(이 시간에)'라고 써야 할 것을 'asteure(?)'라고 썼다. 또한, 구두점 사용도 서툴렀다.

대체로 이것이 그에 대한 역사적 평가가 되었다.[10] 프리드리히 대왕에게서 추천장을 써달라는 요청을 받은 볼테르는 "쓰신 시들이 전부 폐하와 잘 어울립니다."라고 써주었다. 이보다 더한 찬사가 있을까?

프리드리히는 잉글랜드의 공주인 아멜리아 소피아 엘리너와 결혼하고 싶었지만, 아버지의 명령으로 브룬스비크-베베른의 엘리자베트 크리스티나 공주와 결혼해야 했다. 그는 벨프 왕가 출신인 그녀를 좋아하지 않았다. 일 년에 한 번 정도 그녀를 불러서 어떻게 지내느냐고 안부를 물었고, 그녀는 지겹다고 대답했다.

잉글랜드의 아멜리아 소피아 엘리너 공주는 실연의 아픔을 이겨내지 못하고 60세를 일기로 세상을 뜨고 말았다. 그녀는 극복하지 못했던 것이다. 프리드리히가 좋아했던 누이 빌헬미나 역시 바이로이트의 헤레디타리 왕자와 억지로 결혼해야 했다. 그는 혀가 짧아 발음이 부정확한 남자였다.[11]

1740년, 프리드리히는 28세의 나이로 왕이 되었고, 볼테르의 도움을 받아 『반(反)마키아벨리론』이라는 책도 출간했다. 이 책에서 그는 거짓말, 속임수, 노상강도는 나쁜 짓이며 진정한 행복은 다른 사람들을 돕는 가운데 찾아온다고 주장했다. 그러더니 오스트리아와 전쟁을 벌여 마리아 테레지아 여제에게서 슐레지엔 지방을 빼앗았다. 그는

---

10) 아리스토텔레스는 플루트 연주가 인간의 도덕성에 나쁜 영향을 미친다고 주장했다. 루이지 케루비니(Luigi Cherubini, 1760-1842: 이탈리아의 오페라 및 종교음악 작곡가, 파리 음악원의 원장이자 작곡과 교수로 있으면서 프랑스 음악계에 지도적 역할을 했다. 그는 플루트라는 악기를 좋아하지 않아 플루트군 악기를 빼고 다른 악기들이 포함된 작품을 작곡하기도 했다)가 언젠가 사람들에게 물었다. "여러분은 제게 플루트 한 개보다 더 나쁜 게 뭐냐고 물었죠? 바로 플루트 두 개입니다!"
11) 혀 짧은 소리로 독일어를 말하는 것은 상당히 심각한 경우이다.

마리아 테레지아를 보호해 주겠다고 약속했고 그녀는 그를 '프리드리히 대왕님'이라고 불렀다.[12]

그는 슐레지엔을 차지하려고 세 차례 전쟁하는 동안 수백 번 총에 맞을 뻔했지만, 총알이 모두 그를 비켜 갔다. 50만 명이나 되는 프로이센 병사들이 죽었지만, 살아남은 자가 더 많았다.

전쟁의 와중에도 그는 볼테르를 초빙하여 영접했다. 그런데 볼테르가 거의 3년 동안이나 궁정에 머물자 프리드리히는 그에게 지급하던 설탕과 초콜릿의 양을 삭감하여 볼테르로 하여금 사태를 파악하게 했다. 그러자 볼테르는 프리드리히의 접견실에서 잡다한 물건들을 훔쳤고, 프리드리히는 볼테르를 말 도둑놈으로 몰아붙였다. 그러자 볼테르는 프랑스어에 능통하다는 프리드리히가 쓴 글에 문법적으로 틀린 문장이 많다고 비난했고, 그것으로 두 사람의 관계는 끝났다.

사실 프리드리히의 글에는 가끔 문법적 오류가 눈에 띄었다. 하지만 누가 이를 평가할 수 있겠는가?[13] 위대한 작가를 평가하려면 작가의 작품을 읽어 봐야지, 작가에 대해 알려고 해서는 안 된다.

프리드리히는 학문의 발전에 심혈을 기울였다. 그는 베를린 과학 아카데미 원장으로 모페르튀이[14]를 임명했다. 모페르튀이는 북극 근처 라플란드까지 탐험대를 이끌고 가서 자오선 1도의 길이를 측정함

---

12) 그에게 붙은 칭호는 그뿐이 아니었다. 예를 들어 감자를 대량으로 보급하여 '감자대왕'이라고도 불렸다.
13) 볼테르는 프리드리히가 몰비츠(Mollwitz) 전쟁에서 도망칠 때 탔던 말에 감사했던 것을 제외하고는 누구에게도 고마움을 표시한 적이 없다고 비난했다.
14) Pierre Louis Moreau de Maupertuis(1698~1759): 프랑스의 수학자이자 천문학자. 1732년 아이작 뉴턴의 만유인력 법칙을 프랑스에 가장 먼저 소개하고 이를 지구역학에 적용했다. 최소작용의 원리를 발견하여 역학의 이론적 기초를 구축했다.

으로써 지구가 타원형이라는 사실을 증명했다.[15] 북극 원정 결과, 그는 지구가 적도 지방이 조금 볼록한 타원형의 구라는 사실을 생각해 냈다. 그는 또한 전쟁터에서 전투 장면을 더욱 생생하게 봐야겠다면서 나무 위에 올라갔다가 적군에게 붙잡혀 빈으로 끌려갔다. 오직 머리가 좋은 지성 열두 명만 그를 이해할 수 있었다. 물론, 그들도 확신이 서지는 않았을 것이다.[16]

프리드리히 대왕은 현대 독일의 토대를 세운 인물이다. 노인이 된 매부리코의 왕은 코담배 냄새가 잔뜩 배어 있는 낡은 옷을 입고 가까이에 있는 사람들에게 아주 재미있기는 하지만 쓴소리를 하곤 했다.[17]

프리드리히는 혹독한 어린 시절을 보냈다. 그의 부친은 아들이 훌륭한 군인이 되기를, 그리고 근검절약하는 생활을 하기를 원했다. 하지만 아들은 부친의 기대를 저버렸다. 프리드리히의 어머니와 가정교사는 그에게 적성대로 문학과 음악을 하라고 용기를 북돋아 주었다. 그는 몰래 라틴어를 공부했고, 종교를 비웃었다. 말타기나 총 쏘기를 거부했으며, 프랑스 언어와 문학, 옷을 좋아했다. 독일식 생활양식을 싫어했다. 그리고 플루트를 즐겨 불면서 마음의 평화를 찾았다. 비록 그의 플루트 연주가 다른 사람들에게는 전혀 마음의 평화를 주지 못했지만.

프리드리히는 폴란드를 탐냈고, 루이 15세의 정부인 퐁파두르 부

---

15) 라플란드에는 사람의 고정관념을 깨는 뭔가 있나 보다.
16) 모페르튀이는 두루미와 펠리컨을 길렀다.
17) 남의 단점을 알아보기는 쉽다. 장점을 보기가 어렵다. 장점이 없는 경우에는 더욱 그렇다.

인, 러시아의 옐리자베타나 예카테리나 2세에게도 모욕을 주었다.[18]

폴란드에 대한 정책에서 현안 문제는 폴란드 땅을 어느 정도 차지하느냐는 것이었다. 프리드리히는 러시아와 오스트리아의 도움으로 폴란드 분할 계획을 세웠다. 그런데 마리아 테레지아가 그 계획에 동의하지 않았고, 결국 오스트리아는 6만 2,500제곱마일만 획득했다.

프리드리히는 코담배를 연신 콧구멍에 쑤셔 넣으며 회고록을 썼다. 그는 문학을 사랑했지만, 자유롭게 문학이 발전하도록 허용하지 않았고, 오히려 문학 발전을 방해했다.

프리드리히 대왕은 1786년 74세를 일기로 세상을 떠났다. 하인 한 명과 충실한 개들만이 그의 임종을 지켰다. 그는 인간보다 개를 더 좋아했는데, "개는 절대 은혜를 원수로 갚는 일이 없고, 진정한 친구로 남는다."고 말한 적이 있다. 당연한 사실이었다. 왜냐면 개는 그의 마음속을 들여다볼 수 없기 때문이다.

---

[18] 그의 아버지 프리드리히 빌헬름 1세는 잉글랜드 조지 2세의 코를 주먹으로 때린 적이 있었다. 물론 둘 다 어렸을 때의 일이다.

MORE INFO.

1. Friedrich Wilhelm I 빌헬름 1세 ^{1688~1740}

학예를 애호한 부왕 프리드리히 1세와는 정반대로 부국강병책을 강행했고, 상비군 양성에 전념하여 '군인 왕'으로 불렸다. 솔직하며 신앙심이 깊은 검약형으로 국민의 말단에 이르기까지 국가에 대한 의무를 요구했으며, 가부장적인 국가 체제를 이룩했다. 외교 면에서는 스웨덴으로부터 전(前) 포메른을 획득한 것 외에는 군인 왕답지 않게 중요한 전쟁에는 거의 참가하지 않은 채 평화 노선을 지지했다. 아들인 프리드리히 대왕은 황태자 시절 아버지와 충돌을 빚었고, 딸인 빌헬르미네도 후에 아버지를 비판하는 수기를 발표하는 등 성격적으로 맞지 않아 가정적으로는 고독했으며, 타고난 군인적 기질과 프랑스에 대한 반감으로 새 시대의 서유럽 시민 문화에 전혀 관심을 보이지 않았다.

2. Friedrich I 프리드리히 1세 ^{1657~1713}

대 선거후 프리드리히 빌헬름의 아들. 브란덴부르크 선거후로서는 프리드리히 3세. 즉위 후 파르츠 전쟁이 일어나자 오스트리아와 동맹하여 프랑스에 대항했다. 에스파냐 왕위계승 전쟁(1701~1714) 때 신성로마황제 레오폴드 1세에게 원군을 제공한 공으로 1701년 프로이센 왕의 칭호를 받았다. 원래 정치에 흥미가 없었기에 내정에도 별로 성과가 없었고, 북방전쟁에 대해서도 방관하는 태도를 보였다. 사치를 좋아하여 연회에 국고를 낭비했으나 예술과학문을 애호하고 과학 아카데미를 창설하는 등 문화사적인 공적을 남겼다.

PART VIII
왕실의 풍속

왕실의 오락
Royal Amusement

왕실의 식도락
Royal Gastronomy

Edwar II 에드워드 2세 1284-AD 1327

웨일스 카나번 출생. 에드워드 1세의 아들. 카나번의 에드워드(Edward of Caernarvon)라고도 한다. 의지가 강하지 못하고 적극성이 없어, 아버지가 쌓아 올린 대외·대내적인 왕권의 신장을 축소시킨 결과를 초래했다. 1314년 아버지의 유업을 이어받아 스코틀랜드 정벌을 도모했으나 대패하여 실패했다. 1326년 9월 왕비 이자벨라가 총신(寵臣) 모티머와 결탁하여 반란을 일으켜, 퇴위를 강요받고 폐위되고 아들 에드워드 3세가 그 뒤를 이었다. 이후에 투옥되었다가 살해되었다. 영국 황태자의 칭호인 '프린스 오브 웨일스'는 부왕이 웨일스 정벌 기념으로 황태자 시절의 그에게 붙여 준 데서 비롯했다.

왕실의 오락

　왕이나 왕비, 그리고 그와 비슷한 부류의 사람들은 우리가 상상하는 것 이상으로 마음껏 즐기며 살았다. 쉽게 말하자면 우리의 생각을 초월하는 수준의 고민거리도 나름대로 많았겠지만, 동시에 즐거움도 누릴 만큼 누렸다. 그들은 언제든 원하기만 하면 마음을 비울 수 있었다. 그래서 재미있게 놀기 전에는 늘 마음부터 비웠다.
　물론 19세기 영국 작가 조지 메러디스가 『희극과 희극적 정신의 이용에 관한 에세이』에서 말하고 있듯이, 왕족들이 늘 최고 수준의 놀이만 즐긴 것은 아니다. 최고 수준의 오락이라고 해서 모두 재미있는 오락은 아니기 때문이다. 그렇지 않은가?
　내가 그동안 모은 자료들을 검토해보니, 왕가 사람들은 위트와 유머에 관해 그들만의 고유한 개념이 있었다. 그중 훌륭한 위트와 유머들은 너무 우스워서 배꼽이 빠질 정도이다. 또한, 그들은 재미있게 시간을 보내는 요령도 알고 있었다. 그러나 그들도 수준 높은 놀이만 추구하지는 않았다. 그들은 일반인 이상으로 활동적인 놀이를 즐겼다. 왕족들은 그럴 여유가 있는 사람들이었기에 나는 조지 메러디스의 의견이 맞는다고 생각한다.

이상하게 들릴지는 모르지만, 왕들도 즐거움을 누리는 데에는 일반 백성과 다를 바 없었다. 내가 알기로 세계의 적지 않은 지배자들이 왕비가 앉는 의자를 뒤로 잡아당겨 뒤로 벌렁 나자빠지게 하는 유치한 장난을 즐겼다. 나는 개인적으로 그런 장난이 나쁘다고만 생각하지는 않는다. 다소 진부하지만, 여전히 재미있는 장난이다. 다만, 우려되는 점은 그런 식으로 너무 자주 장난치면 왕비들이 모두 도망간다는 사실이다.

영국에서 왕들의 놀이는 에드워드 2세 시절부터 시작된 것으로 보이는데, 이 불행한 플랜태저넷 가문[1])의 왕은 경망스러운 짓거리 때문에 왕의 자리에서 물러나야 했고, 농담을 싫어하는 격분한 사람들에 의해 비극적인 종말을 맞았다. 에드워드 2세가 했던 유머 중에서 오늘날까지 남아 있는 것은 없지만, 그는 많은 농담을 했고 마침내 일곱 명의 주교 위원회, 여덟 명의 백작, 여섯 명의 남작이 그를 궁지에 몰아넣었다. 그들은 왕의 실없는 농담을 참지 못했다. 그들은 자신이 영국

---

1) House of Plantagenet: 프랑스의 서부 앙주 지역을 통치했던 귀족 가문이 기원인 영국 왕조. 앙주 백작 조르푸아(제프리) 5세를 시조로 보고 있다. 그는 잉글랜드의 왕 헨리 1세의 딸이자 후계자인 마틸다와 결혼했다. 그의 아들 헨리 2세는 이후 플랜태저넷 왕조 출신의 첫 번째 잉글랜드 왕이 되었다. 플랜태저넷 왕가는 특히 잉글랜드에서 여러 명의 왕을 배출했다. 연구자들마다 이견이 있으나 플랜태저넷 왕조 계통인 랭커스터 왕가와 요크 왕가를 포함하면 플랜태저넷 왕조 출신 잉글랜드 왕은 더 많아진다. 직계 플랜태저넷 왕조 출신의 왕은 헨리 2세를 비롯하여 리처드 1세, 존, 헨리 3세, 에드워드 1세, 에드워드 2세, 에드워드 3세, 리처드 2세로 모두 8명이다.

의 유머를 중단시켰다고 생각했지만, 그들 생각대로 되지 않았다. 그들은 이 못된 습관의 근원을 캐지는 못했다.

에드워드 2세는 그의 아내인 단정하고 아름다운 왕비 이사벨라가 앉아 있는 의자를 잡아 빼는 장난 말고도 다른 재미있는 장난을 많이 했다. 그리고 의자를 잡아 뺐을 때 화를 낸 사람은 이사벨라 왕비밖에 없었던 것으로 보인다. 에드워드 2세는 자기 앞에 있는 테이블 위에서 세인트 앨반스 출신의 궁정화가 잭이 춤을 추자 박장대소했다고 한다. 한번은 어떤 사람이 우스운 자세로 말에서 떨어지자, 후하게 보상해 주었다고 한다. 에드워드는 이따금 사람이 말에서 떨어지는 모습을 보고 싶은 충동을 느꼈다. 그것 외에는 그런 발작적인 충동을 느낀 적은 없었다.

에드워드 2세가 죽은 후로는 한동안 의자를 잡아당기는 장난을 한 왕이 있었다는 기록은 찾아볼 수 없다. 영국의 군주들은 그런 장난을 남들 몰래 즐긴 것이 분명하다. 그러다가 독일의 하노버 왕가 사람들이 새로운 방법으로 장난을 부활시켰다. 어느 목격자의 말로는 어느 날 저녁 앤, 아멜리아, 캐롤린, 메리, 그리고 루이자 공주가 가정교사인 들로레인 부인이 앉아 있는 의자를 잡아 빼서 그녀가 뒤로 자빠진 적이 있었다. 들로레인 부인은 붉으락푸르락하면서 화를 냈고, 이에 대한 보복으로 국왕 조지 2세의 의자를 확 잡아당겨 뺐다. 자업자득이었다. 그날 왕실의 저녁은 정말 화기애애했다.

그러나 뭐니 뭐니 해도 재치(esprit)의 본고장은 역시 프랑스다. 루이 14세에 관한 재미난 이야기들을 생각하면 절로 웃음이 나온다. 그는 정장을 차려입은 신하들과 함께 있을 때에는 베르사유 궁정에 파다하게 퍼진 재치 있는 우스개들에 무관심한 척했다. 그러나 루이 14세도 남들처럼 황당한 장난을 좋아한 왕이었다. 철없던 청년 시절, 그는 마리 만시니에게 구애하는 와중에도 생쥐가 들어 있는 사탕 상자를 신경이 예민하고 연상이었던 베넬 부인에게 보낸 적이 있다. 그런가 하면 몽테스팡 후작 부인의 까다로운 동생 티앙주 부인이 먹던 초콜릿 음료에 소금을 한 움큼 집어넣고 장난기 어린 눈으로 지켜보지 않았던가? 게다가 루이 14세는 조금 웃기는 연주였지만, 기타도 즐겨 쳤다.

러시아의 표트르 대제도 이따금 남의 가발을 잡아 벗기는 장난을 했다.

왕실의 식도락

물론, 왕가의 사람들은 즐겨 먹는 어떤 음식을 내오라고 여러 사람 앞에서 소리 지르는 일은 없었다. 그렇다 보니 그들의 미식 취향을 알아내기는 쉽지 않았다. 하지만 왕족이 좋아했던 음식 이야기가 가끔 흘러나왔다.

영국 왕실의 식품 목록에서 빠지지 않는 것은 딸기이다. 따라서 규칙이 잘 지켜지는 왕조의 식탁에는 어김없이 딸기가 등장했다. 딸기 마니아로는 단연 빅토리아 여왕[info1]을 꼽는다. 그녀는 식탁에 딸기가 오르면 어린 시절에 먹었던 딸기만큼 맛이 좋지 않다고 늘 불평했다. 특히 보라색 딸기에서 단맛이 나지 않는다며 "딸기를 재배하는 자들이 달콤한 향기에 대한 후각이 없어서 그래. 딸기의 크기나 색깔에만 관심을 보이거든."이라며 불평하곤 했다. 여왕의 말이 맞을 수도 있다. 나이 든 여자들은 지금도 똑같은 불평을 하니까.

빅토리아 여왕은 딸기와 아스파라거스 말고는 특별히 좋아하는 음식은 없었다. 따라서 그녀는 64년 재위 기간에 무슨 음식이든 조금씩은 다 먹었다고 말하는 편이 옳을 것이다. 여왕은 턱 밑에 냅킨을 대고 음식을 먹었다고 한다. 물론 그녀는 어려서부터 그렇게 식사 예절에 대한 교육을 받았을 것이다. 당시는 사람들이 무엇이든 많이 먹던 시대였으며, 여왕도 음식을 절제하여 먹지는 않았다. 여왕의 집권 초기에 옆에서 그녀를 지켜본 일지 담당자 크리비는 노트에 다음과 같은 글을 남겼다. "여왕은 그 큰 웃음만큼이나 음식을 잔뜩 먹었다. 걸신들린 듯이 먹었다고 해야 할 것이다." 나이가 들면서 빅토리아 여왕은 식욕을 자제했고 식사하면서 즐거워하지도 않았다. 엄격한 교육을 받고 자랐다는 여왕의 소녀 시절 이야기도 전해진다. 빅토리아는 손가락으로 아스파라거스 줄기를 잡고 마치 칼을 목구멍에 집어넣는 묘기를 부리듯이 입에 넣으면서 외쳤다. "아, 꿀꿀, 꿀꿀!" 그러면서 여왕은 큰 소리로 웃었다. 빅토리아가 식탁에서 다른 장난은 하지 않았을까?

소시지의 본고장이라고 말할 수 있는 독일 하노버에서 영국으로 건너와 왕위에 오른 조지 왕들은 레버부르스트,[1] 블루트부르스트[2]를 비롯해 온갖 종류의 부르스트(소시지)를 독일에서 잔뜩 배에 싣고 왔다. 그뿐 아니라, 오리지널 프랑크푸르트 소시지인 송아지 살 소시지

---

1) Leberwurst: 송아지나 돼지의 부드러운 간 소시지.
2) Bratwurst: 돼지고기와 송아지를 육두구, 생강, 캐러웨이를 첨가하여 만든 소시지.

를 다양한 형태로 준비해서 가져왔다. 여기에 돼지머리는 물론이고 베이컨 수프, 갖가지 방식으로 절인 청어, 그리고 다양한 조제 식품도 빠뜨리지 않았다.

조지 1세, 2세, 3세가 식탐이 많았다고 주장할 만한 증거는 없다. 조지 1세는 극심한 소화불량 증세로 죽었는데, 원인은 하노버로 가는 도중 실컷 먹었던 멜론 때문이었다. 멜론이 그의 몸에 맞지 않았던 것이다. 조지 3세가 좋아했던 음식은 쪄서 식힌 양고기, 샐러드, 물떼새 알, 찐 완두콩, 그리고 체리 파이 등이었다. 빅토리아 여왕의 삼촌인 뚱보 조지 4세는 닭고기를 좋아했다. 대영제국의 토대를 세우는 임무를 맡고 있던 사람치고는 미각이 참으로 검소했다. 한번은 친구인 크로커가 가장 맛있는 음식은 꿩고기라고 주장하자 그는 이렇게 말했다. "난 자네와는 생각이 다르다네. 닭고기만큼 맛있는 음식은 없지. 만일 닭이 꿩만큼이나 드물고, 꿩이 닭만큼 많다면 꿩고기를 먹을 사람은 아무도 없을 거야."

조지 4세는 종종 능력 있는 멋쟁이 왕으로 통했다. 아마도 그가 영국 국민에게 인기가 좋았던 덕분이었을 것이다. 하지만 유명한 프랑스인 요리사 카렘[3]의 경우를 생각해보는 게 좋겠다. 그는 조지 4세가 부왕 조지 3세의 정신이상으로 왕세자로서 섭정하던 시기에 브라이

---

3) Marie-Antoine Carême(1784-1833): 프랑스의 파티시에·요리사. '왕들의 요리사'로 알려졌다. 파리의 빈민가에서 태어나 버려졌던 그는 파티시에 바일리의 눈에 띄어 발탁되었고, 정치가 탈레랑의 후원으로 궁정 연회에서 솜씨를 발휘하는 등 명성을 얻었다. 단두대에서 사형되기 직전 마리 앙투아네트 왕비의 마지막 식사 베르미첼리 수프도 그가 창안한 요리의 하나였다. 그는 역사상 처음으로 '셰프(chef)'라는 이름으로 불렸으며 프랑스 고급 요리의 고전적 개념을 세웠고 요리를 예술의 경지로 끌어올린 천재적 요리사였다.

턴에서 조지 4세의 음식을 담당했는데 몇 달 만에 프랑스로 돌아갔다. 왕이 월급을 두 배로 올려주고 연금을 보장하겠다고 해도 한사코 영국으로 돌아가지 않았다. 카렘은 영국 사람들과는 도무지 말이 통하지 않는다고 불평했다. 그는 섭정을 맡은 왕세자가 남다른 명성도 무색하게 음식에 관해서는 부르주아적 취향이 있어 감당하기 어려웠다고 비공식적으로 밝혔다. 유럽에서 제일가는 신사라고 불리는 조지 4세가 별다른 이유 없이 소고기 야채 튀김이나 즐긴다면 그것이 어디 걸맞은 일인가? 어쨌든, 이 문제는 그냥 넘어가자. 하지만 여러분은 아마 소고기 야채 튀김에 대부분 양배추가 들어 있다는 사실을 알고 계실 터이다. 그래서 이 음식을 씹다 보면 서걱서걱하는 소리가 나는 것이다. 그리고 이 음식에는 감자도 들어 있다.

독일 하노버 출신의 왕들이 영국을 지배하기 훨씬 전에 영국의 통치자들의 이름은 특정한 음식과 연결되어 있었다. 앨프레드 왕처럼 케이크를 좋아했던 선조도 있었지만, 일반적으로 왕실 연회는 '딜리그라우트(Diligrout)'라고 부르는 수프로 시작했다. 정복왕 윌리엄은 그 수프를 만들어 준 데 대한 보답으로 1066년 잉글랜드의 왕위에 오르고 나서 요리사인 티즐린(Tezelin)에게 애딩턴의 장원(莊園)을 하사했다. 딜리그라우트 수프가 어떤 것이었는지 요즘은 아는 사람이 없다. 다만, 음식 전문가들의 의견에 의하면 이 수프는 주로 아몬드 밀크와 돼지고기, 설탕, 양념, 잘게 썰어 살짝 데친 닭고기를 넣어 만든 14세기식 야채수프와 비슷하다고 한다. 윌리엄은 사슴 고기와 멧돼지 고기, 그리고 틀림없이 뉴 포레스트의 사냥터에서 직접 잡은 토끼 고기를 끝으로 식사를 마치곤 했다. 사냥터에서 누군가 수사슴이나 암사슴을 죽이면 그는 눈감아 주었다. 하지만 그의 아들인 윌리엄 루퍼스[info2]는 사냥터에서 사슴을 죽인 자는 사형에 처했다.

윌리엄 1세의 막내아들 헨리 1세는 좋아하는 음식인 칠성장어 스튜를 너무 많이 먹은 바람에 죽은 인물이다. 그는 의사의 경고도 무시하고 이 묘하게 생긴 물고기가 눈에 띄기만 하면 모조리 먹어 치웠다. 헨리 1세는 좋아하는 음식은 아무리 배불리 먹어도 해가 되지 않는다고 늘 말했다. 마그마 카르타[4]로 유명해진 존 왕[info3]도 칠성장어 요리를 즐겼고, 에드워드 3세[info4]도 마찬가지였다. 하지만 그들은 적절히 절제하면서 취미 삼아 이 음식을 먹었다. 헨리 2세[info5]로부터 시작하는 플랜태저넷 왕가 사람들은 대부분 생선을 사들이는 데 많은 돈을 썼다. 그중에서도 세 명의 에드워드 왕이 그러했는데, 플랜태저넷 가 사람들은 특히 청어를 좋아해서 청어로 파이를 만들어 먹었다.

에드워드 2세는 왕위를 잃기 전 양배추 때문에 망신을 당한 적이 있다. 오래된 보고서에 따르면 "그는 템스 강에서 나뭇단을 싣고 돌아오는 거룻배에서 파티를 열다가 욕을 먹었다. 게다가 자기가 먹을 수프를 만들기 위해 농부들이 먹을 양배추를 강둑에서 사들여 비난받았다." 양배추가 문제가 아니라 양배추를 사는 과정에서 보여준 국왕답

---

[4] Magna Carta: 1215년 영국의 존 왕이 귀족들의 압력에 굴복하여 칙허(勅許)한 63개 조의 법으로 일반적으로 '대헌장(大憲章)'이라고 한다. 거기에 명시된 여러 규정은 국왕과 귀족·성직자·시민과의 상호 봉건적인 권리와 의무를 명시함으로써 국왕의 종래의 관습에 반한 압정에 대해 귀족 신분이 중심이 되어 봉건적 기득권을 문서화하여 확인한 것이다. 마그나 카르타는 권리청원, 권리장전과 함께 영국 근대 입헌정치의 발전에 큰 역할을 했다.

지 못한 경솔한 태도가 문제였던 것이다. 이런 일이 일어나기 전에는 헨리 3세info6가 비난을 받은 적이 있었다. 그는 1236년 거행된 대관식에 차려입을 옷을 마구 사들여 왕실 금고를 비워 놓았다. 게다가 왕과 왕비는 신하들을 속여서 그들의 식량마저 갈취했다. 왕실 식객들은 먹고 싶은 것이 있으면 무엇이든 먹어 치웠다.

수프를 만들어 준 요리사에게 장원을 하사했던 정복왕 윌리엄보다 한술 더 뜬 사례도 있다. 헨리 8세는 요리사가 만든 새로운 푸딩 소스를 포상하고자 장원을 하사했던 일은 널리 알려졌다. 나는 그 요리사가 훈제 참돌고래 고기에 발라 먹는 소스를 개발했다면 그나마 이해할 수 있다고 생각한다. 왜냐면 훈제 참돌고래 고기용 소스는 무엇을 먹고 있는지를 잊게 해주기 때문이다. 그러나 푸딩에는 아무 소스나 뿌려 먹어도 상관없다.

새콤한 크림을 넣은 사슴 고기 맛을 좋아하는 사람도 있을 것이다. 그리고 구운 들칠면조 고기를 좋아하는 사람도 있다. 하지만 헨리 8세가 주최하는 연회에 등장하는 백조, 공작, 두루미, 갈매기 요리에 대해서는 뭐라고 말해야 좋을지 모르겠다. 내 생각에 갈매기 고기는 사향쥐처럼 비상시에나 먹을 음식이 아닌가 싶다. 차라리 오렌지 파이, 마르멜루5) 열매, 거세한 수탉, 딸기, 그리고 헨리 8세가 앤 불린을 처형하기 전에 그녀에게 보낸 란토니(Llanthony) 치즈가 한결 좋아 보인다.

---

5) marmelo: 그리스·로마 시대부터 재배한 식물이다. 과수로서 잎은 어긋나고 타원형이며 두껍고 짙은 녹색이다. 꽃은 늦은 봄에 짧은 가지에 한 개씩 달린다. 열매는 타원형이고 꽃받침이 남아 있으며 겉에 회백색 솜털이 밀생하고 딱딱하지만, 향기가 강하며 황색으로 익는다. 열매는 날로 먹으며 통조림으로도 이용한다. 이탈리아·프랑스·에스파냐·포르투갈이 주산지이다.

내가 추측하기에 캐서린 하워드도 참수되기 직전까지 헨리 8세와 함께 그가 좋아하는 단 음식들을 먹었을 것이다.

헨리 8세가 소의 '허리 부분 살(loin)'에 기사 작위를 수여하고 '허리 살 경(Sir Loin)'이라고 칭송했다는 터무니없는 이야기도 전해진다. 그래서 우리가 소 등심을 영어로 '설로인(sirloin)'이라고 부른다는 것이다. 이와 관련된 일화는 제임스 1세[info7]와 찰스 2세[info8]에게도 있었다. 하지만 요즘 요리 전문가들의 의견으로는 전혀 근거 없는 이야기라고 한다. 설로인은 위쪽을 의미하는 프랑스어 전치사 sur에서 비롯된 단어로 허리 살의 윗부분을 지칭하는 이름이라고 한다. 어쨌거나 헨리 8세는 스테이크만큼 좋은 음식은 없다고 생각했다.

스코틀랜드의 메리 여왕은 해기스[6]를 싫어했다. 그녀는 해기스를 너무도 혐오한 나머지 무슨 일이 있어도 국가의 명예를 걸고 스코틀랜드에서 해기스를 없애 버리라고 명령했다. 순종적인 성향의 스코틀랜드인들은 이후로도 해기스를 시장으로 가져갈 때면 해기스 한 줌을 강물에 던져 버리곤 했다. 이는 그렇게 함으로써 무탈하게 장사가 잘 되기를 기원하는, 일종의 상징적인 행위였다.

프랑스에서 자란 메리 여왕은 그녀의 후손 가운데 가장 재미있는 인물인 찰스 2세처럼 프랑스 요리를 무척 좋아했다. 스튜어트 왕가의 음식이라면 제임스 2세의 딸과 결혼하여 윌리엄 3세[info9]가 된 오렌지 공 윌리엄에 관한 이야기를 빼놓을 수 없다. 그는 왕비의 여동생인 앤

---

6) haggis: 양의 내장으로 만든 순대 비슷한 스코틀랜드 전통 음식.

공주^{info10}와 점심을 먹으면서 식탁에 있는 완두콩을 혼자 다 먹어 치우고, 앤 공주에게는 한 알도 양보하지 않았다. 요즘도 이런 사람들을 가끔 보게 되지만, 말보로 공작 부인이 말했듯이 윌리엄은 신사가 못 되었다. 또 다른 사람은 그의 매너에 대해 "버르장머리가 없다."라고 비판했다. 그런데 머지않아 앤 공주가 잉글랜드의 여왕이 되었다. 그녀는 식성이 좋아 완두콩은 물론이고 무엇이든 먹어 치우는 대식가였는데 특히 초콜릿 음료와 브랜디를 엄청나게 많이 마셨다.

군주로서 전성기를 구가하던 시절에 유럽 대륙 왕위의 명예를 오염시켰던 국왕들을 위해 식사를 준비하는 장면은 상상만 해도 끔찍하다. 예를 들어 '루이'라는 이름으로 불리는 왕들이 그러하다. 한 사람 예외가 있다면 루이 13세로 그는 직접 핫케이크를 만들어 먹었다.

루이 14세가 죽기 전날까지 매일 밤 먹었던 것은 네 가지 종류의 수프, 꿩 한 마리, 자고새 한 마리, 아주 큰 접시에 담긴 샐러드, 커다란 양고기 한 덩어리, 햄 두 조각, 패스트리 한 접시, 적지 않은 여러 가지 단 음식, 풍성한 과일, 그리고 기타 자질구레한 음식들이었다. 저녁 식사를 마친 루이는 휘청거리면서 침실로 향했는데 침실 안에는 그가 출출할 때를 대비해서 여러 가지 찬 음식을 준비해 놓았다. 그는 과식 때문에 자주 악몽을 꾸었는데 정작 자신은 왜 악몽을 꾸는지 의아해 했다. 그가 수프를 지나치게 많이 먹은 것이 아니냐고 걱정할 필요는 없다. 왜냐면 루이는 늘 수프를 줄줄 흘리며 떠먹었기에 일부만 위장으로 들어갔다.

대식가인 루이 15세는 포크를 이용해서 삶은 달걀의 껍데기를 아주 쉽게 벗기는 재주가 있었다. 그래서 당연히 여러 사람과 식사할 때에는 늘 달걀의 껍데기를 벗기는 시범을 보여 주곤 했다. 그런 재주를 숨길 이유가 있겠는가? 그는 틈틈이 부엌에 들어가서 새로운 종류의 오믈렛을 만들거나 커피를 끓였다. 그리고 차가운 종달새 파테[7]를 집어먹거나, 샴페인(그 당시의 샴페인에는 탄산 성분이 없었다)을 단숨에 들이켰다. 만성 소화불량을 앓고 있던 그는 소화제를 먹기도 했다. 현대 프랑스 요리가 비약적으로 발전하던 이 시기에 미식가이자 아마추어 요리사인 루이 15세는 아주 흥겨운 나날을 보냈다. 그 시대에 살았던 어떤 사람이 놀란 표정을 지으면서 했다는 말이 전해진다. "요즘 프랑스 요리는 전에 없던 전혀 새로운 요리이다. 나는 아주 다양한 방식으로 조리되고, 지금까지 상상도 할 수 없었던 모양으로 만들어진 진수성찬을 맛보았다."

    루이 15세의 왕비인 마리 레슈친스카 역시 대식가였다. 물론 루이 14세의 왕비이자 마리 레슈친스카 못지않게 외로운 나날을 보냈던 마리 테레즈처럼 온종일 먹지는 않았다. 마리 레슈친스카의 부친이자 권좌에서 쫓겨난 폴란드 왕 스타니스와프 레슈친스키는 케이크에 럼주를 부어서 먹었고, 양파 수프 대신에 칵테일을 마시는 유행을 일으켰다. 여담이지만, 퐁파두르 부인은 루이 15세를 위해 '벨뷔의 가금류 필레(filets de volaille de la Bellevue)'라는 이름의 요리를 만들었다. 그런데 그것이 어떤 음식이었건 간에 이 요리의 이름만은 내 머릿속에 완벽

---

[7] Pâté: 잘게 썬 고기를 양념하여 질그릇에 끓인 후 그대로 식혀서 먹는 프랑스 요리.

하게 각인되어 있다.

루이 16세의 식탐은 더 대단했다. 사람들은 그에게 '걸어 다니는 위장'이라는 아주 깔끔한 별명을 붙였다. 마리 앙투아네트와 함께 튈르리 궁전[11]에서 목숨을 건 탈출을 감행하면서도 황태자는 엄청난 양의 식음료를 가져감으로써 대식가로서의 진면목을 보여 주었는데 그 규모가 작은 부엌 하나를 통째로 채울 정도였다. 그는 도주하는 긴박한 상황에서도 점심을 먹기 위해 '에토주(Étoge)'라는 작은 마을에서 무려 세 시간을 머물렀다. 그 당시 그들을 지켜줄 안전장치라고는 강하게 불어오는 회오리바람뿐이었다. 결국, 루이는 바렌에서 붙잡혔다. 다시 튈르리 궁전[8]으로 끌려온 루이 16세는 닭 한 마리를 간단히 해치우고는 자신이 돌아오는 길에 후딱 먹어 치운 음식의 이름을 하나하나 수첩에 적어 놓았다. 루이 16세는 밤낮을 가리지 않고 궁전에서 닭고기 구이를 입에 물고 있었다.

루이 16세는 감옥에 가면서도 빈손으로 가지 않았다. 감옥으로 향하는 길에 어느 구경꾼의 손에서 딱딱한 빵 한 조각을 낚아챘다. 배가 고파서가 아니라 습관 때문이었다. 감옥에서 그는 난생처음 음식을 조금 먹었다. 그가 먹은 음식은 송아지 고기 커틀릿 여섯 조각, 백포도주에 담근 달걀 몇 개, 닭 한 마리, 그리고 들짐승 고기와 와인이었다. 단두대에서 처형되던 날, 그가 점심으로 먹은 음식은 수프 세 접시, 앙

---

8) Palais des Tuileries: 1559년 앙리 2세가 승하하자, 홀로 남은 왕비 카트린 드 메디시스가 새로 짓게 한 궁전이다. 프랑스혁명 시기에 루이 16세와 그의 가족은 자택 구금되면서 튈르리 궁으로 강제 유폐당했다. 왕가는 1791년 6월 오스트리아로 탈출을 시도했지만, 바렌에서 붙잡혀 파리로 압송되었다.

트레(수조육류를 재료로 만든 전채 요리) 두 접시, 구운 고기 두 조각, 앙트르메(야채 요리) 네 접시, 설탕 절임 과일 몇 개, 신선한 과일, 백포도주, 적포도주, 그리고 샴페인 등이었다. 처형되기 전날 밤에도 그는 식욕이 좋았다. 이 불쌍한 국왕은 죽음을 앞두고도 배가 몹시 고팠나 보다.

대단한 루이는 못 되는 루이 18세[info10]도 음식에 관해서는 꽤 까다로웠다. 그는 잘 익지 않았거나 너무 익은 고기에는 손도 대지 않으려 했다. 소화가 잘되도록 육즙이 남아 있는 고기만 먹었기 때문이다. 역시 같은 이유로 멧새 구이는 송로버섯이 든 자고 안에 넣어서 굽게 했다. 이와 관련해서 '엘웬저'라는 학자는 그가 "맛있는 멧새 구이와 향기 좋은 버섯을 놓고 무엇을 먹을지 망설였다."고 한다. 그는 송로버섯을 멧새 안에 채워 넣고 구워야 한다는 사실을 몰랐던 모양이다. 몇 년 후에야 좀 더 세련된 멧새 구이가 완성되었다.

전쟁 중에 몹시 바빴던 나폴레옹은 식성이 그다지 까다롭지 않았다. 그가 원했던 것은 음식을 빨리 내오는 것이었다. 따라서 그의 수행원들은 그가 음식을 달라고 하는 즉시 닭고기, 커틀릿, 그리고 커피를 내와야 했다. 그렇게 서두르다 보니 양파를 넣은 양 앞다리 윗부위 살 같은 요리는 제대로 익지 않은 채 나왔을 것이다. 그가 라이프치히 전투[9]에서 패배한 원인이 양파를 넣은 양 앞다리 윗부위 살 때문이었다고 전해진다. 어쩌면 그는 여느 때처럼, 한꺼번에 너무 많은 음식을

---

9) Battle of Leipzig: 1813년 10월 16~19일 독일 라이프치히에서 벌어진 나폴레옹과 프로이센·오스트리아·러시아 연합군 사이의 전투였다. 나폴레옹 보나파르트가 겪은 가장 결정적인 패배 중 하나였다. 이 전투는 제1차 세계대전 이전 가장 큰 규모의 전투로 양측에 50만 명이 넘는 병력이 참여했다.

급하게 먹었는지도 모른다. 한편, 워털루[10]에서 전투를 치렀던 장군들은 맛있는 음식을 즐기지 못했다. 전투에서 이긴 웰링턴 공은 자신이 대접한 호화스러운 음식이 어땠느냐고 묻는 어느 유명한 미식가에게 "맛있었습니다. 하지만 솔직히 말해서 난 음식에 별 관심이 없습니다."라고 대답했다.

만일 러시아의 표트르 대제가 시간 여행을 해서 오늘 어떤 집에 오겠다고 하면, 집주인은 일찌감치 달아나는 편이 상책일 것이다. 대제와 그 친구들이 먹고 마실 음식과 브랜디를 충분히 준비할 수 있다고 해도 말이다. 표트르 대제는 술자리에 모인 모든 사람이 몸을 가누지 못할 만큼 고주망태가 되어 바닥에 쓰러지거나 죽을 때까지 브랜디를 마시게 했다. 아무리 술이 센 사람도 견디지 못할 것이다. 1698년 영국을 방문했을 때, 그와 20명의 수행원을 대접하는 단출한 만찬이 베풀어졌다. 소갈비 다섯 짝, 양 한 마리, 어린양 4분의 3마리, 송아지 어깨 살과 허리 살, 어린 암리탉 여덟 마리, 토끼 여덟 마리, 백포도주 30여 통, 적포도주 10여 통, 적당한 양의 빵과 맥주 등이 준비되었다. 아침 식사 전에 그들은 샐러드와 함께 80여 개의 달걀을 달라고 했다. 그러고 나서 아침 식사로는 양 반 마리, 어린양 8.6킬로그램, 닭 스물두 마리, 브랜디 4분의 3통을 먹고 마셨다. 어쩌면 스물한 명의 인원이 먹은 것으로는 많은 양이 아닐지도 모르지만, 그 비용을 계산해보니 엄청났다.

---

[10] Battle of Waterloo: 1815년 6월 엘바 섬에서 돌아온 나폴레옹이 이끈 프랑스군은 영국·프로이센 연합군과 벨기에 남동부 워털루에서 전투를 벌였다. 이 전투에서 프랑스군이 패배하여 나폴레옹 1세의 지배는 종식되었다. 영국군 총사령관이 웰링턴 공작이었다.

러시아에서 표트르 대제는 저녁을 먹을 때, 백여 명의 친구를 불러 함께 식사했다. 그는 술고래였지만, 대식가는 아니었다. 그의 전기를 쓴 작가들에 의하면 대제는 캐비아, 청어 회, 시큼한 양배추 수프, 비트 수프, 메밀 알갱이로 속을 채운 새끼 돼지고기, 생선 파이, 소금에 절인 오이, 굴, 스프래트(작은 청어), 시큼하게 드레싱 한 오리 발, 당근 파이, 체리, 림버거 치즈 등을 좋아했다. 모두 외국에서 들여온 것들이었다. 그가 특히 즐겼던 것들은 매운 소스, 딱딱하게 구운 빵, 푸른 완두콩, 당분이 많은 오렌지, 사과, 배, 그리고 '퀴멜'이라고도 하는 아니스 열매로 만든 술도 있다. 대제는 거기에다가 보드카, 크바스(호밀 맥주), 맥주, 다양한 종류의 와인, 그리고 브랜디를 즐겼다. 표트르 대제가 저지른 대부분의 악행은 그가 술에 취해 있을 때 일어났다.

예카테리나 여제는 자신이 먹을 음식에는 큰 비용을 들이지 않았다. 그 대신 그녀는 자신이 사랑했던 남자들의 식탁에 적지 않은 돈을 썼다. 여제가 좋아했던 음식은 소금에 절인 오이를 넣은 삶은 소고기였다. 그녀는 음료로 구스베리 시럽을 넣은 물을 마셨고, 하루에 커피 다섯 잔을 마셨다. 여제는 450그램이나 되는 커피 열매로 커피를 끓여 마셨는데, 커피가 너무 써서 다른 사람들은 입에 대지도 못했다. 그녀는 코담배를 즐겨 피웠고, 식사하기 전에는 턱 밑에 냅킨을 단단히 매었다. 역사가들은 "예카테리나 여제가 달걀을 먹을 때 반 정도는 옷 칼라에 흘렸다."고 기록했다.

예카테리나 여제와 동시대 인물로 그녀보다 나이가 많았던 프러시아의 프리드리히 대제의 입맛은 좀 달랐다. 그는 장어 파이를 비롯해 기름기 있는 음식을 좋아했는데 양념을 너무 많이 넣어 먹다 보니 주치의들이 늘 긴장해야 했다. 그는 짐머만 박사가 이 세상에서 가장 딱딱한 콩이라고 밝힌 프러시아 완두콩을 먹었음은 물론이고, 커피에 샴페인과 겨자를 넣어 마셨다. 그는 아버지 프리드리히 1세처럼 베이컨이나 채소를 좋아했어야 했다.

참으로 이상한 말처럼 들리겠지만, 에스파냐의 왕이자 신성로마제국의 황제였던 카를 5세는 장어 때문에 일찍 죽었다. 그는 지금까지 유럽에서 목격된 사례 중에서 가장 독특한 식사 습관으로 음식을 먹다가 1558년 세상을 뜨고 말았다. 그는 젊은 시절부터 통풍과 소화불량으로 고생했지만, 프리드리히 대제처럼 몸에 가장 나쁜 음식을 마지막 순간까지 즐겨 먹었다. 게다가 그는 오래전부터 미각을 완전히 잃은 상태였다. 그는 생선을 먹고 나면 늘 배를 앓았었는데 그래도 생선을 꾸준히 먹었다. 특히, 장어 파이는 중독 수준이었기에 늘 장어 파이만 찾았다. 그러던 어느 날 마침내 마지막 장어 파이를 먹었다. 뜻이 있는 곳에 길이 있다고 했던가!

MORE INFO.

1. Queen Victoria 빅토리아 여왕 1819-1901

조지 3세의 4남인 켄트공과 독일 출신 어머니 사이에서 태어났다. 백부인 윌리엄 4세가 죽자 18세의 나이로 왕위에 올랐으며 하노버 왕가에서는 여성 상속권이 인정되지 않아 영국 왕위만을 계승했다. 1840년 사촌인 색스코버그 고터 가문의 앨버트 공과 결혼했다. 처음에 그녀는 독일 출신 남편에 대해 애정을 보이지 않았으나 차츰 그의 고결한 인격과 풍부한 교양에 매료되었고, 그는 여왕에게 좋은 조언자, 진정한 동지가 되어주었다. 그녀도 앨버트 공을 깊이 사랑하게 되어 아홉 명의 자녀를 두었고 1861년 그가 42세의 나이로 죽자 한동안 비탄에 잠겨 있었다. 그러나 디즈레일리의 설득으로 마음을 다잡고 그가 거느리는 보수당에 동조했으며 1877년에는 인도 여제(女帝)의 제관(帝冠)을 받았다. 행복한 말년을 보낸 뒤 보어 전쟁 중에 64년간의 치세를 마쳤다. 빅토리아 시대에 영국은 전성기를 이루어 자본주의 선진국이 되었으며 정치적으로 디즈레일리와 글래드스턴으로 대표되는 2대 정당제 의회정치가 전형적으로 전개되었다. 또한, 외교면에서도 영국은 영광스러운 고립을 지키면서도 세계적으로 큰 영향을 끼쳤다. 그녀는 '군림하되 통치하지 않는다'는 원칙을 따랐기에 강한 개성으로 강경하게 외교를 밀고 나가는 파머스턴의 정책이나 글래드스턴의 자유주의에 대해 비판적이었지만, 자신의 의사를 강요하지 않음으로써 오늘날과 같은 영국 군주의 전형을 확립했다.

2. William II 윌리엄 2세 1060-1100

정복왕 윌리엄 1세의 차남으로 잉글랜드 노르만 왕조의 제2대 왕이다. 평생 독신이었기에 동성애자라는 소문을 남겼다. 얼굴이 붉은 빛을 띠었으므로 '루퍼스(Rufus)'라는 별명을 얻었다. 그가 즉위하자 잉글랜드로 이주한 노르만 영주들은 그의 형 로베르 2세를 왕으로 옹립하려는 반란을 일으켰다. 수적으로 열세였던 그는 타협안을 제시했다가 2차 반란이 일어났을 때 반란군을 가혹하게 진압했다. 그는 또한 가톨릭 교회와도 갈등을 빚어 캔터베리의 대주교령을 몰수하는 등의 조처를 취했다. 이어서 정복 전쟁을 개시하여 스코틀랜드의 왕 맬컴 3세의 군대를 격파하고 그를 포로로 잡아 처형함으로써 스코틀랜드를 그의 지배하에 두었으며 웨일스 역시 봉신으로 삼는 데 성공했다. 또한 그는 형인 로베르의 소유였던 노르망디 지방을 빼앗기 위해 전쟁을 벌였고 로베르는 1만 마르크를 받고 자신의 왕국을 그에게 위임하는 조약을 맺었으나 그는 이에 만족하지 않고 프랑스와도 전쟁을 벌여 멘 지방을 합병했다. 이런 정복 전쟁은 그에게 개인적인 영광과 왕국의 영토 확장을 가져왔으나 수많은 정적을 만들었다. 1100년 8월 2일 동생인 헨리와 명사수로 유명했던 퐁티외 남작 월터 티럴과 함께 뉴 포레스트로 사냥을 나갔다가 의문의 죽음을 맞았다.

3. king John of England 잉글랜드의 존 왕 1166~1216

그는 잉글랜드의 헨리 2세와 아키텐의 엘레오노르 사이에서 막내로 태어나 후계자가 될 가능성이 희박했으나 아버지의 총애를 받았고 또한 형들이 일으킨 반란으로 아일랜드의 왕이 되었으며 잉글랜드와 프랑스의 영지 대부분을 물려받았다. 형인 리처드 1세가 즉위한 1189년 다른 형들인 윌리엄, 헨리, 제프리는 이미 사망한 상태에서 그는 잠정적인 왕위 계승자가 되어 있었다. 그는 리처드 왕이 제3차 십자군 원정에 참여한 사이에 반란을 기도했고, 리처드 왕이 사망한 후에는 잉글랜드의 왕을 자처하고 프랑스의 필립 2세와 평화조약을 맺어 프랑스 지역 영토의 소유권을 확인받았지만, 1202년 프랑스와 전쟁이 일어나 프랑스 북부의 영토를 모두 잃었다. 이런 연유로 그는 '무지왕(無地王) 존(John Lackland)'이라고 불린다. 그는 잃어버린 영토를 되찾고자 무거운 세금을 거둬들여 군대를 개혁하고 다른 나라들과 결속을 다지는 등 노력을 기울였고, 그의 이런 시도는 국부를 늘리고 법 제도를 개선하는 효과도 낳았다. 그러나 그가 프랑스에서 필립에게 패하고 귀국했을 때 그의 정책이나 대우에 불만을 느낀 귀족들의 저항을 수습해야 했다. 그는 마그나 카르타에 서명했지만, 그도 귀족들도 그 조건을 지키려 하지 않았고, 프랑스 루이 왕의 지원을 받은 귀족들의 반란이 일어났을 때 동부 잉글랜드에서 그들과 대치하던 그는 이질에 걸려 갑자기 사망했다. 역사가들은 그를 치졸하고, 잔인하고, 위험하며 앙심이 많은 인물로 묘사하여 로빈 후드의 이야기처럼 빅토리아시대 문학에 자주 악인으로 등장했다.

4. Edward III 에드워드 3세 1312~1377

에드워드 2세의 아들로 '윈저의 에드워드(Edward of Windsor)'라고도 한다. 왕위에 오른 당시에는 모후 이자벨라와 그녀의 총신 모티머가 권력을 쥐었으나, 모티머를 처형하고 권력을 장악하고 나서 에드워드 1세의 유업을 이어받아 왕권과 국력의 신장에 주력했다. 대외적으로는 스코틀랜드 군을 무찔러 주권을 확립하고 프랑스 카페 왕조의 단절을 계기로 왕위 계승권을 주장하여 백년전쟁을 일으켰다. 크레시 전투와 푸아티에 전투에서 승리를 거두고 브레티니화약을 통해 서남 프랑스와 칼레의 영유권을 확보했다. 또한, 영국의 교회에 대한 로마교황의 간섭을 단절했다. 경제적으로 네덜란드에서 직인을 불러들여 모직공업의 진흥을 도모하여 영국이 양모 생산국에서 모직물 생산국으로 발전하는 계기를 마련했다.

5. Henry II 헨리 2세 1133-1189

플랜태저넷 왕가의 첫 번째 잉글랜드 국왕이다. 어머니는 헨리 1세의 딸로 영국 왕위 계승권을 주장했던 마틸다이고 아버지는 프랑스의 앙주 백작 조프루아 플랜태저넷이다. 루이 7세의 전처였던 아키텐의 엘레오노르와 결혼하면서 그녀가 소유한 광대한 아키텐 지방의 영지를 획득했다. 이 영토 문제로 루이 7세와 몇십 년간 다투었는데, 수차례 평화 회담과 여러 조약을 체결했음에도 평화는 오래가지 않았다. 그는 프랑스의 브르타뉴 지방을 손에 넣고 동쪽으로는 중부 프랑스, 남쪽으로는 툴루즈 지방까지 지배권을 넓혔다. 한편으로 잉글랜드와 노르망디에서 다양한 사법 체계의 개혁을 추진하여 미래의 영국 법의 기초를 닦았으며, 왕실 재정과 통화를 재정비했다. 영국 교회와는 비교적 원만한 관계를 유지했으나, 교회에 대한 왕권의 지배와 조직 개편의 문제로 친구였던 캔터베리의 대주교 토머스 베켓과 반목하다가 결국 그를 살해했다. 그는 엘레오노르와의 사이에서 많은 자녀를 두었으나 만년에 영토 상속 문제로 아들들과 갈등을 빚었다. 1173년 장자인 '젊은 헨리'가 불만을 품고 반역을 일으키자 동생인 리처드와 제프리와 엘레오노르까지 합류했고, 지배지에서도 반란이 일어났다. 1183년 재차 반란을 일으킨 제프리는 살해되었다. 막내아들 존을 총애하는 아버지가 그에게 왕위를 물려줄 것을 우려한 리처드는 전쟁을 일으켰으며 이 전쟁에서 패배한 헨리 2세는 앙주로 은퇴하여 그곳에서 죽음을 맞았다.

6. Henry III 헨리 3세 1207-1272

잉글랜드의 왕 존의 맏아들로 어머니는 앙굴렘 백작가의 이사벨라이고 왕비는 프로방스 백작가의 앨리너다. 아홉 살 때 즉위하여 펨브루크 백작 윌리엄 마샬 등의 보좌를 받다가 20세에 친정을 시작했다. 프랑스인 어머니와 왕비의 영향을 받아 프랑스인을 중용하고, 로마교황에게 복종하는 등의 태도로 귀족들의 반감을 샀다. 특히 둘째 왕자 에드먼드를 시칠리아 왕위에 앉히려는 계략을 꾸미고 프랑스에서 잃은 영지를 회복하고자 군대를 거듭 파병하는 과정에서 귀족과 평민 모두에게 무거운 세금과 헌납금을 걷어 불만을 가중시켰다. 1258년 귀족들의 반항으로 왕과 귀족 대표가 국정의 지도 방침을 정한 옥스퍼드 조례 등을 정해놓고 얼마 후에 이를 부인하여 몽포르 등의 반란이 일어났다. 그해 5월 왕의 군대는 루이스 전투에서 몽포르의 군대에 패했고, 왕은 반란군에 잡혀 이듬해 최초의 의회를 열었다. 그러나 곧 왕자 에드워드 1세의 군사가 이브샴 전투에서 몽포르 군을 패퇴시킴으로써 권력을 회복했으나, 이후 사실상의 국권은 에드워드에게 넘어갔다.

7. James I 제임스 1세 1566~1625

이름은 찰스 제임스 스튜어트이며 스코틀랜드 메리 1세와 단리 경 헨리 스튜어트 사이에서 태어났다. 영주들이 메리 1세를 왕위에서 몰아내자 한 살 나이에 스코틀랜드의 왕이 되었다. 스코틀랜드에서는 제임스 6세로 불렸다. 덴마크 왕 프레데리크 2세의 딸 앤과 결혼했으며, 맏아들 헨리와 둘째 아들 찰스(뒷날의 찰스 1세)를 낳았다. 1598년 아들 헨리를 위해『자유로운 군주권의 참된 법 (The True Law of Free Monarchies)』을 저술하고 왕권신수설에 바탕을 두어 왕은 의회의 조언이나 승인이 없이 자유롭게 법률이나 칙령을 제정할 수 있다고 주장했다. 잉글랜드의 엘리자베스 1세가 후계자를 남기지 못하고 죽자 후계자로 지명되어 스코틀랜드, 잉글랜드, 아일랜드의 왕이 되어 스튜어트 왕가에서 처음으로 잉글랜드의 왕이 탄생했다. 그리고 1707년 앤 여왕 때 '그레이트브리튼 왕국(Kingdom of Great Britain)'으로 통일되어 하나의 국가가 될 때까지 잉글랜드와 스코틀랜드는 공통의 왕 아래 각각의 의회와 정부가 있는 '왕관연합(Union of the Crowns)' 관계에 놓였다. 그는 '유나이트(Unite)'라는 공동 화폐를 만들어 통용시키고, 잉글랜드의 국기인 성 조지의 십자가와 스코틀랜드의 국기인 성 앤드류의 십자가를 합하여 '유니언 잭(Union Jack)'이라고 불리는 오늘날의 영국의 국기를 만들었으며, 국교회의 예배에 사용할 수 있는 표준 성경을 만들어 오늘날 '킹 제임스 번역본(King James Version, KJV)이라고 불리는『흠정역 성서(欽定譯聖書)』를 간행했다. 하지만 그는 의회와 계속 대립했고 가톨릭과 청교도를 억압하여 국교회로의 개종을 강요했다. 그는 가톨릭과 청교도의 양극을 배제하겠다고 선언하여 가톨릭과 청교도의 반감을 사서 1605년에는 가이 포크스(Guy Fawkes) 등의 가톨릭 세력이 그를 암살하려다가 미수에 그친 화약음모사건(Gunpowder Plot)이 일어나기도 했다. 대외적으로는 엘리자베스 1세 시대에 적대적이었던 에스파냐와 화해하고 오스만제국과도 국교를 유지했으며 아메리카 대륙에 영국인의 정착지를 처음으로 만들어 1620년에는 청교도들이 메이플라워호를 타고 북아메리카로 집단 이주하기도 했다. 그의 사후 왕권은 둘째 아들 찰스 1세에게 계승되었다.

8. Charles II 찰스 2세 1630~1685

찰스 1세의 아들. 청교도혁명 중인 1646년에 국왕파의 패배로 프랑스로 피신했다가 스코틀랜드의 반(反)공화국 반란에 호응하여 그곳으로 가서 스코틀랜드 왕으로 대관했으나 공화국군에게 패배하여 다시 프랑스로 망명했다. 그 후 독일·네덜란드 등지를 전전하다가 크롬웰이 사망하고 호민관 정치가 붕괴하자 귀국하여 왕정복고를 실현했다. 그는 자신이 가톨릭교도임을 숨기고 있었지만, 가톨릭을 옹호하고 부활시키려는 야심을 품고 있어 이것이 전제 정치화했다. 그는 특히 가톨릭 국가인 프랑스의 루이 14세와 도버조약을 체결하여 군사비를 담당하는 대가로 프로테스탄트 국가인 네덜란드와 전쟁할 것을 약속하고 두 차례나 네덜란드와 전쟁을 치렀다. 이와 같은 가톨릭적인 전제정치에 대해 의회는 저항했고 가톨릭교도인 왕의 아우 요크 공작(제임스 2세)을 왕위 계승권에서 제외시키고자 왕위 배제 법안을 상정하기도 했다. 그러나 왕은 그의 만년의 4년간 의회를 소집하지 않아 의회와 대립했으며 이것이 명예혁명의 한 요인이 되었다. 한편, 의회에는 청원자당(請願者黨)과 기탄자당(忌憚者黨)의 두 당파가 생겨, 후에 이것이 각각 휘그당과 토리당으로 발전하는 계기가 되었다.

9. William III 윌리엄 3세 1650~1702

네덜란드 빌럼 2세와 영국 찰스 1세의 딸 메리의 아들이다. 태어나기 1주일 전에 아버지가 죽어, 실권이 반대파인 공화파 J.위트에게 넘어가 고난의 성장기를 보냈다. 1672년 프랑스 루이 14세에 의한 네덜란드 침략이 시작되자, 국민의 기대에 따라 육해군 최고 사령관에 취임하고, 또 각 주도 위트파를 물리치고 그를 총독으로 임명했다. 프랑스군에 대해 완강히 저항하고 해상에서 M.A. 로이터가 활약하여 1678년 나이메겐 화약을 맺고 루이의 야망을 저지했다. 그 전해에 영국 요크공(뒤의 제임스 2세)의 딸 메리와 결혼했다. 영국에서 의회를 중심으로 제임스 2세 비판의 움직임이 높아지자, 1688년 11월 토리·휘그 양당의 요청에 따라 군대를 이끌고 영국에 상륙했다. 다음 해에 의회가 제출한 권리장전을 승인하고 메리와 함께 즉위하여 명예혁명을 달성했다. 즉위하고 나서 영국 내정을 오로지 의회에 맡기고, 다시 루이 14세의 유럽 지배 실현을 저지하는 데 힘을 기울였다. 1701년 에스파냐 왕위계승 전쟁에 즈음하여 대(對) 프랑스 동맹(헤이그 동맹)을 조직하는 등 프로테스탄트 진영 지도자로서의 명성을 높였다.

10. Queen Anne 앤 여왕 1665~1714

요크 공작 제임스(제임스 2세)와 그 아내 공비 앤의 차녀로 태어났다. 메리 2세의 동생이다. 영국 성공회 신자로 자랐지만 교육은 많이 받지 못했고 독서나 예술보다는 스포츠나 승마를 좋아했다. 요크 공작 궁정의 궁녀로 후에 말버러 공작 부인이 된 사라 제닝스와 어린 시절부터 친하게 지냈다. 열여덟 살 때 덴마크와 노르웨이의 왕자 요르겐과 결혼하여 모두 열아홉 명의 아이를 임신했지만 열네 명이 유산되거나 사산되었고 두 명은 태어난 날 사망했으며 나머지 세 명도 열 살을 넘기지 못했다. 1688년 명예혁명에서 형부인 네덜란드의 오라녜 공 윌리엄이 잉글랜드에 상륙하자 그에게 투항했다. 제임스 2세가 추방되어 언니 메리와 그 남편 윌리엄이 메리 2세와 윌리엄 3세로서 공동 통치자로 즉위했지만, 사이가 나빴던 두 사람에게서 후손이 없었기에 일찍부터 왕위 후계자로 주목받게 되었다. 그러나 1692년 제임스 2세가 총애하던 신하 말버러 백작 존 처칠 장군이 옛 주인 제임스와 극비리에 통신했다는 의혹을 받아 투옥되었을 때 그녀는 말버러가 친구 사라의 남편이었기에 투옥에 반대하여 메리 여왕과 사이가 벌어졌다. 이 사건으로 앤은 메리 여왕과 의절했다. 메리 2세는 사망하고 나서 단독 통치를 계속하던 윌리엄 3세마저 죽자 그녀는 잉글랜드, 스코틀랜드, 아일랜드 여왕으로 즉위했다. 즉위식 때 "나의 모든 정성을 오로지 영국을 위해 바치겠노라."고 선언하여 국민의 갈채를 받았다. 그녀가 즉위했을 때 선왕의 생전에 시작된 에스파냐 왕위계승 전쟁이 본격화하여 잉글랜드는 네덜란드, 오스트리아와 동맹하여 프랑스, 에스파냐와 싸웠다. 그녀는 말버러 백작을 잉글랜드군 총사령관에게 임명하여 전쟁을 수행했고 말버러 백작은 큰 전공을 세워 공작의 작위를 받았다. 전쟁 중이던 1707년 5월 1일에 잉글랜드·스코틀랜드 양국의 연합법이 체결되어 양국은 그레이트 브리튼 왕국이 되었고 그녀는 최초의 군주가 되었다. 말버러 공작 부인이 된 사라는 여왕의 측근으로 계속해서 전쟁을 수행할 것을 여왕에게 조언했지만, 여왕은 평화 추진파에게 마음이 기울어 결국 사라를 멀리하고 마침내 그녀를 궁정에서 추방했으며 말버러 공작 역시 군자금 횡령 의혹으로 실각했다. 결국, 1713년 위트레흐트조약이 체결되어 영국은 광대한 국외 영토를 획득하여 현재까지 영유하고 있다. 성년의 자식이 없었던 그녀가 사망하자 하노버 선제후 게오르그 루트비히가 조지 1세로서 즉위함으로써 스튜어트 왕조는 단절되었다. 그녀는 비만하여 가마를 타고 다녔고 만년에는 궁전 안에서 이동할 때도 휠체어를 사용했다. 그래서 사망했을 때 만든 관의 모양은 정방형이었다고 전해진다.

11. Louis XVIII 루이 18세 1755~1824

루이 15세의 손자이며 루이 16세의 동생이다. 1771년 사르디니아 왕의 딸 L. M. 조제핀과 결혼했다. 혁명이 일어나자 국외로 망명했으며, 독일의 코블렌츠에서 결성된 반(反)혁명 해방군의 수령에 추대되었고, 그 뒤에 이탈리아·영국 등지를 유랑했다. 1814년 나폴레옹이 엘바 섬으로 추방되자 귀국하여 왕위에 올라 입법권과 사법권의 독립, 신성불가침의 세습 왕권과 함께 법 앞의 평등, 소유권의 불가침, 기본적 인권 등을 규정한 헌법을 제정했다. 1815년 3월 나폴레옹이 파리로 진군하자 벨기에의 헨트로 탈출했다가 워털루전투에서 나폴레옹이 패한 후 파리로 돌아와 그해 7월 8일 다시 왕위에 올랐다. 1815년 8월 선거에서 과격 왕당파가 압승했으나 왕은 온건파를 지지하여 극우파의 과격 행위를 억제했다. 1816년 선거에서는 입헌 왕당파가 다수파가 되어 안정된 정치가 이루어졌으나, 1820년 왕의 동생 아르투아 백작의 아들이 파리에서 암살된 사건이 일어나자 자유주의파를 탄압했다. 이리하여 혁명 정신은 후퇴하고 반동 세력이 지배하는 가운데 1824년 왕이 죽고, 아르투아 백작이 뒤를 이어 즉위했다.

(역사책이 가르쳐주지 않는) 제왕들의 사생활

1판 1쇄 발행일 2013년 6월 30일
지은이 | 윌 커피
옮긴이 | 남기철
펴낸이 | 임왕준
편집인 | 김문영
교정·교열 | 임보은
펴낸곳 | 이숲
등록 | 2008년 3월 28일 제301-2008-086호
주소 | 서울시 중구 장충동 1가 38-70(장충단로 8가길 2-1)
전화 | 2235-5580
팩스 | 6442-5581
홈페이지 | http://www.esoope.com
블로그 | http://blog.naver.com/esoope
Email | esoope@naver.com
ISBN | 978-89-94228-70-9 03920
ⓒ 이숲, 2013, printed in Korea.

▶ 이 책은 저작권법에 의하여 국내에서 보호를 받는 저작물이므로 무단전재 및 복제를 금합니다.
▶ 이 책은 환경보호를 위해 재생종이를 사용하여 제작하였으며 한국출판문화산업진흥원이 인증하는 녹색출판마크를 사용하였습니다.
▶ 이 도서의 국립중앙도서관 출판시도서목록(CIP)은 서지정보유통지원시스템 홈페이지(http://seoji.nl.go.kr)와 국가자료공동목록시스템 홈페이지(http://www.nl.go.kr/kolisnet)에서 이용하실 수 있습니다.(CIP제어번호: CIP2013008234)